계절 탐구

24절기 속으로 떠나는 문화 여행

이 효 성

이효성 李孝成

서울대학교와 미국 노스웨스턴대학교에서 언론학을 공부하고, 성균관대학교 언론학 교수로서 언론과 권력, 정치 커뮤니케이션, 저널리즘론 등을 주로 연구하고 가르쳤다. 틈틈이 사상, 정치, 사회, 문화 등에 대한 비판적인 성찰을 담은 수상집들을 발표하고 있다. 언론개혁시민연대 공동대표, 민주언론운동시민연합 이사 및 정책실장, 기독교방송 객원해설위원, 한국기자협회 이달의기자상 및 한국기자상 심사위원장, 동경대학교 객원교수, 컬럼비아대학교 방문교수, 성균관대 사회과학연구소장 및 언론정보대학원장, 한국언론정보학회 회장, 한국방송학회 회장, 방송위원회 보도교양 제2심의위원회 위원장, 방송개혁위원회 실행위원, 한국종합유선방송위원회 위원, 방송위원회 부위원장, 방송통신위원회 위원장 등을 역임했다. 언론학 저술로는 《정치언론》, 《언론비판》, 《한국 언론의 좌표》, 《언론과 민주정치》, 《방송: 권력과 대중의 커뮤니케이션》, 《통하니까 인간이다》, 《소통과 언어》, 《소통과 권력》, 《소통과 지혜》 등 10여 권이 있고, 수상집으로는 《진실과 정의의 즐거움》, 《별은 어둠을 피해 달아나지 않는다》, 《미국 이야기》, 《계절의 추억》, 《삶과 희망》이 있다.

계절 탐구
Season
Research

- 24절기 속으로 떠나는 문화 여행 -

감사의 말

이 글들은 계절에 대한 필자의 탐구이기도 하지만 부분적으로는 계절에 대한 시인들의 탐구이기도 하다. 이 책의 글들의 곳곳에서 필자는 국내 시인들의 시들을 전체로 또는 부분적으로 인용했기 때문이다. 시를 인용한 것은 산문의 지루함을 덜기 위한 목적도 있고, 글을 이끌어 가는 데 도움을 받기 위한 목적도 있지만, 무엇보다 24절기가 우리의 시와 정신세계에 미친 영향을 보여주기 위해서다. 이 책에서 인용한 시들을 지은 시인들께 감사드린다. 시의 인용은 그 시의 감추어진 은유적 의미에서보다는 겉으로 드러난 문면적인 의미에서 이루어진 경우가 많다. 시의 인용이 맥락이나 의미에서 적절하지 못했다면 또는 시를 부분적으로 인용함으로써 그 시 전체의 취지를 훼손했다면 그것은 전적으로 필자의 잘못이다.

한국 시에 대해서는 필자가 가지고 있는 시인들의 개별 시집 외에도 어문각 판 《한국문학전집》(1976) 가운데 시선집 1, 2, 3, 4권과 시조선집, 김희보 엮음 《증보 한국의 명시》(가람기획, 2001) 및 《증보 한국의 옛시》(가람기획, 2002), 김재홍 편저 《현대시 100년 한국 명시 감상》 1, 2, 3, 4권(문학수첩, 2003), 시 전문 포털 사이트인 《포엠러브》(poemlove.co.kr) 등을 주로 참조하였다. 특히 한국 현대시를 계절별로 분류한 김재홍 교수의 편저와 한국 시를 체계적으로 데이터베이스화하고 계절별, 월별,

주제별, 소재별로 분류한 《포엠러브》는 필자가 이 책의 글들에서 인용한 적절한 한국어 시를 찾아내는데 많은 도움을 주었다. 한시(漢詩)에 대해서는 조두현(曺斗鉉) 저 《漢詩의 理解》(일지사, 1976)의 한국편 및 중국편, 김희보 엮음 《증보 중국의 명시》(가람기획, 2001), 정민 지음·김점선 그림의 《꽃들의 웃음판: 한시로 읽는 사계절의 시정》(사계절, 2005)을 주로 참조하였다. 영미의 시에 대해서는 Louis Untermeyer 엮음 《A Concise Treasury of Great Poems: English and American》(Permabooks, 1953), J. D. McClatchy 엮음 《The four seasons: Poems》(Everyman's Library, 2008), Pearl Patterson Johnson 엮음 《Who tells the crocuses it's spring: Favorite poems of the four seasons》(Countryside Press, 1971), Barbara Juster Esbensen 저 《Cold stars and fireflies: Poems of the four seasons》(Thomas Y. Crowell, 1984), 이재호 역편 《장미와 나이팅게일》(범한서적, 1967; 지식산업사, 1993), 인터넷 영어 시 사이트인 《The Poetry Archives》(emule.com)를 주로 참조하였다. 외국의 시들에 대해서는 김희보 엮음 《증보 세계의 명시》(가람기획, 2003)도 참조하였다. 이들 책의 저술가들과 사이트의 제작 및 운영자들께 감사드린다.

 이 책의 글들이 계절과 관련된 것들이니 만큼 풀과 나무와 꽃을 비롯하여 야생 동식물의 이름들이 더러 등장한다. 생물을 언급할 때는 정확을 기하기 위해 도감류의 서적을 많이 활용했다. 윤주복 저 《나무 쉽게 찾기》(진선, 2004), 박상진 저 《우리 나무의 세계》 1, 2, 3권(김영사, 2011), 송기엽·윤주복 저 《야생화 쉽게 찾기》(진선, 2003), 김태정 저 《우리가 정말 알아야 할 우리 꽃 백가지》 1, 2, 3권(현암사, 각각 1990, 1997, 1999), 손광성 저 《나의 꽃 문화 산책》(을유문화사, 1996), 국립산림

과학원 편《북악의 나무와 풀》(2011), 《Simon & Schuster's Complete Guide to Plants & Flowers》(Simon & Schuster, 1974), 윤무부 저《한국의 새》(교학사, 2003), 빅종길 저《야생조류 필드 가이드》(자연과 생태, 2014), 남상호 저《한국의 곤충》(교학사, 2003)의 도움을 많이 받았다. 이들 저자 및 편집자들께도 감사드린다.

  이 책에서 24절기와 역법(曆法)과 달력의 발전 등에 관해서는 국립민속박물관에서 발행한 온라인판《한국민속대백과사전》, 한국학중앙연구원에서 발행한 온라인판《한국민족문화대백과사전》, 카카오에서 발행한 온라인판《다음백과》, 정학유의《농가월령가》, 안철환 저《24절기와 농부의 달력》(소나무, 2011), 《신대영백과사전(The New Encyclopedia Britannica)》(1988)과 온라인 영어백과사전인《위키피디아(Wikipedia)》의 관련 항목들을 많이 참고하였다. 이들 백과사전의 필자와 편집진에게도 감사드린다.

  그 밖의 이 책에 담은 내용들을 위해 일일이 거명하기 어려운 다수의 인테넷 사이트와 온라인 콘텐츠들을 참고하였다. 이들의 제작자와 필자들에게도 감사드린다.

일러두기

1. 이 책에서는 다음과 같은 문장부호를 사용했다.
   1) 책 이름, 신문 제호, 영화 제목, 연속극 제목, 인터넷 사이트 이름 등을 나타낼 때: 《 》
   2) 시, 노래, 그림, 수필, 책의 장 등의 제목을 나타낼 때: 〈 〉
   3) 시 뒤에 그 시의 작자와 제목을 나열할 때, 또는 속담에서 대체어를 표시할 때: [ ]
   4) 한자나 외국어를 병기할 때, 시인의 한자어 또는 자국어 이름과 국명을 병기할 때, 외국 시의 원제를 병기할 때, 앞의 단어나 말을 설명할 때, 또는 책이름 뒤에 책의 출판사나 출판연도를 병기할 때: ( )
   5) 시의 행이 바뀔 때: /
   6) 시의 행이 바뀌면서 한 행이 여백일 때: //
   7) 시의 행을 하나 이상 생략했을 때: /.../
   8) 시나 타인의 말을 인용할 때: " "
   9) 인용문 속의 인용어구를 나타낼 때, 또는 특정 단어를 강조할 때: ' '

2. 시를 인용하고 작자와 시 제목을 소개하는 곳에 시의 제목 다음에 "중에서"라고 병기되어 있으면 시의 일부를 인용한 경우고, 그런 병기 없이 시의 제목만 있으면 시 전문을 인용한 경우다.

3. 한시의 경우에는 모두 괄호 안에 원문을 병기했다. 영시의 경우에는 정서미나 표현미나 운율미가 뛰어난 경우에는 원문을 병기했다. 그 밖의 외국 시는 모두 번역문만 실었다.

4. 영시는, 번역본이 없거나 찾지 못한 경우에는 말할 것도 없고, 이미 잘 알려진 번역본이 있는 경우에도 이를 참조하기는 했지만, 필자가 모두 직접 번역했다. 한시의 경우에는 대체로 번역본을 참조했으나 필자가 부분적으로 수정한 경우가 많다. 시의 번역에서는 원문의 어의에 최대한 충실하려고 했다. 영시와 한시 외의 외국 시는 모두 번역본을 사용했다.

5. 한글로 된 가사나 시조 가운데 고어체로 된 조선조의 것은 본래의 어휘와 표현을 최대한 살리되 이해를 돕기 위해 경우에 따라서는 현대의 표기법과 맞춤법을 따르기도 했다.

머리말

1.

필자는 농촌에서 태어나고 자랐다. 그래서 어려서는 들과 야산을 많이 돌아다니며 놀았다. 주로 동무들과 어울려 봄에는 장다리 밭에서 나비도 쫓고, 냇가에서 버들피리도 불고, 모판에서 우렁이도 잡고, 들에서 삘기도 뽑아먹고, 보리밭에서 보리 서리도 했다. 여름에는 풀밭에서 풀 놀이도 하고, 냇가에서 물고기도 잡고, 방죽에서 물장구도 치고, 모정(茅亭)에서 방아깨비 놀이도 하고, 뽕나무에서 오디도 따먹고, 참외밭에서 원두서리도 했다. 가을에는 논에서 메뚜기도 잡고, 풀밭에서 먹때꽐(까마중 열매)도 따먹고, 야산에서 밤도 따고, 울안 감나무에서 감도 따고, 밭에서 고구마나 콩 서리도 했다. 그리고 겨울에는 동네 길가에서 눈싸움도 하고, 언 논에서 얼음지치기도 하고, 처마 밑에서 고드름 놀이도 하고, 들에서 연도 날리고, 논두렁에서 쥐불놀이도 하고, 눈 덮인 야산에서 꿩 몰이도 했다. 또 때로는 논과 밭에서 농사를 돕기도 했다. 봄에는 논에서 모를 심거나 일꾼들의 새참을 나르기도 하고, 여름에는 밭에서 보리를 베거나 감자를 캐기도 하고, 가을에는 밭에서 고구마를 캐거나 논에서 벼를 베거나 논밭에서 이삭을 줍기도 하고, 겨울에는 밭에서 어린 보리를 밟아주거나 방안에서 새끼를 꼬기도 했다.

비록 유년시절의 일이지만, 그런 자연에서의 여러 놀이와 농사의 체험을 통해서 필자는 자연과 계절에 매우 친숙한 편이라고 자부한다. 그리고, 비록 성인이 되어서는 자연을 벗하며 살지 못하고 대도시에서 아파트 생활을 해오고 있지만, 자연과 계절에 계속 관심을 가져온 터라 그에 대해 나름대로 연구하고 틈틈이 글도 써왔다. 그런 연유로 《계절의 추억》이라는 책도 낸 바 있다. 그리고 자연스럽게 이 책의 주제인 세분된 계절이라 할 수 있는 절기에 대해서도 관심을 갖고 공부하게 되었고 이 책도 쓰게 되었다.

이 책의 글들은 계절에 대한 탐구 에세이들이다. 여기서 계절은 봄, 여름, 가을, 겨울의 사계를 뜻하는 큰 틀의 계절이 아니라 사계를 각각 6개로 나누어 이루어진 24절기(節氣)라는 세분된 계절이다. 24절기는 계절의 순환 주기인 1년 동안 해가 도는 것처럼 보이는 궤도인 황도(黃道)라는 천구상의 대원(大圓)을 낮과 밤의 길이가 같은 춘분점을 기점으로 서쪽에서 동쪽으로, 즉 시계 반대 방향으로, 15도 간격으로 나누어 얻은 24개의 구간이다. 1년은 365일이므로 절기의 평균 길이는 약 15.2일이고 한 달에 두 개 절기가 있게 된다. 이 책은 그러한 절기라는 15일 안팎의 세분된 계절에 관한 것이다.

말할 것도 없이, 시간은 연속적인 것이고 시작과 끝이 없으며 따라서 멋대로 구획할 수 있는 것이 아니다. 그러나 완벽하게 판박이로 반복되는 것은 아니지만, 천체의 움직임에 따라 비슷한 형태로 반복되는 하루와 1년 그리고 특히 계절이라는 것이 존재하기에 그 순환 주기와 상이한 계절간의 차이에 따라 시간을 구분하는 것은 필요한 일이다. 특히 목숨을 부지하고 보다 더 안전하고 편안하게 살아가려면 철에 따라 제철 음식을 먹고, 옷을 바꿔 입고, 농사를 비롯하여 적절한 일을 도모하고, 미풍양속을 지키고, 상품을 출시하는 등 철에 맞추어 그에 어울리는 삶의 양식을 이어가야 한다. 그러기 위해서는 계절을 세분하여 해야 할 일들을 미리 계획하고 제때에 실행하는 일이 필요하다. 우리의 삶에는 인위적일망정 계절을 나누는 시간의 구분이 긴요하다.

2.

　달력은 사계가 순환하는 1년을 12달, 365일로 나눈 시간의 구분이다. 오늘날 우리나라를 비롯하여 대부분의 나라에서 사용하는 달력은 그레고리력이라는 서양에서 만들어진 태양력 즉 양력이다. 근대에 서양의 문물이 세계를 지배하면서 본래 태음력 즉 음력을 써왔던 우리나라도 1896년 그레고리력을 채택하게 되었다. 그런데 우리나라와 중국(1912년 채택)에서 만들어진 그레고리력에는 음력의 날짜와 24절기도 표시되어 있다. 그러나 본래의 그레고리력에는 그런 것들이 표시되지 않는다. 메이지 유신 때인 1873년 음력을 폐지하고 그레고리력을 채택한 일본의 달력에도 음력이나 절기는 거의 표시되지 않는다. 그렇다면, 왜 군이 우리나라와 중국에서 만들어진 달력에는 음력과 24절기가 별도로 표시되어 제작될까?
　그 까닭은 오랜 전통과 관습 그리고 실용성 때문이다. 우리나라를 비롯하여 동아시아에서는 본래 음력을 사용해왔다. 그런데 계절은 해에 의해서 좌우되기 때문에 달의 움직임에 기초하여 만든 음력은 계절과는 무관하다. 그래서 음력을 어느 정도나마 계절에 부합하게 하려면 약 3년에 한 번씩 윤달을 두어야 한다. 그렇게 윤달을 두어 조정한 음력을, 윤달을 두지 않는 순수한 음력과 구별하여, 태음태양력 또는 간단히 음양력이라고 부른다. 동아시아에서 사용해왔고 지금도 사용하고 있는 음력은, 우리가 그냥 음력이라고 부르고 이 책에서도 그냥 음력이라고 쓰기는 하지만, 실은 순수한 음력이 아니라 이처럼 윤달에 의해 보정된 태음태양력이다. 과거 시계나 전등이 없던 시절에 사람들은 달을 보고 큰 틀의 시간의 흐름을 파악하고, 조수간만의 때를 짐작하고, 밤나들이에 보름달을 활용하는 등에서 보듯, 실생활에 달을 많이 활용해야 했기에 음력을 필요로 하였다. 무엇보다 설날, 대보름, 삼짇날, 단오, 칠석, 한가위, 중양절 등의 날짜가 말해주듯, 중요한 세시풍속일이 거의 음력으로 되어 있다. 그래서 아직도 관습에 의해 음력이 사용되고 있는 것이다.

그러나 태음태양력도 기본적으로는 음력이기 때문에 양력에 비하면 날짜가 고정되어 있지 않고 들쭉날쭉하여 계절과 정확하게 일치하지 않는 문제점이 있다. 그런데 파종, 김매기, 추수 등을 비롯한 농사를 위해서는 말할 것도 없고, 좀 더 정확성을 요하는 사회생활을 위해서도, 세밀한 계절 즉 연중의 시기나 때를 정확히 알아야 하는 경우가 많다. 이처럼 연중의 시기를 정확히 알려면 달의 움직임에 기초한 음력이 아니라 해의 움직임에 기초한 양력이 필요하다. 24절기는 바로 그런 목적으로 오래 전에 중국에서 만들어져 음력에 첨가되어 계절에 일치하지 않는 음력의 단점을 보완해온 동아시아의 양력이다. 24절기는 태양의 운행에 기초하여 과학적으로 만들어진 양력임에도 음력에 첨가되어 사용되었기에 많은 이들이 24절기도 음력의 일부로 잘못 알고 있다. 그러나 24절기는 실은 그레고리력보다 계절을 더 정확하게 말해주는 양력이다. 그레고리력은 한 해의 길이에 정확성을 기한 산술력(算術曆)이지만, 24절기는 각 절기의 시점에 정확성을 기한 천문력(天文曆)이기 때문이다. 예컨대, 춘분, 하지, 추분, 동지 등이 24절기에서는 언제나 같은 때이지만 그레고리력에서는 1-2일의 편차가 난다.

이처럼 24절기는 계절을 정확히 알려주는 역법이기에 동아시아인들에 의해 많이 이용되었다. 그런데 24절기는 베이징이 있는 화북(華北, Nothern China) 지방, 특히 황하 유역을 중심으로 만들어진 것이어서 같은 위도에 위치한 한반도와 일본의 혼슈를 비롯한 동아시아에서 연중의 시기를 정확하게 알려주어 동아시아인들에 의해 농사일이나 그 밖의 시기의 정밀성을 요하는 일들에서 유용하게 활용되어 왔다. 이런 이유로 오늘날에도 한국과 중국에서 달력에 음력과 함께 24절기가 동시에 표기되어 나오는 것이다. 그런데 24절기는 비록 중국의 황하 유역에서 발전되었으나 그곳과 위도와 풍토가 같지 않은 중국 대부분의 타 지역에서는 잘 맞지 않고 그래서 활용되기도 어렵다. 또 일본에서는 메이지 유신 이후로 달력에도 표시되지 않고 따라서 거의 사용되지 않는다. 그러나 황하 유역과 위도와 풍토가 거의 같은 한반도에서는 24절기가 변함없이 애용되어 오고 있다. 24절기가 한반도에 너무도 잘 맞아 우리 선조들에 의해 더 많이 애용되고 전수되어 왔기 때문이다. 마치 공자 사상이 중국에서 나왔으나 그곳에서는 탄압과 비판을 받아 불온시하거나 잊혀졌으나 한국에서 전폭적으로 수용되고 고수되어 우리의 피와 살이 된 것과 같다고 할 수 있다.

　한국의 중화요리가 한국의 음식 문화이듯, 24절기 또한 그 기원과 상관없이 우리의 계절 문화이기도 하다. 이점은 24절기의 각 절기 때마다 그에 대한 우리의 일상적인 대화와 대중매체에서의 잦은 언급들, 이 책의 본문에 더러 인용된 바와 같이 우리 시인들의 절기와 계절에 관한 무수한 시들, 지금도 일부 남아 있는 24절기와 관련된 우리의 여러 세시풍속들, 그리고 무엇보다, 부록3에 소개한, 24절기의 명칭들이 들어간 수많은 우리 속담들이 증거한다. 그만큼 우리 선조들은 24절기를 오랫동안 유익하게 사용해왔고, 오늘날에도 우리의 실생활에 유용하게 쓰이는 실용적 도구다. 그래서 24절기는 우리의 소중한 문화유산이기도 하며 또한 살아

숨 쉬는 오늘의 문화이기도 하다. 24절기는 우리 실생활의 실용적인 길잡이로 많이 활용하고 문화유산으로 받아들여야 할 우리의 소중한 자산이기도 한 것이다. 그런 24절기에 대해 제대로 아는 일은 우리 자신의 더 나은 삶과 우리 문화의 유지와 발전을 위해서도 필요하다. 그래서 필자가 이런 책을 기획하고 쓰게 되었다. 이 책이 그런 점에 기여하기를 바란다.

3.

온대지역의 사람들은 변화하는 계절 속에서 계절과 밀접한 삶을 살고 있다. 계절의 변화는 그 주민들의 의식주를 다양하게 만들고 감성과 사유를 더 풍부하게 해준다. 그런데 계절의 변화는, 그리고 그 변화가 우리 삶에 미치는 영향은, 해마다 반복되기 때문에 1년 동안의 계절의 변화에 관한 내용을 한 권의 책으로 담아두면 두고두고 참고할 수 있게 될 것이다. 사실 그렇게 되면 계절의 변화에 대해 알기 위해 보도에 의존하지 않아도 된다. 신문이나 방송은 계절의 변화를 그때그때마다 다룰 수밖에 없지만 그 내용은 해마다 같거나 큰 차이가 없기 때문에 1년 치를 다 담은 책이 있다면 계절이 바뀔 때마다 그 책을 참고하면 되기 때문이다. 이 책은 바로 그런 목적에 부응하기 위해 1년 동안의 계절의 변화를 24절기로 세분하여 한 권의 책으로 담은 것이다.

이 책은 24절기라는 동아시아의, 그리고 우리 자신의, 훌륭한 문화유산을 계승하여 발전시키고 실생활에서의 유익한 활용에 도움을 주기 위해서 입춘부터 동지까지 24절기를 의미, 천문, 세시, 기후, 생태, 풍속, 정서, 문화 등을 중심으로 하나씩 차례로 다루고 있다. 부연하면, 각각의 에세이들은 24절기 하나하나의 그 명칭의 문자적 의미뿐만 아니라, 그 절기와 관련된 천문학적 특징, 기후학적 특성, 농사에 관한 일, 동식물의 출몰과 생태, 세시풍속, 제철음식, 축제와 행사, 어울리는 노래, 정조(情調)와 감상(感想), 철학적 단상 등의 여러 면모를 담았다. 이 책은 24절기를 중심으로 한 우리의 문화서인 것이다.

그런데 이들 절기 에세이를 제대로 이해하기 위해서는 계절과 절기에 관한 약간의 전문 용어와 기초 지식이 필요하여 그것들을 〈이끄는 말〉에 담아 본문 앞에 넣었다. 따라서 이 책의 독자들은 〈이끄는 말〉을 먼저 읽고 그 시점에 해당하는 절기를 찾아 읽기를 권한다. 그런 식으로 이 책을 읽는다면 해당 절기의 여러 면모를 체험하면서 읽는 것이 되어 그 내용을 훨씬 더 잘 파악하고 활용할 수 있을 것이다. 이 책에서 절기에 따른 기후는, 특별한 언급이 없는 경우는, 서울(동경 126도 58분/북위 37도 33분)을 중심으로 한 중부지방을 기준으로 하였다.

이 책의 절기 에세이들의 각 머리에는 그 절기의 특징을 표현하는 우리의 전통적인 정형시인 정격 시조 세 수씩을 필자가 직접 지어 붙였다. 어설프지만 독자들의 흥미를 유발하고 우리의 시조를 선양하기 위한 필자 나름의 노력으로 양해되기를 바란다. 아울러 본문에서도 글의 재미와 감성을 보태기 위해, 그리고 무엇보다 24절기가 우리의 시와 생활 속에 얼마나 각인되어 있는가를 보여주기 위해, 각 절기의 계절적 특성, 정서, 감상, 통찰 등을 노래한 시들과 속담들을 더러 인용하였다. 그리고 각 절기마다 그 절기의 가장 특징적인 우리의 생물을 담은 사진을 하나씩 책 말미에 모아 실었다.

그리고 24절기의 내력과 천문학적인 차원에 대한 독자들의 이해를 돕기 위해서 〈절기란 무엇인가?〉라는 글을 〈부록 1〉로 실었다. 부록으로 실었지만 꼭 읽기를 권한다. 가급적이면, 개별 절기에 관한 글들을 다 읽은 후가 아니라 읽기 전에 또는 개별 절기에 관한 글을 한두 편 읽은 후에 읽기를 권한다. 역법과 관련된 전문 용어를 포함하여 24절기는 어떻게 만들어지고 구성되었으며 어떤 특성이 있는지, 그것이 왜 양력인지, 우리가 일반적으로 쓰고 있는 양력과 24절기는 어떻게 다른지, 24절기와 음력은 어떤 관계가 있는지 등등을 제대로 알아야 각 절기를 더 잘 이해할 수 있기 때문이다. 그 말미에 절기의 천문학적인 위치를 파악할 수 있는 〈황도상의 절기의 위치도〉와 24절기를 일목요연하게 파악할 수 있는 〈24절기표〉를 첨부했다. 〈부록 2〉로는 고대로부터 세계의 역법이 어떻게 발전해왔는지 그리고 중국의 역법에서 벗어나 〈칠정산〉이라는 우리의 독자적인 역법이 어떻게 수립되었는지를 간략히 소개한 〈세계 역법의 발전〉을 실었다. 마지막으로 우리의 삶과 절기의 중요성을 보여주는 절기 관련 속담들을 모아 〈부록 3〉으로 게재했다. 이들 부록을 포함하여 이 책의 내용이 24절기에 대한 독자들의 이해와 실생활에서의 절기의 활용에 그리고 24절기와 관련된 우리의 문화의 이해에 많은 도움이 되기를 바란다.

이 책의 원고는 필자가 교직에서 은퇴할 무렵인 2016년 여름에 대체로 완성되어 마무리 작업만을 남겨두고 차일피일하다가 이듬해 여름 갑자기 방송통신위원장에 임명되어 출판을 미루게 되었다. 그러다가 공직에서 벗어나고 코로나19로 인한 자발적 격리로 시간 여유가 생겨 마무리 작업을 마치고 이제야 상재(上梓)할 수 있게 되었다. 바쁜 중에도 틈틈이 시간을 내어 꼼꼼히 많은 오류를 바로 잡아준 권희수 방통위 공보팀장에게 감사의 말을 전한다. 필자의 절기 탐구가 독자 여러분의 즐겁고 유익한 우리의 계절 문화 여행으로 이어지기를 기원한다.

2020. 3. 20.
춘분일에 새봄의 소생을 지켜보며
이효성

목 차
CONTENTS

- 머리말 ·· 8p
- 이끄는 말 ··· 18p

봄의 절기들

입춘(立春), 봄의 길목 ································ 32p
우수(雨水), 눈 대신 비가 내림 ··············· 43p
경칩(驚蟄), 미물들이 깨어남 ················· 51p
춘분(春分), 밤낮이 같은 한봄 ················ 60p
청명(淸明), 맑고 밝은 시절 ····················· 70p
곡우(穀雨), 곡식을 위한 비 ····················· 77p

여름의 절기들

입하(立夏), 여름의 길목 ·························· 90p
소만(小滿), 풀이 대지를 채움 ················ 97p
망종(芒種), 까끄라기 곡식이 익음 ····· 103p
하지(夏至), 낮이 가장 긴 한여름 ········ 110p
소서(小暑), 무더위의 시작 ···················· 119p
대서(大暑), 무더위의 절정 ···················· 126p

가을의 절기들

입추(立秋), 가을의 길목 ················ 138p
처서(處暑), 더위가 가심 ················ 144p
백로(白露), 맑은 이슬이 맺힘 ··········· 151p
추분(秋分), 밤낮이 같은 한가을 ········ 158p
한로(寒露), 찬 이슬이 맺힘 ·············· 168p
상강(霜降), 서리가 내림 ················· 175p

겨울의 절기들

입동(立冬), 겨울의 길목 ················ 186p
소설(小雪), 첫눈이 내림 ················ 193p
대설(大雪), 큰 눈이 내림 ················ 200p
동지(冬至), 밤이 가장 긴 한겨울 ······· 207p
소한(小寒), 혹한의 시작 ················ 216p
대한(大寒), 혹한의 절정 ················ 223p

부록

I : 절기란 무엇인가? ························· 232p
II : 세계 역법의 발전 ························· 259p
III : 절기 관련 우리 속담들 ·················· 272p

■ 이끄는 말

1.

사전에 따르면, 계절은 규칙적으로 되풀이 되는 자연현상에 따라 1년을 구분한 것이다. 특히 기후 현상의 차이에 따라 나눈 한 철로서 대개 온대에서는 봄, 여름, 가을, 겨울의 네 철로 구분된다. 그리고 춘하추동의 시작점을 천문학적으로는 각각 춘분(3월 20·21일), 하지(6월 21·22일), 추분(9월 23·24일), 동지(12월 21·22일)로 보고, 오늘날 일반적으로 사용되는 그레고리력이라 불리는 양력 상으로는 3월 1일, 6월 1일, 9월 1일, 12월 1일로 보고, 이 책에서 다루는 24절기로 구성된 달력 즉 절기력에서는 입춘일(2월 4·5일), 입하일(5월 5·6일), 입추일(8월 7·8일), 입동일(11월 7·8일)로 본다. 시작점의 차이에도 불구하고 이들 상이한 계절 구분은 모두 춘하추동을 각각 3개월씩으로 나누고 있다. 이처럼 춘하추동의 사계는 1년 열두 달을 세 달씩 네 개의 구간으로 구획한 것이다. 말하자면, 계절은 연중 특정한 시기로서 시간의 큰 마디인 셈이다. 이렇게 계절은 정의상 시간의 구획이나 마디라는 물리적 양으로 파악된다.

그러나 이런 구획은 인간이 편의상 멋대로 그은 것이기도 하다. 아무리 천체의 운행에 맞추어 정밀하게 나누었다 해도 그것은 인위적인 것이다. 계절을 포괄하는 시간은 시작도 끝도 없이 계속되고 그에 따라 모든 것이 변할 뿐이다. 시간이 계속되고 그에 따라 모든 것이 변한다는 사실만이 변하지 않는다. 한 해가 시작되고 끝나는 시점이 인위적으로 설정된 것처럼, 한 계절이 시작되고 끝나는 시점 또한 그렇다. 지구의 공전에 의해 계절이 생기고 바뀌고 순환하는 것은 맞지만, 순환한다고 해서 똑같이 되풀이되는 것도 아니고, 그 시작과 끝은 정해져 있는 것이 더더욱 아니다. 게다가 계절이 오고가는 시기가 위도에 따라 상당한 차이가 있다. 더구나 계절의 변화는 지상의 자연에서 일어나는 일이다. 그런데 천체의 운행을 관찰하여 그 시작과 끝을 정한 것은 계절을, 나아가 시간을, 이해하고 활용하려는 순전히 인간의 필요와 편리를 위한 것이지 자연적인 것은 아니다.

따라서 어쩌면 계절은 정해진 시간의 구획이나 마디라는 물리적인 양으로 존재하기보다는 우리의 삶으로 존재한다고 말하는 것이 더 자연스럽고 적절할지도 모른다. 사람들은, 특히 계절의 변화가 뚜렷한 온대지역의 사람들은, 계절의 변화에 적응하고 활용하면서 살아간다는 점에서 그렇다. 계절이 바뀌면, 입는 옷도, 먹는 음식도, 하는 일과 놀이도, 그리고 보고 듣고 느끼는 것도 달라진다. 말하자면, 계절에 따라 의식주를 비롯하여 사람들의 기본적인 생활양식이 달라지는 것이다. 이런 점에서 계절은 생활이기도 하다. 더 나아가 우리의 육체와 정신과 감성이 계절의 변화에 따라 다르게 반응한다. 특히 계절이 바뀜에 따라 달라지는 밤낮의 길이와 온도의 차이는 우리의 몸과 마음에 알게 모르게 적지 않은 영향을 미친다. 그래서 따뜻해지는 봄에는 춘정이 발동하고, 낮이 길고 더운 여름에는 활동력이 넘쳐나고, 서늘해지는 가을에는 감각이 예민해지고, 밤이 길고 추운 겨울에는 안으로 움츠려들게 된다. 계절은 또한 생리이기도 한 것이다.

사람들은 어떤 중요한 일을 계획할 때에 철과 날씨를 고려한다. 물론, 경우에 따라서는 그런 고려의 틈도 없이 급히 일을 치러야 하거나 장례와 같이 계획이나 예측을 할 수 없거나 때를 가리지 않고 발생하는 일도 허다하다. 그러나 여행이나 결혼식과 같이 시간 여유가 있고 계획할 수 있는 일은 대체로 철과 날씨를 고려하기 마련이다. 씨 뿌리고, 김매고, 거둬들이는 등의 농사와 관련된 일은 아예 철저하게 철에 따르지 않으면 안 된다. 그렇게 하는 동안에 특정한 때에 특정한 행위나 작업을 하는 습관도 생기고, 특정한 철에 특정한 행사를 하는 세시풍속도 생겼다. 그런 습관이나 세시풍속은 다시 우리의 행동이나 사고방식에 영향을 미치고 그것들을 규제한다. 결국 계절은 시간이고 생활이고 생리일뿐만 아니라 관습이고 관념이기도 하다.

이처럼 사람들은 계절에 영향을 받고 계절을 내면화하여 살고 있다. 그래서 사람들에게 계절은 물리적이고 생리적인 것일 뿐만 아니라 동시에 심리적이고 정서적인 것이기도 하다. 계절은 사람들에게 단순히 특정한 시기로만 존재하는 것이 아니라 마음과 느낌으로도 존재한다. 계절은 시간의 구획일 뿐만 아니라 동시에 마음의 상태이고 기분이기도 하다. 계절은 인간 외부의 자연에만 있는 것이 아니라 인간 내부의 마음에도 있는 것이다. 그래서 인간에게 계절은 물상(物象)이기도 하고 심상(心象)이기도 한 것이다. 사람들의 내부에 있는 계절은 정서적, 심리적 반응으로 나타난다. 그래서 봄에는 기대와 희망으로 부풀고, 여름에는 활력이 넘치는 한편 몽롱한 상태로 백일몽에 빠지고, 가을에는 까닭모른 비애와 우수에 젖어들고, 겨울에는 의기소침하면서도 새봄에 대한 갈망으로 용솟음친다. 계절은 사람들의 심리와 정서에 실로 많은 영향을 미친다.

위에서 살펴본 것처럼, 계절은 우리의 물리적, 생리적, 감각적, 관습적, 정신적, 정서적 삶과 아주 밀접한 관계를 맺고 있다. 그리고 춘하추동이라는 이런 큰 틀의 계절 구분은 계절이 무엇인지, 그 순서와 주기가 어떤 것인지, 계절 간의 차이가 무엇인지 등을 쉽게 파악할 수 있게 하고, 문학이나 그 밖의 상징의 영역에서는 매우 유용하게 사용되는 구분이기도 하다. 그러나 불행히도 어느 정도 시간적 정밀성을 요하는 우리의 실제적인 삶에서는 그런 큰 계절 구분은 별 도움을 주지 못한다. 예컨대, "봄에 씨를 뿌린다"거나 "가을에 수확을 한다"거나 "여름은 성장의 계절"이라거나 "겨울은 칩거의 계절"이라거나 "정숙한 여자도 봄을 원망하고, 뜻을 세운 선비도 가을을 슬퍼한다(貞女怨春 志士悲秋)"거나 하는 말들은 계절을 이해하고 계절에 의미를 부여하는 상징성이 있는 훌륭한 언설들이지만, 실제 우리의 삶이나 농사에는 아무런 도움이 되지는 못한다. 계절의 구분이 농사에 관한 일이나 일상생활의 업무를 처리하는 일 등과 같은 실제의 삶의 길잡이로서 도움이 되려면 그 구분은 좀 더 적은 단위로 세분되어야 할 필요가 있다.

2.
미국의 권위지 《뉴욕 타임즈(The New York Times)》에는 가끔 매우 정서적인 계절 논설(seasonal editorial) 또는 계절 에세이가 실린다. 한 때는 오랫동안 일요판에 규칙적으로 게재하기도 했다. 신문에 무슨 계절에 관한 에세이인가 하고 의아해 하겠지만, 계절은 실은 매우 시사적(時事的)인 주제라고 할 수 있다. 시절에 따른 의식주의 변화에서 입증되듯이, 계절은 인간의 삶과 밀접한 관계를 맺고 있고, 끊임없이 바뀌면서 그 일상의 생활과 정서에 많은 영향을 미친다. 말하자면, 계절은 그 변화가 현재 일어나거나 현재의 가까운 시점에서 일어나는 시의성(時宜性, timeliness), 그 변화가 현재의 시점에서 사람들의 관심을 끄는 시류성(時流性, currency), 그 변화가 우리 가까이에서 일어나는 근접성(近接性, proximity), 그 변화가 우리 삶에 직접적으로 또는 간접적으로 미치는 영향성(影響性, impact)이라는 중요한 저널리즘적 요소들을 지니고 있다.

계절의 변화는 그만큼 저널리즘적 가치가 있다는 뜻이다. 바꾸어 말하면, 계절은 훌륭한 뉴스로서 가치를 갖고 있고 따라서 뉴스나 논설로 다루기에도 손색이 없는 사안인 것이다. 사실 정치, 경제, 사회 등의 냉혹한 아귀다툼에 관한 무미건조한 기사들보다 계절과 자연의 변화에 관한 정서적인 기사가 독자들에게 더 따뜻하고 즐겁고 반갑게 다가올 수도 있을 것이다. 그래서 언론은 계절 기사를 많이 다룬다. 텔레비전은 특히 더 그렇다. 계절이 바뀜에 따라 달라지는 풍광과 우리 삶의 모습을 멋있는 영상으로 확실하게 보여줄 수 있기 때문일 것이다. 이것이 언론학도인 필자가 계절과 역법에 관심을 갖게 된 이유의 하나다. 물론, 어려서 농촌에서 동무들과 어울려 자연에서 뛰어 놀던 경험에서 얻게 된 계절과 자연에 대한 친숙함과 그리움도 그러한 관심에 한 몫 하였다.

온대지역에서 계절은 크게 봄, 여름, 가을, 겨울로 구분하는데, 이런 큰 구분은 계절의 차이를 이해하고 그 순환을 손쉽게 파악하는 데는 도움이 되지만, 그러나 실생활에는 별 도움이 되지 못한다고 했다. 그래서 계절은 더 세분할 필요가 있고, 따라서 우리가 일반적으로 사용하는 달력인 그레고리력에서는 열두 개의 달을 흔히 계절의 작은 단위로 사용한다. 한 계절을 세 개의 달로 세분한 것이다. 즉 3, 4, 5월은 봄, 6, 7, 8월은 여름, 9, 10, 11월은 가을, 그리고 12, 1, 2월은 겨울이다. 서양에서는 아직까지도 계절의 가장 작은 단위는 달이다. 그래서 《뉴욕 타임즈》 일요판에 계절 논설들을 게재했던 할 보어랜드(Hal Borland)나 자연주의자 애드윈 틸(Edwin Teale)의 계절에 관한 글들도 월별로 구분되어 있다.

음력을 써왔던 동아시아에서도 1년을 12달로 구분했다. 한국에서는 봄, 여름, 가을, 겨울에 각각 '첫(또는 초)', '한', '늦'의 접두어를 붙여서 계절마다 세 개의 시기 즉 세 개의 달로 세분했다. 예컨대, 봄은 첫봄(또는 초봄), 한봄, 늦봄으로 나뉜다. 같은 이치로 중국 나아가 동아시아의 한자 문화권에서는 춘(春), 하(夏), 추(秋), 동(冬)이라는 말에 각각의 첫째 달은 '맹(孟)', 둘째 달은 '중(仲)', 셋째 달은 '계(季)'라는 접두어를 붙여 각 계절을 세 개의 시기로 구분한다. 예컨대, 봄의 경우 음력 정월은 맹춘(孟春), 2월은 중춘(仲春), 3월은 계춘(季春)이라고 한 것이다. 그리고 중국의 《여씨춘추》의 '십이기(十二紀)'나 한국의 《농가월령가》가 보여주듯, 동양에서도 인간의 생활, 정사(政事), 의식, 세시풍속, 농가 행사 등을 다루기 위해 계절을 월별로 세분하였는데 이것을 월령(月令)이라고 한다.

그러나 이 달에 의한 계절의 세분도 한 구간의 길이가 약 30일로 여전히 너무 길어서 역시 실생활의 길잡이로는 그렇게 유용하지 않다. 그래서 우리는 좀 더 과학적이고 세분된 계절 구분이 필요하다. 그런데 다행히 우리에게는 이미 과학적이고 적절하게 세분된 계절 구분이 있다. 그것은 바로 중국에서 만들어져 동아시아권에서 오랫동안 사용해온, 그래서 우리 한국인들도 모두가 친숙하고 어느 정도는 알고 있는, 24절기(節氣)라는 것이다. 24절기는 열두 달보다는 2배로 더 세분한 계절의 구분이지만 단순히 열두 달을 두 배로 세분한 것이 아니라, 실은 훨씬 더 과학적이고 합리적인 방식으로 춘하추동을 각각 여섯 마디씩으로 하여 1년을 24개의 구간으로 나눈 것이다.

열대지역에 사는 사람들은, 우기와 건기로 나뉘기는 하지만, 1년 내내 여름 한 계절만 산다. 한대지역의 사람들은 짧은 여름과 긴 겨울의 두 계절을 산다. 그러나 온대지역의 사람들은 네 개의 계절을 다 산다. 게다가 계절 사이에 이행기가 있어서 실제로는 더 많은 계절을 산다고 할 수 있다. 결국, 온대지역의 사람들은 잦은 계절의 변화에 따른 다양한 삶을 사는 셈이다. 말하자면, 그들은 잦은 계절의 변화에 적응하기도 하고 활용하기도 하는 변화가 많은 삶을 영위한다. 그런데 그처럼 잦은 계절의 변화와 밀접한 삶에 도움을 주려면 4계를 좀 더 세밀하게 나눈 계절 구분이 필요하다. 24절기는 그러한 필요에 적합한 세밀한 계절 구분인 것이다. 춘하추동의 4계는 각각 6개의 절기로 나뉜다. 그리고 한 절기는 약 15일이다. 말하자면 한 달에 두 절기가 있는 셈이다. 이 정도 시간 구분이면 생활의 지침으로 안성맞춤이라 할 수 있다. 이보다 더 길면 실용성이 떨어지고, 이보다 더 짧으면 여유와 융통성이 떨어지기 때문이다.

3.
과거에 동아시아에서는 계절과는 관련이 없는, 달의 운행에 기초한 태음력 즉 음력을 어느 정도 계절에 맞추어 보정한 태음태양력을 썼다.

하지만 이 태음태양력은, 우리가 그냥 음력이라고 불러왔듯이, 기본적으로는 태음력이기 때문에 날짜가 계절에 정확히 맞지 않고 들쑥날쑥하여 농사를 비롯하여 계절과 밀접한 일상생활을 위해서는 계절의 원인이 되는 해의 운행(실제로는 지구의 운행)에 기초한 태양력이 별도로 필요했고 그 필요에 부응하여 만들어진 태양력이 이른바 24절기로 구성된 절기력(節氣曆) 또는 절월력(節月曆)이다. 절기력은 해마다 반복되는 4계를 24절기로 세분하여 파종과 수확 등 농업 활동과 그 밖의 계절 변화에 따라 해야 할 실생활의 여러 일들을 미리 준비하고 때맞추어 할 수 있도록 해 준 매우 합리적이고 실용적인 양력이었다. 이 절기력이라는 태양력은 독립적으로 사용된 것이 아니라 기본적으로는 음력인 태음태양력에 가미해서 썼으므로 동아시아의 달력은 실은 순수한 음력이 아니라 양력이 가미된 진정한 의미의 태음태양력이었다. 그런데 24절기를 별도의 달력으로 쓰지 않고 음력에 가미해서 썼기 때문에 24절기를 음력으로 잘못 알고 있는 이들도 적지 않다. 그러나 24절기 그 자체는 태양의 움직임에 기초한 순수한 태양력이다.

　계절을 구별하는 기후 현상의 핵심은 빛과 열이고 그 빛과 열의 원천은 태양이다. 그런데 지구에 전해지는 태양의 빛과 열의 양이 일정하게 유지되지 않고 계속 변하는데 그 변화가 계절을 생성시킨다. 그리고 그 변화가 1년을 단위로 반복되기 때문에 계절도 1년 단위로 순환한다. 이처럼 계절과 태양은 밀접한 관계를 맺고 있다. 지구에 전해지는 태양의 빛과 열의 양이 변하는 이유는 지구의 자전축이 공전축에 대해 23.5도 기운 채로 지구가 태양의 주위를 돌기 때문이다. 지구의 공전에 의해 태양에 대한 지구의 상대적 위치가 바뀌는데 이러한 위치 변화가 지구에 닿는 태양의 빛과 열의 양에 차이를 낳고 그 차이가 계절의 근본적인 생성 원인으로 작용하는 것이다. 말하자면, 계절은 태양과 지구의 상대적 위치의 변화에 의해 생성되는 것이므로 계절의 변화를 구분하기 위해서는 지구의 움직임을 관찰해야 한다. 그러나 지구에서 볼 때는 지구가 움직이는 것이 아니라 태양이 움직이는 것처럼 보인다. 그래서 태양의 운행을 겉보기 운동이라고 말하기도 하는데 태양의 이 겉보기 운동을 관찰하면 계절의 변화를 구분할 수 있게 된다.

 지구에서 보아 태양이 지구를 중심으로 운행하는 것처럼 보이는 겉보기 운동의 괘도인 큰 원을 상정할 수 있다. 황도(黃道, the ecliptic)라 불리는 이 괘도의 좌표 상에서 밤낮의 길이가 같은 춘분점을 기점으로 서쪽에서 동쪽으로, 즉 시계의 반대방향으로, 15도 간격으로 나누면 원은 360도이므로 24개의 구간이 나오는데 이것이 바로 24절기다. 이 24개의 구획선을 태양의 정중앙이 통과하는 시점이 한 절기가 시작되는 시발점이고 다음 절기의 시발점이 앞의 절기가 끝나는 종착점이다. 따라서 한 절기의 명칭은 그것으로 천문학적인 위치를 지칭할 때는 그 시발점 즉 그 절기가 드는 시점을 의미하지만, 그냥 시간의 구획을 지칭할 때는 그 시작점에서 종착점까지의 기간을 의미한다. 그런데 각 절기의 구간마다 태양의 운행 속도가 약간씩 다르기 때문에 절기의 기간 즉 길이도 조금씩 다르나 그 평균 길이는 약 15.2일이다. 그리고 한 절기 약 15일은 다시 약 5일씩 초후(初候), 중후(中候), 말후(末候)의 3후로 나누기도 하나 이는 계절의 단위로는 너무 짧아 실용성이 떨어지므로 잘 쓰이지는 않는다. '절기력'은 이런 24절기로 구성된 달력을 지칭한다.

 이처럼 절기가 태양의 운행에 의한 것이어서 절기를 영어로 '솔라 텀(solar term)'이라고 번역하는데 이는 말 그대로는 '태양의 시기', '태양의 시절', 또는 '태양의 계절' 정도의 뜻이다. 그리고 각 구간 즉 각 절기에 그 천문학적 특징이나 그 시기의 기상 현상이나 자연 현상을 잘 표현하는 이름을 붙인 것이 24절기의 명칭이다. 그 가운데 핵심은 춘, 하, 추, 동이라는 말이 들어 있으며 각각 사계의 중심점인 춘분, 하지, 추분, 동지라는 네 개의 기초절기 즉 기절기(基節氣)와 그리고 이들 사이의 한 가운데

들어 있으며 사계의 시작점으로 삼는 입춘, 입하, 입추, 입동의 네 개의 입절기(立節氣)를 합친 여덟 절기라고 할 수 있다. 그리고 이들 여덟 절기들 사이사이에 각각 두 개씩의 절기가 더 들어가서 전체적으로 24절기를 구성하는데, 기절기 앞의 두 절기는 앞뒤 계절이 교차하는 절기라 하여 교절기(交節氣)라고, 기절기 뒤의 두 절기는 그 계절이 극에 달하는 절기라 하여 극절기(極節氣)라고 부르기도 한다.

절기력은 태양력 즉 양력이어서 계절의 변화를 정확하게 알려주는 데다 그 기간이 약 15일로 너무 길지도 너무 짧지도 않은 계절의 구획이라서 사계가 뚜렷한 온대지역에서는 매우 실용적인 달력이다. 그렇기에 절기력은 그것이 만들어진 이래로 오늘날까지 오랫동안 동아시아에서, 특히 한반도에서, 사람들의 중요한 삶의 길잡이였을 뿐만 아니라 앞으로도 계속해서 중요한 길잡이로 구실을 할 것이다. 절기력은 온대지역에 살기에 계절의 변화에 적응하고 활용해야 하는 이들 모두의 삶의 길잡이로 중요한 것이다. 그래서 철을 아는 것은 철이 드는 것이다. 게다가 절기력에는 오랫동안 그것에 의지해 살아온 우리 선조들의 삶과 문화가 배어 있다. 절기를 아는 것은 계절의 변화를 아는 것이고, 그것은 곧 우리의 삶을 보다 더 올바르고 적절하게 영위할 수 있게 해주는 것이고, 우리의 전통과 문화와 현재를 아는 것이기도 하다. 이처럼 오늘의 삶을 더 잘 영위하기 위한 실용적인 차원에서도, 그리고 우리의 어제와 오늘을 더 잘 이해하기 위해서도, 우리는 절기력 또는 24절기에 대해 잘 알 필요가 있다. 자, 이제 절기라는 우리의 계절 문화에의 탐구 여행을 시작하기로 하자.

봄의 절기들

입춘
우수
경칩
춘분
청명
곡우

봄의 절기들

 봄은 한기가 물러가면서 온기가 밀려오는 계절이다. 봄에는 태양의 고도가 높아져 낮이 길어짐으로써 일조량이 늘어날 뿐만 아니라 겨울 동안 불어오던 삭풍이라 불리는 차디찬 북풍의 세력이 약화하고 대신 남녘에서 불어오는 따뜻한 훈풍의 기세가 커지기 때문이다. 그 결과로 날씨가 따뜻해지면서 얼었던 땅이 풀리고, 눈 대신 비가 오고, 동면하던 동물들이 깨어나 활동을 개시하고, 초목에는 새싹과 새움이 돋고 꽃이 피어나고, 농부는 농작물의 씨를 뿌리거나 모종을 하여 어린 싹을 가꾼다. 물론 봄이 왔다고 삭풍이 그냥 얌전히 물러만 가는 것이 아니고 때로는 역습을 해서 꽃샘추위로 몽니를 부리기도 하고 또 삭풍과 훈풍이 뒤섞여 어수선한 날씨가 이어지는 경우도 많다. 그래도 이미 대세로 굳혀진 따스한 기운의 도도한 진군을 막을 수는 없다. 그 따스한 기운에 힘입어 봄은 만물이 소생하는 새로운 생명의 계절로 또는 새로운 삶의 계절로 말해지곤 한다. 그런데 소생은 생명의 단순한 귀환이 아니라 새로운 시작이다. 그래서 봄은 언제나 기다림과 설렘으로 맞게 된다.

 '봄'이라는 말은 '불'의 옛말인 '블'과 '오다'의 명사형인 '옴'이 결합하여 형성되었다는 주장도 있다. 즉 '봄'은 따뜻한 불의 온기가 다가옴을 뜻한다는 것이다. 다른 한편 '봄'은 '보다'의 명사형이라는 설명이 있는데 이 설명이 더 설득력이 있어 보인다. 겨우내 풀이 사라진 황량한 벌판에서 봄이 되면 기적 같이 풀을 비롯하여 새 생명들이 나타난다. 땅에서는 가녀린 새싹이 나오고, 나무에서는 황금색 새잎이 돋고, 나무와 풀에서 꽃들이 피어나고, 땅속에 동면하던 벌레들이 기어 나와 꿈틀대고, 굴 속에 칩거하던 짐승들도 어느 덧 밖으로 나와 활동을 개시하기 위해 기지개를 켠다. 우리는 봄에 이 경이로운 소생의 모습을 '본다.' 이 소생의 모습을 목도하는 것은 그 자체로서 가슴 뛰는 감격스런 경험이다. 이처럼 생명들이 새롭게 소생하는 경이로운 모습을 지켜볼 수 있기에 봄은 언제나 새로 '보는' 계절이고 따라서 새봄이다. 계절 가운데 봄만이 새봄으로 불린다. 여름이나 가을이나 겨울에는 '새'라는 접두어를 붙이지 않는다.

봄을 뜻하는 한자는 '春(춘)'인데 이 글자는 따뜻한 햇살에 풀잎이 돋아나는 모습을 형상화한 것이라고 한다. 春의 유의자(類義字: 뜻이 비슷한 글자)로 꿈틀거릴 준(蠢)이 있는데 이는 봄에 벌레를 비롯한 생명체들이 깨어나 움직이는 모습을 뜻한다고 할 수 있다. 봄을 뜻하는 영어는 spring인데 이 말은 동시에 샘물, 용수철, 튀어 오르다 등의 뜻도 갖고 있다는 점에서 새 생명들이 약동하는 모습을 상징하는 말이라 할 수 있다. 이 또한 소생이라는 현상을 보다 더 역동적으로 나타낸 말이다. 이처럼 봄은 겨울의 속박을 벗어난 생명들이 새로운 삶을 시작하는 소생의 계절이며, 우리말의 '봄'이 뜻하는 바와 같이 그 소생을 보고 감격하는 계절이라 할 수 있다. 우리말의 '봄'은 소생이라는 봄의 경이를 관조하는 일에 초점이 맞추어진 반면에 한자인 '春'과 영어의 'spring'은 봄에 나타나는 소생이라는 현상 그 자체에 방점이 주어져 있다.

지구에서 보면 태양이 지구를 중심으로 운행하는 것처럼 보인다. 그 태양의 겉보기 운행로 즉 궤도는 황도(黃道)라고 부르는 천구(天球) 상의 대원(大圓)이다. 그런데 황도는 천구의 적도(지구의 적도를 천구에 투사한 대원)와

두 지점에서 교차하지만 적도에 대해 23.5도 기울어져 있다. 이는 태양이 황도를 운행하는 동안에 적도를 사이에 두고 남쪽으로 23.5도의 남회귀선(南回歸線: 태양이 남쪽으로 내려가다 다시 회귀하는 즉 올라오는 선)과 그리고 북쪽으로 23.5도의 북회귀선(北回歸線: 태양이 북쪽으로 올라가다 다시 회귀하는 즉 내려오는 선) 사이를 1년에 한 번씩 오르락내리락 한다는 뜻이다. 부연하면, 태양은 황도를 도는 사이에 낮이 가장 짧고 밤이 가장 긴 동지점인 남위 23.5도의 남회귀선까지 남하한 다음 북상하여 낮과 밤의 길이가 같은 춘분점인 적도에 이르렀다가 계속 북상하여 낮이 가장 길고 밤이 가장 짧은 하지점인 북위 23.5도의 북회귀선까지 올라간 다음 남하하여 다시 한 번 낮과 밤의 길이가 같은 추분점인 적도에 이르고 계속 남하하여 남회귀선까지 내려갔다가 다시 올라온다. 그런데 절기력 또는 24절기는 천구의 적도와 황도가 만나게 되는 춘분점을 기점으로 하여 황도의 경도 360도를 15도 간격으로 나누어 24개의 구간을 설정하는데 이것이 24절기. 따라서 천구의 좌표 상에서 춘분점은 황경 0도 위도 0도, 하지점은 황경 90도 북위 23.5도, 추분점은 황경 180도 위도 0도, 동지점은 황경 270도 남위 23.5가 된다.

  황도 상에서 봄의 시작점인 입춘은 한겨울인 동지와 한봄인 춘분의 한 가운데로 황경 315도의 지점이다. 이처럼 입춘은 한겨울과 한봄의 중간 지점이기에 천문학적으로만 본다면 이 지점에서 겨울과 봄이 갈린다고 할 수 있다. 천문학적으로 입춘은 겨울이 끝나고 봄이 시작되는 시점인 것이다. 입춘부터 우수(황경 330도), 경칩(345도), 춘분(0도), 청명(15도), 곡우(30도)까지 6개의 절기가 각각 15도 간격으로 나뉘지만 구간마다 태양의 운행 속도가 다르기 때문에 운행에 걸리는 시일은 절기마다 약간의 차이가 있다. 그러나 봄의 절기들은 태양의 속도가 가장 빠른 근일점(1월 3일)과 태양의 속도가 가장 느린 원일점(7월 4일) 사이에 있기에 각 절기의 길이는 평균에 가깝다고 할 수 있다.

이들 봄의 절기에 간단한 설명을 붙이면, 입춘(立春)은 봄이 일어선다는 뜻으로 봄이 시작되는 절기이고, 우수(雨水)는 빗물이라는 뜻으로 눈 대신 봄을 재촉하는 비가 온다는 절기이고, 경칩(驚蟄)은 벌레가 놀란다는 뜻으로 겨울 동안 동면하던 벌레들이 깨어난다는 절기이고, 춘분(春分)은 봄의 균분점 즉 낮과 밤의 길이가 같은 날부터 시작되는 한봄의 절기이고, 청명(淸明)은 맑고 밝다는 뜻으로 날씨가 화창한 절기이고, 곡우(穀雨)는 곡물 비라는 뜻으로 곡식 작물을 위한 비가 내린다는 절기다. 이 가운데 봄이라는 소생의 계절에 가장 잘 어울리는 절기의 명칭은 벌레가 놀라 깬다는 자연 현상으로서 '경칩', 그리고 기후학적 현상으로서 날씨가 풀려 눈 대신 비가 온다는 우수와 곡식 작물을 위한 비가 온다는 '곡우'일 것이다. 특히 경칩은 새봄의 현상인 생명의 소생과 약동의 모습을 잘 형상화하고 있다.

음력으로 입춘과 우수는 초봄 또는 맹춘(孟春)이라고도 부르는 정월에, 경칩과 춘분은 한봄 또는 중춘(仲春)이라고도 부르는 이월에, 청명과 곡우는 늦봄 또는 계춘(季春)이나 모춘(暮春)이라고도 부르는 삼월에 있다. 정학유(丁學游, 1786-1855)의 〈농가월령가(農家月令歌)〉의 1·2·3월령의 첫 부분을 소개하면 다음과 같다. "정월은 맹춘(孟春)이라 입춘 우수 절기로다 / 산중간학(山中澗壑: 산속 깊은 골짜기)에 빙설은 남았으나 / 평교광야(平郊廣野: 평지 마을과 넓은 들)에 운물(雲物: 풍광)이 변하도다 /.../ 이월은 중춘(仲春)이라 경칩 춘분 절기로다 /.../ 반갑다 봄바람이 의구(依舊: 변함없음)히 문을 여니 / 말랐던 풀뿌리는 속잎이 맹동(萌動: 싹이 남)한다 /.../ 삼월은 모춘(暮春)이라 청명 곡우 절기로다 / 춘일(春日)이 재양(載陽: 따뜻함)하여 만물이 화창하니 / 백화(百花)는 난만(爛漫: 피어남)하고 새 소리 각색(各色)이라."

입춘, 봄의 길목

입춘이 되었으나 추위가 기승하여
모두들 움츠리며 봄소식 기다릴 때
매화는 이른 꽃망울로 봄맞이에 나서네

지루한 겨울 동안 애타게 기다리며
하루빨리 맞고파서 재촉을 하는지라
새봄은 언제나처럼 추위 속에 맞누나

감각에 오는 봄은 늑장을 부려대나
마음에 오는 봄은 성급히 달려오니
시절은 아직 이른데 봄이 왔다 말하네

24절기 가운데 가장 첫째는 **입춘**(立春, start of spring: 2월 4·5일)으로 긴 겨우내 기다려온 봄에 들어선다는 절기다. "기다리고 기다리던 봄 / 드디어 봄이 왔구나 봄이 왔어 / 겨우내 쌓아 두었던 봄 / 눈 털고 얼음 깨 봄을 꺼내야지"[백원기, 〈입춘〉 중에서]. 이때 황도(黃道) 즉 지구에서 본 태양의 겉보기 운행로 상에서 태양의 위치는 동지와 춘분의 중간 지점으로 이때부터 춘분 쪽에 가까워지기 때문에 천문학적인 관점에서 보면 입춘은 봄의 길목이다. 이처럼 천문학적인 차원에서 입춘은 봄의 문턱으로 봄기운이 일어나는 때이기는 하지만, 기온 상으로나 일반 달력(그레고리력) 상으로는 아직 봄이 아니다. 그러나 지루한 겨울을 나며 봄을 기다리는 우리의 마음에서는 이때 이미 봄을 맞고 있다. "입춘도 지나 / 절기상 봄이라지만 / 날씨는 아직 봄이 아닌데 // 매화는 / 벌써 / 꽃망울을 터뜨려 화사한 봄을 선사한다 // 하늘하늘 / 엷은 꽃 이파리 / 꽃샘추위에 얼었구나 // 어서 봄을 맞고 싶은 / 마음 / 똑같은 데 / 누가 / 네 성급함을 탓하랴."[이문조, 〈매화〉].

이처럼 봄은 감각으로가 아니라 마음으로 맞기에 아직 한파가 기승을 부린다 해도 입춘에 들어서자마자 봄이 왔다는 반가운 마음을 갖게 되는 것이다. 어쩌면 아직도 춥기에 따뜻한 봄이 오고 있다는 소식이 더 반가우리라. 그래서 입춘은 엄동설한이라는 모진 시절도 이제 끝이 나고 바라고 기다리던 만화방창(萬化方暢)의 좋은 시절이 온다는 은유로 사용되기도 한다. 입춘을 맞는 반가움은 곧 어둠의 시절이 끝나고 기다리고 기다리던 밝음의 시절을 맞는 반가움을 나타내는 것이다. "어서 오게, 이 친구 / 모진 바람 한세월 / 백수건달로 떠도는 이 / 어디 가서 한마디 소식 없더니 / 이제 오는가 그대, / 반갑고 서러운 이 / 끝도 없는 침묵의 땅 / 소리소리 지르며 / 이제 오는가 그대, / 무정한 사람아"[양성우, 〈입춘〉].

입춘은 일반 달력상으로는 늦겨울이지만 절기력(節氣曆: 24절기로 이루어진 달력) 상으로는 봄의 첫 절기이며 한 해의 첫 절기이기도 하다. 따라서 입춘의 시작일인 입춘일(立春日)은 새봄의 시작일일 뿐만 아니라 새해 첫 달과 첫 절기의 시작일이기도 하다. 말하자면, 절기력 상으로 입춘일은 새봄의 첫 날이며 동시에 새해 첫 달의 첫 날 즉 연초일(年初日)이 되는 것이다. 입춘일은 절기력 상 설날인 것이다. 이처럼 절기력은 새봄과 새해의 첫 날을 맞춘 매우 합리적인 역법이다. "매달에 두 개 절기 똑같이 배치하고 / 봄으로 시작하여 겨울로 끝이 나니 / 그 역법 합리적이고 의의 또한 크다네"[이효성, 〈절기력〉 중에서]. 왜냐하면, 우리의 실제적인 삶의 순환주기에서 본다면 봄이 새해의 시작점이라 할 수 있기 때문이다. 음력의 정초일로서 우리의 민속적인 설날(음력 설날)도 동지 이후 두 번째 달의 삭일(朔日: 음력 초하루)로 대체로 대한이나 입춘의 어간(於間)에 든다.

그런데 우리가 사용하고 있는 일반 달력상의 새해의 시작점인 1월 1일은 천문학적으로 의미가 없는 날이다. 원래 고대 로마에서는 동지 다음의 첫 삭일을 새해의 첫날로 삼았기에 천문학적인 의미가 있었다. 그런데 그레고리력을 제정하면서 그때까지 사용하던 율리우스력에 의해 생긴 10일의 편차를 조정하기 위해 억지로 10일을 더하면서 떠밀려 생긴 새해 첫날(동지로부터 11-12일 째)이라서 아무런 의미도 지니지 못하게 된 것이다. 더구나 그 무렵은 본격적인 추위가 시작되는 시점이다. 그런데 서양에서는, 특히 로마 제국을 포함하여 지중해성 기후가 지배적인 지중해 연안 지역에서는 겨울에도 푸근하여 새해를 맞기에 별 문제가 되지 않는다. 하지만 대륙성 기후가 지배하는 동아시아에서는 너무나 춥고 봄도 너무나 멀다. 말하자면, 동아시아에서 일반 달력상의 1월1일은 역법상 아무런 의미도 없이, 너무 춥고, 봄이 너무 멀리 있는 때라서 한 해의 시작점으로는 매우 부적합한 것이다. 그러나 절기력 상의 새해 시작점인 입춘은 태양이 동지와 춘분의 한 가운데에서 춘분 쪽으로 넘어가는 시점일 뿐만 아니라 엄동설한도 풀리는 시점이라서 새해의 시작점으로도 상당히 적합하다고 할 수 있다. 따라서 우리들이 쓰고 있는 일반 달력에서도 입춘일부터 새해가 시작되게 한다면, 새봄과 새해가 같이 시작되어 더 합리적일 뿐만 아니라 햇볕도 상당히 따뜻해져 새해를 시작하기에도 더 적절할 것이다. 아니면, 새해를 3월 21일에 시작하는 이란(Iran)의 달력처럼, 천문학이나 서양에서 봄이 시작되는 날로 보는 춘분일을 연초일로 하는 것도 또 하나의 합리적인 대안이 될 것이다.

이렇게 절기력에서는 입춘일부터 한 해가 새로 시작하기 때문에 마땅히 입춘일은 이후의 중요한 날을 셈하는 기준점이 된다. 음력은 달의 운행을 기준으로 하기 때문에 계절과 정확히 일치하지 않고 한 해의 특정한 시점의 날짜가 들쑥날쑥하여 그 1월 1일을 기준점으로 삼기가 어렵다. 그러나 절기력이나 양력은 태양의 운행을 기준으로 하기 때문에 계절과 정확히 일치하고 한 해의 특정한 시점의 날짜가 고정되어 있어 그 1월 1일을 기준점으로 삼아도 아무런 문제가 없다. 그래서 양력에서 1월 1일이 기준점이 되는 것이 자연스러운 것과 같이, 절기력에서는 입춘일이 기준점이 되는 것도 자연스런 일이다. 실제로 볍씨 파종이 시작된다는 88야(夜), 태풍이 분다는 210일과 220일 등은 각각 입춘일로부터 세어서 88일째(5월 3·4일), 210일째(9월 2·3일), 220일째(9월 12·13일)의 무렵을 일컫는다.

연중 추위가 절정에 달하는 대한으로 겨울이 끝나고 이어 입춘으로 따뜻한 봄이 시작된다는 사실은 시사하는 바가 크다. 그릇도 다 차면 넘치고, 달도 차서 만월이 되었을 때부터 기울듯이, 추위도 절정에 달하면 누그러지기 시작하는 것이다. 이처럼 세상사는 위로든 아래로든 그 한계가 있고 그 한계점에서부터 반전이 시작되는 것이다. 추위가 그렇듯이, 추위에 비유되는 시련이나 고초도 그 강도가 가장 센 순간부터 약해지기 시작하는 것이다. 시련이나 고초가 무한정 커지기만 하는 것은 아니다. 이것이 사물은 극에 달하면 되돌아온다는 물극즉반(物極則反)의 이치다. 그래서 역경을 참고 견디는 일이 중요한 것이다. "소한 대한 추위 / 모두 이겨내고 나면 / 화사한 입춘 절이 얼마 안 남았다"[박종영, 〈봄이 곧 오리라〉 중에서]. 새것은 낡은 것 속에 배태되어 있듯이, 입춘은 한겨울 속에 잉태되어 있다고 할 수 있다. "겨울 지나 봄 오는 게 아니라 / 겨울 속에 봄이 있다 // 겨울 품속에서 / 봄이 살금살금 자라는 거다 // 겨울은 봄의 길목일뿐더러 / 새봄의 자궁이다."[정연복, 〈한겨울의 입춘〉 중에서]. 이 깨달음은 계절에서 덤으로 배우는 세상의 이치라고 해야 할 것이다.

　입춘은 문자 그대로는 봄이 시작된다는 뜻이지만 실제로 봄을 느끼기에는 아직 겨울 기운이 꽤 많이 남아 있는 때다. "입춘이란다 / 체감하기 어려운 / 봄은 다가오는데 // 내 마음의 한파는 / 도무지 풀릴 줄 모르는데 / 입춘이란다."[공석진, 〈입춘〉 중에서]. 그래서 한 시인은 "입춘은 / 봄의 시작이 아니라 / 깊이 잠든 봄을 깨우는 / 알람시계의 멜로디일 뿐."[김병훈, 〈입춘〉]이라고 말했으리라. 낮이 가장 짧은 동짓날로부터 세 개의 절기 즉 약 45일이 지난 시점이고 낮에는 햇볕도 상당히 따뜻하기는 하지만, 그 동안 축적된 한기와 아직은 한파를 몰아오는 시베리아 기단의 위세가 가시지 않아 "입춘한파", "입춘 거꾸로 붙였나", "입춘 추위 김장독 깬다" 또는 "입춘 추위는 꿔다 해도 한다"는 말들에서도 알 수 있듯, 이때 흔히 매서운 추위가 몰려와 다가오는 봄을 시샘하기도 한다. 이 무렵에는 동장군(冬將軍)의 심술이 꽤나 고약한 경우가 적지 않은 것이다. "정상적으로 오르내리던 온도계 혈압이 / 봄의 문턱에서 / 지하로 급격히 추락해 / 온기 사라진 살벌한 세상 // 계절도 시기가 만만찮아 / 호락호락한 봄에게 / 그렇게 쉽사리 / 자리 비켜주기가 싫은 게야"[권오범, 〈입춘 추위〉 중에서]. 입춘이 되었다고 해서 따뜻한 봄이 된 것으로 생각하면 이는 착각이다.

　그러나 이런 동장군의 심술에도 아랑곳하지 않고 이때부터 바람결에 변화가 일어나 매서운 북풍 대신 때때로 부드러운 동풍 즉 봄바람이 약하게나마 불어오기 시작하고, 햇볕이 싱딩히 따스해져 해동이 시작되며, 낮에는 지붕의 눈이 녹아내려 처마로 떨어지다 밤에는 얼어 이른 아침에는 고드름이 달린다. "핸 멀찌막이 '경칩'을 세워 놓고 / 이렇게 따뜻하게 비칠 건 뭐람? // -그러나 봄 머금은 햇볕이어서 좋다. // 미치고 싶도록 햇볕이 다냥해서 / 나도 발을 쭈욱 펴고 눈을 떠본다. // -그러나 '입춘'은

카렌다 속에 / 숨어 하품을 하고 있었다."[신석정, 〈하도 햇볕이 다냥해서〉 중에서]. 이 무렵부터 산골짜기에는 여러해살이풀인 앉은부채가 언 땅을 뚫고 올라와 잎보다 먼저 꽃을 피우고, 산과 들에는 냉이, 꽃다지, 쑥 등의 이른 봄나물들이 돋아나 있다. 이 작은 것들이 추위를 뚫고 가장 먼저 봄소식을 전하는 용맹한 봄의 전령사들이다. 그래서 한 시인은 "냉이 꽃다지 광대나물, 그 크기 워낙 작지만 / 세상의 하 많은 것들이 제 큰 키를 꺾여도 / 작아서 큰 노여움으로 겨울을 딛고 / 이 땅의 첫봄을 가져오는 위대함의 뿌리들."[고재중, 〈첫 봄나물〉 중에서]이라고 칭송했다.

이때쯤 제주도와 남해안 일대에는 한겨울부터 수줍은 듯 나뭇잎 속에 숨어서 피고 지는 동백의 새빨간 꽃들은 말할 것도 없고, 춘란(春蘭)으로도 불리는 보춘화(報春化)와 수선화도 그 뿌리에서 꽃대가 나와 꽃이 핀다. 그리고 본래 따뜻한 남녘에서 잘 자라지만 꽃은 추위 속에서 피워내는 매실나무에도 입춘 추위 속에서 단아한 매화가 벙글기 시작한다. "봄볕에 / 맺은 사랑 / 가지마다 걸어 놓고 // 잔설이 스러지니 / 입춘에 / 눈을 떴나"[하영순, 〈매화〉 중에서]. 제주도에서는 대한 어간부터 매화가 피기도 한다. 그래서 제주시 한림읍에 있는 한림공원에서는 2월 한 달 동안 그리고 서귀포시 대정읍에 있는 노리매 공원에서는 입춘부터 한 달 동안 매화축제를 개최한다. 이들 매화축제가 한반도에서 열리는 가장 이른 꽃 축제일 것이다.

그리고 남녘의 밭에서는 "눈 속에서도 보릿잎과 시금치와 / 갓과 봄동이 새파랗게 떨면서도 / 봄을 기다리고 있"다[김길남, 〈입춘 여행〉 중에서]. 말하자면, 입춘 어간에 한반도에서는 최남단인 제주도에서부터 자연에 슬슬 봄기운이 돌기 시작하여 파죽지세로 북상하는 것이다. 이제 동장군의 심술로도 어쩔 수 없는 봄의 도도한 진군이 시작된 것이다. 입춘 한파가 아무리 매섭게 눈을 부라린들 막무가내로 밀려오는 봄을 어찌

막을 수 있겠는가. 그래서 한 시인은 입춘 추위를 "뻔히 역부족인 줄 알면서도 / 괜한 몽니로 못된 심술부리는 네가 / 딱하기조차 하구나"[오보영, 〈입춘 추위〉 중에서]라고 딱한 심술쟁이로 표현했을 것이다. 아니 어쩌면 동장군은, 또 다른 시인의 표현처럼, "다짜고짜 다가와 주물러대는 / 뻔뻔스런 봄의 끄나풀 아양 못 이겨 / 제풀에 지쳐 스러지는"[권오범, 〈입춘 추위〉 중에서]지도 모를 일이다.

입춘은 봄의 문턱으로 새로운 봄과 새로운 해를 맞이하기 위한 준비와 계획의 시기이기도 하다. 예부터 일년지계(一年之計)는 봄에 있고 일일지계(一日之計)는 아침에 있다고 했다. 그래서 과거에는 입춘 절기가 되면, 아녀자들은 집안 곳곳에 쌓인 먼지를 털어내는 등으로 봄맞이 청소를 하고, 남정네들은 겨우내 넣어둔 농기구를 꺼내 손질하고, 두엄을 뒤집고, 종자를 손질하는 등으로 그 해 농사를 준비했다. 《농가월령가》의 정월령에는 다음과 같은 구절이 있다. "일년지계 재춘하니 범사를 미리하여 / 봄에 만일 실시(失時)하면 종년(終年) 일이 낭패되네 / 농기를 다스리고 농우를 살펴 먹여 / 재거름 재워 놓고 한편으로 실어내니 / 보리밭에 오줌치기 작년보다 힘써 하라." 이처럼 입춘은 예부터 새봄을 맞아 본격적으로 시작될 농사의 준비 작업을 하는 시기다.

입춘에는 입춘 절식이라 하여 움파, 부추. 마늘, 달래, 무릇, 유채, 멧갓, 당귀 싹, 미나리 싹 등의 시거나 매운 푸성귀 가운데 오방색(五方色: 오행설에 따라 동쪽은 파랑, 서쪽은 하양, 남쪽은 빨강, 북쪽은 검정, 가운데는 노랑의 다섯 가지 색깔)이 나는 다섯 가지로 '입춘오신채(立春五辛菜)'라는 자극적인 생채요리를 만들어 먹음으로써 새봄의 미각을 돋우기도 하였다. 그러나 입춘오신채는 오색의 배열에 의한 시각과 자극적인 맛에 의해 미각을 자극하는 감각적인 것만은 아니었다. 그것은 동시에 그것을 먹음으로써 일반적으로는 식구들의 화목과 인간의 다섯 가지 도리인 인의예지신(仁義禮智信)을 북돋는다는 뜻도 담았다. 더 나아가 특별히 궁중에서는 가운데 노란색이 상징하는 임금을 중심으로 사색당쟁을 초월하라는 뜻을, 불가에서는 인생의 오고(五苦: ①생로병사의 고통, ②사랑하는 이와 헤어지는 고통, ③미운 자와 만나는 고통, ④구하나 얻지 못하는 고통, ⑤물질, 감정, 관념, 욕구, 식별에서 비롯된 고통)를 극복하라는 뜻을 담았다. 이처럼 오신채는 새봄의 미각을 자극하는 외에도 오색의 배열로 미학적이고, 사색당쟁의 초월의 염원으로 정치적이고, 도리의 증진과 오고의 극복의 뜻으로 철학적이기도 한, 그야말로 의미심장하기 이를 데 없는, 절식이었다.

　예부터 입춘이 드는 날 입춘이 드는 시간에 집의 대문이나 기둥이나 대들보에 겨울이 끝나고 봄이 시작되었음을 자축하며 한 해의 행운과 건강과 복을 비는 글귀를 쓴 입춘방(立春榜) 또는 입춘첩(立春帖) 또는 입춘축(立春祝)을 붙이는 세시풍속이 있다. 흔히 "입춘대길 건양다경"(立春大吉 建陽多慶: 봄이 되니 크게 길하고, 따뜻한 기운이 도니 경사가 많으리라), "천재설소 만복운흥"(千災雪消 萬福雲興: 여러 재앙은 눈 녹듯 사라지고, 수많은 복은 구름처럼 일어나라), "거천재 내백복"(去千災 來百福: 모든 재앙은 가고, 온갖 복은 오라), "수여산 부여해"(壽如山 富如海: 수명은 산 같고, 부유함은 바다 같아라), "우순풍조 시화세풍"(雨順風調 時和歲豊: 비가 순조롭고 바람 고르니 시절은 화평하고 해는 풍년이라), "소지황금출 개문백복래"(掃地黃金出 開門百福來: 땅을 쓸면 황금이 나오고, 문을 열면 많은 복이 들어오라) 등의 글귀를 써 붙인다. 과거에는 입춘일 입춘시에 입춘방을 붙이면 "굿 한 번 하는 것보다 낫다"고 믿었다. 입춘은 실은 아직 겨울 기운이 많이 남아 있는 때지만 엄동설한은 넘긴 때다. 입춘방은 그 점을 자축하며 따뜻한 봄을 빨리 맞고 싶은 마음을 나타낸 것이라고 할 수 있다. "입춘 아침 / 할아버지는 사립 문설주에도 / 햇발 안 드는 뒤안 장지문에도 / 입춘방을 붙이셨다. /…/ 둘러보아도 봄소식은 알 길 없고 / 풀 그릇을 들고 종종거리다가 / 나는 보았다 / 하얀 수염 사이 / 어린아이 같은 할아버지의 웃음 / 봄이 오고 있음을 보았다"[정군수, 〈입춘〉 중에서]. 그러나 이제 입춘방이 나붙은 대문은 가뭄에 콩 나듯 하니 이도 사라지는 풍속이라고 할 수 있다. 입춘방을 한문이 아니라 "어서 와라 새봄아, 너를 반겨 맞노라", "새봄 맞아, 기쁨 가득", "새봄에 새바람", "봄이 오니 복도 오고, 추위 가니 화도 가라" 등과 같이 쉬운 우리말로 운율을 맞춰 써 붙이는 것이 입춘방의 세시풍속을 이으면서 봄을 맞는 더 멋지고 현대적인 방법일 것이다.

입춘의 세시풍속은 입춘방처럼 복을 바라는 것만 있는 것이 아니라 복을 베푸는 것도 있었다. 이른바 '적선공덕행(積善功德行: 선을 쌓는 공로와 덕행)'이라는 것으로, 쉽게 말하면, 남을 위해 인정을 베풀라는 것이다. 이는 여러 사람들에게 도움이 되는 좋은 일을 그것도 몰래 해야 한 해 동안 액을 면한다는 믿음에서 나온 것으로 예컨대, 밤중에 몰래 냇물에 징검다리를 놓거나, 옷이 없는 이에게 옷을 갖다 주거나, 거지 움막에 먹을 것을 갖다놓거나, 행려병자가 있는 곳에 약을 끊여 갖다놓거나 하는 등의 일을 말한다. 상여 나갈 때 그 머리에서 부르는 향도가(香徒歌: 상여꾼의 노래)에 "입춘날 절기 좋은 철에 / 헐벗은 이 옷을 주어 구난공덕(救難功德) 하였는가 / 깊은 물에 다리 놓아 월천공덕(越川功德) 하였는가 / 병든 사람 약을 주어 활인공덕(活人功德) 하였는가 / 부처님께 공양드려 염불공덕(念佛功德) 하였는가"라는 대목이 있다. 이처럼 입춘의 적선공덕행은 한 해를 시작하는 날에 자신의 복만을 바라는 것이 아니라 어려운 이웃도 배려한 아름다운 우리의 민속이었다.

입춘에는 각자 소임에 따라 무엇을 할 때 아홉 번을 하라는 '아홉차리'라는 세시풍속도 있었다. 예컨대, 공부하는 아이는 천자문을 아홉 번을 읽고, 나물 캐는 아이는 아홉 바구니를 캐고, 나무하는 이는 아홉 짐을 하고, 새끼 꼬는 어른은 아홉 발을 꼬고, 빨래하는 아낙네는 아홉 가지를 빠는 식이다. 아홉차리는 우리 조상들이 양수라 여겨 좋아했던 홀수 가운데 양의 기운이 가장 크다는 아홉이라는 수를 택한 것이지 꼭 아홉 번을 해야 한다는 뜻은 아니어서 지역에 따라서는 일곱 번을 하기도 한다. 아홉차리는 한 해가 새로이 시작되는 새봄의 첫날에 새봄맞이를 겸해서 자기의 할 일이나 맡은 바를 요령부리지 않고 근면하고 성실하게 열심히 함으로써 그동안 모자랐던 것도 메우고 무엇보다 새로운 한 해에 복을 받고 잘 살기 위한 결심을 다지고 실천하는 계기로 삼으라는 취지에서 나온 교훈적인 풍습이라 할 수 있다. 아홉차리는 오늘날 우리가 새해 첫날 흔히 하는 '새해의 다짐(New Year's resolution)'보다 더 적극적이고, 긍정적이고, 사회적인 풍습이었다고 할 수 있다.

절기력 상으로 입춘일은 새봄과 새해의 시작일일 뿐만 아니라 새 농사의 시작점이기에 농부는 그 해의 농사가 어떨지 궁금하여 풍흉을 점쳐보고 싶은 마음도 생겼을 것이다. 그래서 과거에는 이날 농부는 보리 뿌리를 뽑아봄으로써 농사가 잘 될지 어떨지를 가늠하고, 또 오곡의 씨앗을 솥에 넣고 함께 볶아서 그 가운데 맨 먼저 솥 밖으로 튀어나오는 씨앗의 곡식이 그 해 풍작이 든다고 예측했다. 이는 미신에 불과하지만 농사가 잘 되기를 바라는 마음의 표현으로서 새봄의 기원행사라고 해야 할 것이다. 이와는 좀 다른 유의 것이지만, 서양에도 이 무렵에 보는 점술이 있다. 유럽에서는 입춘 직전인 2월 2일이 성모 마리아의 순결을 기념하여 촛불 행렬을 벌이는 이른바 성촉절(聖燭節, Candlemas)이다. 그런데 이날 맑고 해가 비치면 춘분까지 약 6주의 남은 겨울이 춥고 눈보라가 심하며, 반대로 흐리고 눈이나 비가 내리면 남은 겨울이 온화할 것이라는 전통적인 믿음이 있다. 그런데 이 믿음이 겨울잠을 자는 동물이 굴 밖으로 나옴으로써 봄의 도래를 예언할 수 있다는 또 다른 믿음과 결합하여 봄을 예언하는데 곰이나 오소리나 고슴도치가 이용되었다. 이런 봄의 예지 능력을 가진 동물이 미국에서는 그라운드호그(groundhog)라는 다람쥐과의 설치류인 북미산 마못(marmot)으로 대체되었다. 미국에서는 2월 2일을 아예 그라운드호그 날(Groundhog Day)라고 부르는데 이날 많은 도시에서 그라운드호그가 봄을 예측하는 행사가 성대하게 열린다. 도시의 원로나 시장이 그라운드호그 한 마리를 굴에서 꺼내 단상에 올려놓고 그것이 자기 그림자를 보는지 여부로 남은 겨울 날씨를 예측한다. 자기 그림자를 보면 남은 겨울이 더 오래 가고, 보지 않으면 봄이 일찍 온다고 예측하는 것이나. 이 또한 미신이지만 봄을 빨리 맞고 싶은 마음의 발로로서 일종의 봄맞이 행사라고 해야 할 것이다. 미신으로라도 춥고 긴 겨울을 빨리 끝내고 따뜻한 봄을 어서 맞고픈 마음을 누가 탓하랴!

雨水

우수, 눈 대신 비가 내림

눈 대신 비 내리고 눈 녹아 물 흐르며
얼음에 금이 가고 언 땅도 풀려가니
우수절 이미 왔구나 언 마음도 풀려라

동풍이 불어오니 추위가 매섭잖아
초목에 싹이 트고 꽃눈이 붉어지며
봄 따라 얼었던 땅에 찾아오는 생명들

태양이 높아지고 햇살이 따스하자
다급한 꽃샘추위 몽니를 부려보나
더 이상 막을 수 없네 밀려오는 봄 물결

입춘 다음에 오는 절기는 눈 대신 비가 온다는 우수(雨水, rain water: 2월 18·19일)다. 우수는 동지로부터 두 달이 지난 시점이어서 입춘보다 한층 더 따스해진 햇볕과 함께 봄기운이 돌고, 눈이 비로 바뀌고, 연못이나 강의 얼음에 금이 가면서 녹고, 초목에 이른 싹이 트기 시작하는 때다. 그래서 "우수 경칩에 대동강 물도 풀린다"는 속담도 생겼으리라. "우수절 들어 / 바로 초하루 아침, /.../ 얼음 금 가고 바람 새로 따르거니 / 흰 옷고름 절로 향기로워라."[정지용, 〈춘설(春雪)〉 중에서]. 옛 세시기에 따르면, "입춘이 지나면 동해동풍(凍解東風: 얼음이 풀리는 봄바람)이라 차가운 북풍이 걷히고 동풍이 불면서 얼었던 강물이 녹기 시작한다"고 했다. 여기서 동풍은 실은 남쪽에서 불어오는 봄바람이지만 서쪽에서 동쪽으로 도는 지구의 자전의 영향으로 동풍이 된 것이다. 말하자면, 동풍은 얼음을 녹이고 우리의 피부를 부드럽게 감싸는 남녘에서 불어오는 훈풍인 것이다. 슬슬 녹아 없어짐을 비유적으로 이르는 말인 "우수 뒤에 얼음같이"라는 속담은 그래서 생겼으리라.

이처럼 우수는 봄바람이 불고, 쌓였던 눈과 얼음이 녹기 시작하고, 눈보다는 진눈깨비나 비가 내리고, 얼었던 땅이 풀리고, 시냇물이 다시 흐르기 시작하는 절기다. 이 무렵의 정경을 우리의 한 시인은 다음과 같이 아름다운 빛깔과 흥겨운 소리의 언어로 묘사했다. "비 그친 들판에는 / 아지랑이 / 분홍 / 싹이 트는 가지마다 / 비취빛 / 내음 / 부드럽고 / 따스한 / 신(神)의 음성으로 / 나직히 / 나직히 / 흥얼대는 시냇물."[허영자, 〈우수〉]. 고려 말의 유학자였던 정몽주의 〈춘흥(春興)〉이라는 한시도 이 무렵의 정경을 잘 나태내고 있다. "봄 비 가늘어 방울지지 않더니 / 밤 되자 희미한 소리나마 들리네 / 눈이 녹아 시냇물 불어나고 / 풀의 새싹도 좀 돋겠지(春雨細不滴 夜中薇有聲 雪盡南溪漲 草芽多少生)." 이들 시에서 보듯, 우수 무렵의 경물은 겨울에는 보기 어려웠던 비, 시냇물, 새싹 등의 봄이라는 새 계절을 여는 물상들로 특징이 지워진다.

우수는 달력상 2월 하순 무렵부터 봄으로 치는 3월 초까지다. 우수의 초후(初候)와 중후(中候)는 이월에 있고 말후(末候) 즉 마지막 5일은 3월 초에 있나. 따라서 우수 절기 끝사락은 달력상으로도 봄인 것이나. 율리우스력이 채택되기 이전의 로마 즉 음력을 사용하던 로마에서는 이월이 한 해의 마지막 달이어서, 2년에 한 번씩 넣는 윤달을 2월에 넣었다. 그 마지막 날인 2월 23일은 한 해의 마지막 날로 경계(境界)의 신인 테르미누스(Terminus)를 기념하는 테르미날리아(Termialia)라는 축제일이었다.

율리우스력 이전의 로마는 2월로 겨울과 한 해를 끝내고 3월부터 새봄과 새해를 맞이했던 것이다. 바꾸어 말하면, 고대 로마에서 새해가 시작되는 새봄으로 여긴 시점은 대체로 우수 끝자락 무렵이었다고 할 수 있다.

우수가 되면 매서운 겨울 추위가 가시고, 기러기 떼가 시옷자 대형을 지어 북쪽으로 날아가고, 눈 대신 내린 비로 시냇물이 흐르기 시작하고, 산과 들에는 초목의 새싹이 돋아나고, 남녘에서는 동백꽃, 매화, 납매화, 유채꽃, 보춘화, 수선화, 그리고 서양에서 정원에 많이 심는 눈꽃풀(snowdrop)과 크로커스(crocus)가 피기도 하고, 동물들도 동면에서 깨어나기 시작하는 등 봄과 그에 따른 소생의 기운이 온 산천에 가득하게 된다. "강물이 풀리고 / 산다화(동백꽃)가 흐드러지게 붉었다 / 잔설은 그리움처럼 녹아 내렸고 / 하늘에선 꺼이꺼이 / 떼 지어 기러기가 날고 있었다"[양승준, 〈우수〉]. 우수 어간에는 시절의 변화에 민감한 사람은 말할 것도 없고 둔감한 사람조차도 어느 정도 봄기운을 느낄 수 있게 된다.

그래서 이 무렵에 많은 사람들은 간간히 가슴팍으로 밀려드는 훈풍과 함께 기다리던 봄이 가까이 오고 있다는 느낌으로 까닭 없이 설레는 때다. 얼음이 풀리며 흐르는 시냇물 소리, 훈풍을 반기는 듯한 요란한 새 소리가 그런 기분을 더 고조시킨다. 그런 기분에 호소하고 그런 기분을 고양시키는 음악들도 있다. 그 가운데 "앞강의 살얼음은 / 언제나 풀릴 거나 / 짐 실은 배가 저만큼 / 새벽안개 헤쳐 왔네"로 시작되는 '강 건거 봄이 오듯'(송길자 시, 임긍수 곡)이라는 가곡과 "산너머 조붓한 오솔길에 / 봄이 찾아온다네 / 들 너머 뽀얀 논밭에도 온다네 / 아지랑이 속삭이네 봄이 찾아온다고"로 시작되는 '봄이 오는 길'(김기웅 시, 박인희 곡)이라는 가요 그리고 경쾌하고 흥겨운 요한 스트라우스 2세의 〈봄의 소리의 왈츠〉가 이 시기에 가장 잘 어울리고 또 많이 불리거나 연주되는 노래들이라 할 수 있다.

이 무렵에는 중부지방에서도 매실나무, 산수유, 버드나무 등의 가지에 잎눈과 꽃눈이 분화하여 이미 상당한 크기로 망울져 있고, 산야에는 냉이를 비롯한 꽃다지, 광대나물, 쑥 등의 이른 풀들이 땅에 바짝 붙은 채로 또는 가녀리게 자라 있다. 이 무렵은 "버들강아지 / 산수유 / 제가끔 제 몫으로 / 이 나라 산야에서 / 야무지게 봄물 오를 쯤"[김경실, 〈우수 무렵〉 중에서]인 것이다. 한겨울 삭풍이 잉잉기리고 꽁꽁 얼어붙은 들판은 풀 한 포기 없이 황량하기 그지없는 죽음의 땅처럼 보이지만, 낮이 길어지고 일조량이 늘어나서 적당한 햇빛과 온도와 수분이 주어지자마자 그 미세한 변화를 알아채고 온갖 생명들이 소생하기 시작한다. 해는, 마치 자비를 베풀 듯, 따뜻한 볕으로 겨울의 황량한 들판을 생명의 땅으로 바꾸어 놓는 천지개벽의 마술 같은 힘을 발휘한다. "당신은 한 동안 우리에게 / 차가운 고난을 주시다가 / 가엾은 마음 어쩔 수 없어 / 이렇게 봄을 주시는가"[박덕중, 〈우수〉 중에서].

　겨울잠을 자는 동물들은 그렇다 치고 씨앗이나 뿌리로 겨울을 나는 식물들이 미세한 자연의 변화를 알아채고 그에 반응한다는 것은 참 신기하고 불가사의한 일이다. 그래서 영국의 소설가이자 시인인 토마스 하디(Thomas Hardy)는 이렇게 묻는다. "빛이 한 조각의 힘을 얻었음을 / 그리고 낮이 한 순간의 길이를 늘렸음을 / 그것들이 기계적으로 반복되어 몇 주 후에 / 에이지 않는 부드러운 대기가 올 것이라는 것을 / 오크로커스의 뿌리야, 어떻게 알았니? / 어떻게 알았니?"[〈한 해의 깨어남(The Year's Awakening)〉 중에서]. 이는 흔히 자연의 신비로 또는 생명의 위대함으로 말해지기도 한다. 그러나 이는 마술이나 초자연적인 것이 아니고 실은 오랜 세월 동안 생명체가 일조량과 기온의 미세한 변화를 알아채고 봄에는 소생으로 그리고 늦가을에는 동면으로 환경에 적응하고 추위를 극복한 적자생존이라는 생물 진화의 결과라고 해야 할 것이다. 그리하여 동식물은 그냥 알아채는 것을 우리 인간은 과학을 동원하여 겨우 설명할 수 있을 뿐이다.

'기품', '품격'이라는 꽃말을 가진 매화(梅花)는 2월의 추위 속에서도 피어나기에 아치고절(雅致高節: 아담한 풍치와 높은 절개)로 말해지며, 선비들이 좋아하기에 호문목(好文木)으로도 불리고, 송죽(松竹)과 더불어 세한삼우(歲寒三友: 설 추위를 견디는 선비의 세 벗)의 하나로 꼽히고, 사군자(四君子: 고결함이 군자와 같은 네 가지)인 매란국죽(梅蘭菊竹)의 첫째이기도 하다. "봄바람에 뜰 안의 매화가 먼저 피어나네(春風先發苑中梅)"라는 백낙천의 시구처럼, 매화는 봄을 알린다 하여 춘고초(春告草)로도 불리며 제주도에서는 입춘 전후부터 그리고 남해안에서는 우수 전후부터 피기 시작한다. 그리고 경우에 따라서는 눈 속에서도 피어 설중매(雪中梅)로 불리기도 한다. 매화에는 홑꽃과 겹꽃이 있는데 홑꽃이 보기에 더 좋다. 매화의 색깔은 빨강, 담홍, 하양이 있는데 빨강은 홍매(紅梅), 담홍은 자매(紫梅), 하양은 꽃받침이 녹색이면 청매(靑梅), 붉은색이면 백매(白梅)라고 부른다. 조선조 말의 시조 시인 안민영은 한 시조에서 이렇게 읊고 있다. "빙자옥질(氷姿玉質: 얼음같이 맑은 자태와 옥같이 아름다운 자질)이여 눈 속의 네로구나 / 가만이 향기 노아 황혼월(黃昏月: 저녁 달)을 기약하니 / 아마도 아치고절은 너 뿐인가 하노라." 이 시조의 두 번째 절은 매화를 처로 삼고 학을 자식으로 삼았다 하여 매처학자(梅妻鶴子)로 불린 북송의 은둔 시인 임포(林逋)의 〈산원소매(山園小梅: 산 동산의 작은 매화)〉라는 시의 "은은한 향기 떠도니 저녁달이 떴구나(暗香浮動月黃昏)"라는 구절에서 따온 것이다. 매화 향기를 '암향부동(暗香浮動)'이라고 말하는 것도 이 시에서 연유한다. 제주도 서귀포시 남원읍 휴애리의 봄맞이 매화축제는 우수 무렵에 열린다.

과거에 농촌에는 대체로 이 시기에 드는 정월 대보름날에 겨울 동안에도 죽지 않은 각종 병충해와 쥐를 박멸하여 생산성을 높이고 새싹을 왕성하게 자랄 수 있게 한다는 취지에서 횃불을 들고 나가 논둑과 밭둑에 불을 붙여 태우고 아이들은 줄을 매단, 구멍이 숭숭 뚫린 깡통에 불씨를 넣고 손으로 힘차게 돌리다가 하늘 높이 던지는 쥐불놀이 풍습이 있었다. 밤에는 일직선의 논둑과 밭둑이 불에 타는 모습, 그리고 아이들이 돌리는 깡통이 그리는 불의 원의 모습과 허공에 던져진 불붙은 깡통이 하늘 높이 날아오르는 모습이 장관을 이루기도 했다. 여기에는 모든 액운을 날리고 새로운 한 해 동안 무탈하기를 바라는 마음도 있었을 것이다. "자! 신명나게 돌려볼까 / 휘영청 달 밝은 밤에 /…/ 원도 한도 없이 가열차게 돌려보자 / 시뻘겋게 돌아가다가 튀어 오르는 불씨들이 / 애끓는 벌판을 태우고 / 침묵하는 비겁을 밝히고 / 소리 없는 아우성을 번져나가게 하고 / 설움에 짓눌린 잡초들을 일으킬 때까지 / 안간힘을 다해 돌려 보자 / 쥐불놀이로라도 원 없이 풀어보자"[임영준, 〈쥐불놀이〉 중에서]. 그러나 쥐불로 쥐나 병충해를 박멸한다는 생각에는 과학적인 근거도 박약하고 그 일을 할 일손도 부족한 데다 무엇보다 산이 가까운 곳에서는 산불로 번질 수도 있어 이제는 장려되지도 않고, 또 농약과 비료가 발달해서 마른 풀을 태워 병충해를 막거나 생산성을 높여야 할 필요도 없게 되어, 오늘날 그 풍습은 대체로 사라지고 있다.

과수(果樹)를 비롯한 나무의 가치치기는 흔히 나무의 생장 휴지기인 늦가을부터 이른 봄까지 하는 데 그 가운데에도 특히 날씨가 풀리는 우수 절기에 하는 경우가 많다. 그리고 간장은 흔히 (음력) 3월장이라고 해서 청명 무렵에 담그는 것이 일반적이지만 더러는 정월장으로 우수 무렵에 담그기도 한다. "정월달, 장을 담근다 / 항아리 깊숙이 메주를 쟁여 넣고 소금을 푼다 / 소금물의 농도를 가늠하기 위해 / 계란 하나까지 넣어본다"[배두순, 〈장 담그기〉 중에서]. 우리나라 동해안에 주로 서식하고 그 다리 마디가 대나무의 마디와 같다 하여 흔히 '대게'로 불리는 바다참게는 11월부터 5월까지 잡히지만 2-3월의 것이 속이 알차고 단맛이 강해서 이때가 제철이라 할 수 있다. 그래서 대개의 축제도 대게가 가장 많이 잡히는 울진에서는 우수 절기인 2월 말경에, 대게를 영덕게로 명명하는데 성공한 영덕에서는 춘분 절기인 3월 말경에 열린다.

　우수 어간은 홍어의 제철이기도 하다. 홍어의 제철은 실은 겨울부터 이른 봄까지의 산란기이지만 겨울에는 너무 추워 홍어 잡이 배들이 주로 날씨가 풀리는 우수 절기에 출어한다. 홍어는 제철이 아니면 질기고 맛이 싱겁다고 한다. 홍어는 우리나라 인근 해역을 비롯하여 동아시아 해역, 오호츠크 해역, 중남미 해역 등에 분포하는데 전라남도 흑산도 것을 최고의 명품으로 친다. 작은 것은 탕이나 신선한 상태에서 회감으로 먹고, 큰 것은 암모니아 냄새가 코를 톡 쏠 정도로 삭혀서, 즉 발효시켜서, 먹는다. "뼈와 살 삭히고 삭혀 / 접신한 칼사위 한 획 긋나니 / 홍매화로 피어나는 달밤의 살결 / 코끝 찡하니 눈물 핑 도는 / 홍어는 / 알싸한 살꽃"[강효수, 〈알싸한 살꽃〉 중에서]. 남도에서는 제사나 잔치나 울력에는 반드시 삭힌 홍어를 올리며 이것이 빠진 잔치는 아무리 성대히 차려도 먹을 것 없는 잔치라고 폄하된다고 한다. 삭힌 홍어 또는 숙성 홍어의 본고장은 홍어의 주산지인 흑산도나 그 집산지인 목포가 아니라 내륙에 있는 나주다. 그 까닭은 냉동보관기술이 없던 옛적에 흑산도에서 돛단배로 홍어를 싣고 뱃길로 관아가 있던 나주의 영산포까지 오는데 5일 이상이 걸렸는데 그 사이에 홍어가 삭았기 때문이라고 한다. 그렇게 해서 홍어를 삭혀 먹는 식문화가 생겼으며 삭힌 홍어는 나주 지방의 특산 음식이 되었다. 나주 영산포에서는 매년 청명 절기 어간인 4월 중순경에 홍어와 유채꽃 축제가 열린다.

　냉동보관기술로 인해 이제 삭힌 홍어는 전국에서 즐기는 연중 음식이 되었다. 껍질이 있는 삶은 돼지고기에 새우젓을 조금 얹어 잘 삭힌 홍어와 함께 묵은 김치로 싸서 '삼합(三合)'으로 먹으면 그 맛이 일품이다. 여기에 탁주를 곁들이면 '홍탁삼합(洪濁三合)'으로 불리는데 최고의 술안주가 된다. 삭힌 홍어의 내장을 이른 봄에 보리 싹과 함께 끓인 '홍어앳국'은 코끝을 쏘는 매운 맛과 시원한 국물 맛이 별미다. 발효 식품은, 그 냄새가 강하고 독특해서 호불호가 갈리지만, 우리의 김치, 된장, 청국장, 젓갈, 일본의 낫도, 중국의 취두부, 서양의 치즈, 요구르트 등이 그렇듯, 한번 맛을 들이면 인이 박혀 자주 먹게 되는데 삭힌 홍어와, 스웨덴의 수르스트뢰밍(surströmming)과 같이 북구인들이 즐기는 절인 청어는 그 강한 풍미 때문에 특히 더 그렇다. "삭힌 / 홍어를 믹으며 / 눈물을 쏟는다 // 톡 쏘는 맛 / 코끝이 찡하고 / 정신이 번쩍 든다 // 무미건조한 인생 / 가끔은 / 요렇게 / 톡 쏘는 맛이라도 있어야제"[이문조, 〈홍어를 먹으며〉 중에서]. 홍어는 고단백의 알칼리성 식품이어서 다이어트에 도움을 줄 뿐만 아니라 위산을 중화함으로써 위염을 억제하는데 그리고 우리의 체질을 알칼리성으로 유지하는데 도움을 준다. 또한 홍어는 칼슘이 풍부해서 뼈 건강에 그리고 황산 콘드로이친 성분으로 관절에 좋다. 그리고 홍어는 신체의 면역력을 증진시켜 감기 예방이나 치료에 도움이 되고 숙취 해소와 피부 미용에도 효능이 있다고 한다.

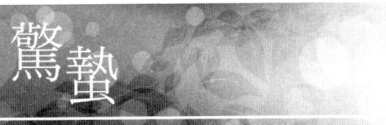

驚蟄 경칩, 미물들이 깨어남

천체는 오차 없이 제대로 돌고 돌아
경칩절 다시 오니 미물들 깨어나고
산하는 부활의 흥으로 들썩이고 있다네

북녘엔 잔설조차 어느덧 사라지고
남에선 꽃소식이 마침내 날아드니
마음속 기다려온 봄 감각에도 온다네

따스한 햇살들은 온몸을 감싸 안고
훈풍은 불어와서 가슴에 스며드니
연인들 들뜬 마음에 봄바람이 난다네

우수 다음 절기는 미물(微物)들이 동면에서 깨어난다는 **경칩**(驚蟄, awakening of insects: 3월 5·6일)이다. 이때 동면하던 개구리가 나오고, 겨우내 땅 속에서 웅크리고 있던 벌레도 꿈틀거린다고 한다. "개구리가 / 칩거 생활에서 / 풀려나며 / 파안대소하네"[반기룡, 〈경칩〉]. 경칩의 경(驚)은 '놀라다', '동요하다'의 뜻이고 칩(蟄)은 동사로는 '숨다', '틀어박혀 나오지 않다', 그리고 명사로는 '겨울잠 자는 벌레'의 뜻이다. 따라서 경칩은 글자 그대로 땅 속에 들어가서 동면으로 칩거하던 동물들이 깨어나서 꿈틀거리고 울기 시작하는 절기임을 뜻한다. 경칩은 계칩(啓蟄)이라고도 하는데 이 또한 겨울잠 자는 벌레가 놀라서 기어 나오는 것을 뜻한다. "우수와 춘분사이 / 자는 듯 조을더니 // 드디어 때가 되니 / 기지개 펴며 깬다 // 지구를 / 들어올리는 / 우렁차다 저 소리"[오정방, 〈경칩〉]. 이 때문에 "경칩난 게로군"이라는 속담이 생겼다. 미물이 경칩이 되면 입을 떼고 울기 시작하듯이, 입을 다물고 있던 사람이 말문을 엶을 비유적으로 이르는 말이다. 이 무렵 대륙에서 남하하는 한랭전선이 통과하면서 흔히 천둥이 울리는데 이에 땅속에 있던 개구리나 뱀이 놀라서 튀어나오기에 경칩에 놀랄 경(驚)자를 썼다는 설도 있다.

옛날에는 경칩일에 개구리 알이나 도롱뇽 알을 먹으면 몸에 좋다는 속설이 있어 시냇가 등의 물이 고인 곳에서 일부러 그걸 찾아 먹기도 했다. 춘궁기가 있던 과거에는 그것으로라도 단백질을 보충할 수 있다는 점에서 그런 속설이 일면 타당했을지 모르나 춘궁기가 전혀 없는 오늘날에는 몸에 좋다는 의학적인 근거도 없거니와 위생에도 문제가 있고 무엇보다 자연보호라는 관점에서 바람직하지도 않은 속설을 믿거나 따를 필요는 없을 것이다. 또 경칩 때 흙일을 하면 집안에 흉이나 탈이 나는 것을 막을 수 있다고 해서 흙담을 고치거나 흙벽을 새로 칠하기도 했다. 특히 집안에 빈대가 많았던 과거에는 빈대를 없애기 위해서도 일부러 흙벽을 새로 칠했다고 한다. "의료보험증도 없는 마을 사람끼리 모여 / 빈대가 없어진다 흙벽을 바르고 나서 / 골짜기로 골짜기로 거슬러 오른다 /.../ 몸에 좋은 한 개구리, 비단개구리 / 그리고 이무기에 바쳐진 처녀를 구한 전실 속의 두꺼비 / 겨울을 이겨낸 씨톨은 역시 반가웁구나"[구재기, 〈경칩날에〉 중에서].

"경칩이 되면 삼라만상이 겨울잠을 깬다"는 말처럼, 경칩 때는 얼었던 땅도 풀려서 동물뿐만 아니라 식물도 완전히 겨울잠에서 깨어나 본격적으로 움을 틔우고 새싹을 내기 시작한다. 이 무렵에 보리, 밀, 마늘, 양파,

시금치, 우엉 등 월동에 들어갔던 농작물들도 생육을 개시한다. 따라서 이들 농작물의 생육을 돕기 위해 경칩 무렵부터 곡우 전까지 서너 차례 웃거름을 주어야 한다. 이때부터 따뜻한 햇볕과 함께 추운 겨울이 끝나고 본격적인 소생의 봄이 시작되는 것이다. 경칩은 양력으로 3월 초순에 들기에 공식적으로도 봄에 속하는 절기다. 경칩부터는 절기력으로는 말할 것도 없고 일반 달력으로도 봄인 것이다. "후끈한 목욕탕에 들어앉아 / 손등의 때를 민다 / 온몸에서 겨울을 밀어낸다 / 어디선지 / 꾸, 꾸꾸, 꾸꾸꾸 / 대지가 열리는 소리."[조병화, 〈경칩〉].

경칩 어간에 남녘에선 동백을 비롯하여 갯버들, 매실나무, 산수유, 생강나무, 영춘화, 풍년화, 서향 등이 본격적으로 꽃망울을 터뜨리기 시작하여 경칩 말경에 만개하게 된다. 그래서 경칩 끝 무렵이나 춘분 초기에 전남 지리산 자락의 광양에서는 매화축제가 그리고 구례에서는 산수유 축제가 열리는데 따뜻한 날씨 속에 광양에서는 온 동산에 하얀 매화가 그리고 구례에서는 온 산자락에 노란 산수유가 일색으로 피어 있는 모습은 장관이다. 풀꽃으로는 숲속에서 자라는 보춘화와 노루귀가 이 무렵부터 4월까지, 그리고 깊은 산 숲속에서 자라는 복수초는 이 무렵부터 5월까지 꽃을 피운다. 봄이 되어 꽃이 피어나는 것이지만 꽃이 피는 것을 보고 봄이 되었음을 느끼게 된다. 꽃은 봄의 전령사인 것이다. 꽃물결을 보고서야 봄이 왔음을 느끼게 된다면 꽃을 따라 봄이 밀려온다고 할 수도 있을 것 같다. 이처럼 꽃을 보고 봄이 왔음을 느낄 수 있는 때가 바로 경칩 어간인 것이다.

꽃은 봄의 전령사일 뿐만 아니라 더 나아가 봄의 상징이기도 하다. 꽃은 봄에만 피는 것이 아니라 여름과 가을 그리고 심지어는 동백꽃과 같이 겨울에 피는 것도 있지만, 봄에 피는 꽃들이 압도적으로 많고 또 화사하기 때문이다. 황량한 겨울을 지내고 대기에 아직 한기가 남아 있는 때에 피는 꽃들이 훨씬 더 반갑고 화사하게 보이는 것은 인지상정일 것이다. 그래서 사람들의 마음속에 봄 하면 꽃이 떠오르고 봄은 꽃이 피는 철로, 한 걸음 더 나아가서는 봄은 꽃과 함께 시작되는 철로, 인식된다. "겨울의 비와 파멸이 끝났다, /…/ 그리고 서리는 살육되고 꽃들은 태어난다, / 그리고 녹색의 덤불과 피난처에서 / 꽃송이마다 봄이 시작된다."[앨저논 스윈번(Algernon Swinburne), 〈봄의 사냥개(When the Hounds of Spring)〉 중에서]. 꽃의 봄에 대한 상징성이 너무도 커서, "호지에 화초가 없으니 / 봄이 와도 봄 같지가 않다(胡地無花草 春來不似春)"는 이백(李白)의 저 유명한 시구처럼, 꽃이 없으면 봄이 와도 봄으로 여겨지지 않는다.

그러나 호사다마라고 했던가? "우수에 풀렸던 대동강이 경칩에 다시 붙는다"거나 "이월 바람에 검은 쇠뿔이 오그라진다"거나 "정이월에 대독[김칫독] 터진다"는 속담에서 보듯이, 경칩에 갑자기 꽃샘추위가 몰려와 사람들을 다시 움츠리게 한다. 이는 경칩이 우수와 함께 아직은 겨울의 영향이 많이 남아 있는 봄의 교절기 즉 봄과 겨울이 교차하는 절기임을 보여주는 것이다. 그래서 봄은 언제나 한 걸음에 달려오질 못하고 몇 번씩 뒷걸음질을 친 끝에 오곤 한다. "봄으로 가는 날은 가까우나 / 거저 오는 게 아니야 / 봄으로 가는 길은 멀고 험하지 // 꽃샘눈보라가 밀려오고 / 꽃샘추위가 부풀어 오른 / 꽃눈 얼어터지게 하면서 / 소란스럽게"[유창섭, 〈경칩〉 중에서] 온다. 하지만 꽃샘추위가 아무리 매섭다 한들 일단 물러서기 시작한 패잔병의 일시적인 반격에 불과하니 어찌 위세 등등하게 밀려오는 저 도도한 봄의 군단을 막을 수 있겠는가! "봄추위와 늙은이 건강"이라는 속담처럼, 꽃샘추위는 당장은 그 기세가 대단한 듯 보여도 오래가진 못한다. 꽃샘추위는 아무리 세 보여도 며칠 사이로 사라지는 일시적인 기후 현상에 불과하다. 꽃샘추위는 기껏해야 개화를 며칠 늦출 수 있을 뿐이지 봄의 내도(來到)라는 대세를 막지는 못한다.

봄은 역시 젊은 연인들의 계절이다. 한자의 春(춘)은 봄이라는 뜻과 함께, '청춘'(靑春)이라는 말에서 보듯 젊은 때를 뜻하기도 하고, '춘정'(春情:

남녀 간의 정욕)이나 '회춘'(懷春: 성숙기에 이른 여자가 춘정을 느낌)이라는 말에서 보듯이, 남녀의 연정을 뜻하기도 한다. 그래서 우리 선조들에게는 경칩일에 사랑하는 남녀가 사랑의 징표로써 은행 알을 선물로 주고받아 먹고 날이 어두워지면 동구 밖의 은행 수나무와 암나무를 도는 것으로 사랑을 확인하고 다지는 풍속이 있었다고 한다. 이는 은행나무는 수나무와 암나무가 따로 있어 서로 바라보는 가운데 사랑의 열매를 맺기에 은행나무와 그 열매에서 순결한 사랑을 유추한 때문일 것이다. "그대와 나, // 함께 죽어도 좋다고 맹세했던 그날들이 / 뜬 눈으로 이 밤을 지새우게 합니다 // 설레임의 꽃으로 물들이던 우리의 사랑 / 도란도란 속삭여주던 그대의 사랑 노래는 // 아, 이젠 / 그리움으로만 간직해야만 하는 거였네요"[김수현, 〈은행나무 아래에서〉 중에서].

남녀가 서로의 사랑을 확인하는 우리의 경칩일과 유사한 날이 서양에서는 연인들의 날인 발렌타인 데이(Valentine's Day)라 할 수 있을 것이다. 발렌타인 데이는 2월 14일로 입춘 끝 무렵이다. 이 날 서양의 연인들은 사랑을 확인하거나 고백하는 카드와 선물을 교환한다. 이 날이 경칩일보다 20일 정도 빠르긴 하지만 역시 봄의 길목에 있는 것은 결코 우연이 아닐 것이다. 그런데 흔히 발렌타인 데이의 원형으로 고대 로마에서 2월 13-15일에 열렸던 목동의 신이자 다산의 신인 루페르쿠스(Lupercus) 축제 즉 루페르칼리아(Lupercalia)가 거론되는데 그 근거는 확실하지 않다. 더구나 루페르칼리아가 젊은 여성들의 이름이 들어 있는 항아리에서 남성들이 제비뽑기하여 뽑힌 여성과 짝을 맺어 축제기간 동안 사랑을 즐기는 방종적인 사랑의 축제였다는 이야기도 뚜렷한 근거가 없는 야사일 뿐이다. 실제의 루페르칼리아는, 그 자신과 같은 날 열리던 더 오랜 전통의 봄의 정화(淨化) 의식인 페브루아(Februa)를 포섭한 것으로서, 다산의 신 루페르쿠스의 신관들이 양들과 개를 제물로 바치고 그 제물의 가죽을 채찍처럼 가닥으로 잘라서 들고 도시의 벽을 돌며 사람들을 치고 다니는 것이 주된 의식이었다. 여성들이 그 가죽 가닥에 치이면 임산부는 아이를 순산하고 불임 여성은 불임에서 벗어난다는 속신이 있었다고 한다. 그리고 그 가죽 가닥을 역시 페브루아(februa)라고 불렀는데 이것이 영어로 2월(February)의 어원이 되었다고 한다. 두 기념일이 같은 날인 점으로 미루어 본래 발렌타인 성인의 축일이었던 발렌타인 데이가 연인들의 날로 되는 데에 정화와 다산의 축제였던 루페르칼리아가 어느 정도 영향을 미쳤을 것으로 보인다.

경칩 무렵에는 나무들도 잎을 내고 꽃을 피우기 위해 뿌리로부터 가지로 수액을 운반하는 일이 활발해진다. 특히 단풍나무과의 나무들에서 수액이 먼저 흐르기 시작한다. 이들 나무의 수액은 대체로 2월 중순경부터 3월 말 사이에 흐르기 시작한다. 수액이 흐른다는 것은 겨울이 끝나가고 봄이 오고 있다는 사실을 태양의 고도와 낮의 길이에 의한 일조량과 온도의 차이로 이들 나무들이 알아챘다는 뜻이기도 하다. 그런데 그 수액이 몸에 좋다는 속설 때문에 사람들이 이 무렵부터 수액을 채취해 마신다. 한방에서는 우수 끝 무렵인 2월 말부터 경칩 어간에 단풍나무과인 고로쇠나무의 수액을 채취하여 위장병, 폐병, 신경통, 관절염 환자들에게 약수로 마시게 하는데, 바닷바람이 닿지 않는 지리산 기슭의 것을 최고로 친다고 한다. "우수와 경칩 사이 지리산의 뱀사골에서는 / 고로쇠나무 줄기 속으로 물오르는 소리가 한창이다"[주경림, 〈잎사귀들 풋풋하게 일어선다〉 중에서]. 그래서 이 무렵 지리산 자락의 곳곳을 비롯하여 전국의 산지에서 고로쇠축제가 개최된다. 그러나 수액이 건강에 좋다는 것은 속설이고, 산림사원과 환경의 보호라는 측면에서 보면 무분별한 수액채취는 삼가야 할 일이다. 그러니 관에서 주도하여 수액 채취를 축제로 벌이는 일은 더욱 더 삼가야 할 일이다.

옛날에는 동지로부터 81일을 9일 단위로 나눠 구구가(九九歌)를 불렀다. 동지로부터 81일이 지나면 경칩 한가운데에 이르는데 이때는 추위가 사라지는 때다. 그래서 구구가는 이때를 "구구소한(九九消寒: 81일이면 추위가 없어짐)" 또는 "구구 경우(九九耕牛: 81일이면 소가 밭을 감)"라 했다. 구구가의 마지막 구절은 "구구가일구 경우편지도(九九加一九 耕牛遍地道: 구구에 일구를 더하면, 즉 90일이면, 밭갈이 소들이 도처에 다닌다)"인데 여기서 "구구 경우(九九耕牛)"라는 말이 나온 것으로 보인다. 경칩 어간은 겨우내 얼었던 땅도 풀리기 시작하므로 논밭을 갈고 둑을 정비할 수 있게 되어 농사 준비에 착수해야 하는 때이기도 하다. "봄날에 쟁기 몰고 / 이랴 들로 나가자 // 소쩍새 우는 무논 / 언 땅을 갈아보자"[김경렬, 〈경칩 하루〉 중에서]. 또 남녘의 옛 선비들은 동짓날에 구구소한도(九九消寒圖)라는 81획의 시구를 쓰거나 81송이의 매화 그림을 그려 방벽에 붙여놓고 동지 다음날부터 하루에 한 획씩 먹으로 칠하거나 한 송이씩 붉은 색으로 칠하여 81획이나 81송이가 모두 칠해지는 날이면 3월 12-13일 경으로 경칩 한 중간이 되는데 이날 방문을 활짝 열고 엄동설한을 이겨내고 새봄을 맞는 기쁨을 구가했다고 한다.

경칩 어간에 전국의 주요 매화축제가 열린다. 우선 전남 광양시 다압면 섬진 마을에서는 3월 중순 경에 '광양매화축제'가 열리는데 섬진강을 배경으로 마을 전체가 온통 하얀 매화로 뒤덮여 눈꽃이 피어난 듯 참으로 그윽하고 아름다운 선경(仙境) 같은 모습을 볼 수 있다. 이곳의 맑고 온화한 섬진강 강바람과 알맞은 물안개가 매실농사에 적합해서 이 마을 모든 농가들이 산과 밭에 작물 대신 매실나무를 심어 재배하기 때문이라고 한다. 이밖에 3월 중순 경에 '땅끝매화축제'가 열리는 전남 해남군 산이면 예정리의 보해매실농원은 단일면적으로 국내최대인 약 14만 평에 1만 5천여 그루의 매실나무가 재배되고 있는데 매화 철이 되면 아름다운 경관이 펼쳐진다. 매실농원들이 자리 잡고 있는 경남 양산시 원동면 영포리 낙동강가의 양지바른 언덕도 매화가 피어나면 장관을 이루는 곳이다. 이곳에서도 3월 중순 경에 '원동매화축제'가 열린다.

이처럼 경칩은 꽃이 피어 봄이 제철을 맞게 되고 이와 함께 농사를 비롯하여 겨우내 미루어왔던 일들도 본격적으로 시작해야 하는 바쁜 철이다. 그래서 이때부터 봄은 마음으로 맞이하는 철일 뿐만 아니라 몸으로 실천하는 철이기도 하다. 이제 봄은 그냥 환영으로 족한 것이 아니라 농기구를 정비하고, 둑을 보수하고, 논밭을 갈고, 겨울 작물에 거름을 주는 등으로 그 소생을 돕고 새 농작물들을 가꾸는 일을 시작해야 하는 철인 것이다. "겨우내 미뤘던 일을 시작하는 봄 / 조상들의 봄을 기다리지 않고 / 만들어 가는 슬기로운 지혜 / 복 받은 이 땅에 / 올해에도 / 새 희망의 봄이 와 / 만물이 소생하고 / 생명력이 약동하는 경칩이 되어라."[김덕성, 〈경칩〉 중에서]. 경칩은 땅이 풀리고, 그 속의 벌레들도 깨어나고, 초목도 생육을 재개하고, 농사도 시작되고, 춘정도 발동하는, 진정한 소생과 약동이 시작되는 계절인 것이다.

　"봄 조개, 가을 낙지"라는 속담이 있다. 그만큼 봄은 조개가 맛이 좋은 제철이라는 뜻이다. 일반적으로 조개류는 빈혈의 예방과 치료에 필요한 철분 함량이 풍부하고, 면역력을 높이고 미각과 시각을 증진시키며 인체의 성장에 필수적인 아연 함량도 우수한 저지방 고단백 식품이다. 조개류는 황을 포함하고 있는 아미노산의 일종으로서 호르몬과 효소의 주요 구성 성분인 타우린도 가지고 있는데 이 물질은 시력 회복, 강심 작용, 해독 작용, 당뇨병 예방을 돕는다고 한다. 봄 조개로는 특히 섬진강과 낙동강 등의 바닷물과 민물이 만나는 오염되지 않은 깨끗한 곳에서 자라고 '재첩 국'으로 유명한 재첩, 많은 사람들이 즐겨 먹고 어민들의 생계도 큰 몫을 한다고 하여 '국민 조개'라 불리는 바지락, 임금님 수라상에도 올랐으며 쫄깃쫄깃한 맛이 일품인 꼬막 등이 제철이다. "고창 반지락 왈 / 자네 강진뻘 꼬막아닌가? // 나사(나는) / 강진 꼬막 맞네만 / 자넨 어디 떡(댁)인가? /.../ 아따 인자 고만 통성명하고 / 징한놈의 술독에 빠진 서방님 / 속풀이국 끓이러 감세나!"[고형섭, 〈전라도 조개들의 애환〉 중에서]. 굴, 홍합, 가리비, 피조개, 새조개 등에서 보듯이, 조개류는 늦가을부터 겨울이 제철인 경우가 많으나 일반적으로는 철을 가리지 않는다. 그러나 "봄 조개"라는 말이 있을지라도, 늦봄인 5월부터 초가을까지 조개류는, 특히 홍합과 굴은, 바닷물의 플랑크톤을 통해서 인체에 해로운 독성을 갖거나 인체에 급성 위장염 즉 식중독을 일으키는 노로바이러스 등에 오염되어 있을 수 있어 먹기를 삼가야 한다.

春分 춘분, 밤낮이 같은 한봄

동지에 잉태된 봄 춘분에 태어나서
따스한 기운으로 천지에 스며드니
추위는 제물에 겨워 물러서고 마누나

매화는 흰빛으로 마을을 장식하고
산수유 노랑으로 산기슭 물들이니
새들은 노랫소리로 온 누리를 채운다

날씨가 따뜻하니 해님에 감사하고
생명들 부활하니 섭리를 우러르며
새봄을 다시 맞음에 기뻐하는 마음아

경칩 다음에 오는 절기는 봄의 기절기인 **춘분**(春分, vernal equinox: 3월 20·21일)으로 낮과 밤의 길이가 같아지는 날이며 이후 낮이 더 길어지는 한봄의 절기다. 절기력으로는 입춘부터 입하 전날까지를 그리고 일반 달력으로는 3월부터 5월까지를 봄으로 치지만, 천문학적으로는 춘분부터 하지 전날까지를 봄으로 친다. "춘분처럼 / 밤낮 길이 똑같아서 공평한 / 세상의 누이가 되고 싶다고 / 일기에 썼습니다"[이해인, 〈춘분 일기〉중에서]. 표준시의 설정 등 여러 이유로 반드시 꼭 그런 것은 아니지만, 이 날 태양은 극지방을 제외한 지구 상의 모든 곳에서 이론적으로는 6시에 뜨고 18시에 진다. (한국에서는 6시 30분에 뜨고 18시 30분에 지는데 이는 우리가 서울 표준시를 쓰지 않고 동경 표준시를 쓰기 때문이다. 이는 일제의 잔재다. 우리 표준시로 바꿔야 한다. 북한은 2015년 8월 15일부터 평양 표준시로 변경했다.) 따라서 이날 낮과 밤의 길이가 각각 12시간씩으로 같다.

이처럼 낮과 밤의 길이는 춘분에 같아진 다음 그 이후부터 서서히 낮이 더 길어져 하지에 가장 길어졌다가 다시 낮이 조금씩 짧아져 추분에 또 밤과 낮의 길이가 같아진다. 영어로 춘추분을 에퀴녹스(equinox)라고 부르는데 이는 라틴어로 "같은 밤"이라는 뜻이다. 말하자면, 낮과 길이가 같은 밤, 즉 낮과 밤의 길이가 같다는 뜻이다. 추분부터 서서히 밤이 더 길어져 동지에 가장 길어졌다가 이후 밤이 다시 짧아져 춘분에 밤낮의 길이가 같아진다. 이처럼 추분부터 춘분까지는 낮보다 밤이 더 긴 어둠의 계절이나 춘분부터 추분까지는 낮이 밤보다 더 긴 빛의 계절이다. 그런데 어둠의 계절과 빛의 계절은 도수로는 180도씩 같지만 날수로는 어둠의 계절 쪽에서 약 7일이 더 짧다. 이는 어둠의 계절 구간에서 지구가 태양에 더 가까운 까닭에 지구가 태양에 더 먼 빛의 계절의 구간에서보다 그 공전 속도가 더 빠르기 때문이다.

그런데 춘추분에 밤낮의 길이가 같다는 것은 이론적인 것이고 실제로는 낮의 길이가 밤의 길이보다 적도에서 해 뜰 때 약 7분 그리고 해 질 때 약 7분, 도합 약 14분이 더 길고 위도가 높아질수록 아주 조금씩 더 늘어난다. 왜냐하면, 첫째 이론적으로는 태양의 중앙점이 수평선 위로 나타날 때부터 낮으로 치지만 실제로는 태양의 중앙점이 수평선에 나타나기 전에 태양의 윗부분이 먼저 나타나면서 날이 밝아지고, 둘째 지구의 대기가 태양 광선을 굴절시키기 때문에 수평선에 태양이 나타나기도 전에 지상에서 빛을 볼 수 있고, 셋째 이 같은 일이 일출 때뿐만 아니라 일몰 때에도 같은 형태로 반복되기 때문이다. 그래서 실제로 밤낮의 길이가 같은 날은 춘분일보다 약 3-4일 전이고 추분일보다는 3-4일 후로 해가 좀 더 늦게 뜨는 때다. 예컨대, 2017년 춘분일인 3월 20일 서울의 일출은 06시 36분 0초, 일몰은 18시 43분 20초로 낮 길이는 12시간 7분 20초였다. 그러나 이보다 3일 전인 3월 17일의 일출은 06시 40분 31초, 일몰은 18시 40분 34초로 낮 길이는 12시간 0분 3초였다. 춘분일에는 밤낮의 길이가 14분 40초 정도의 차이가 나 그보다 3일 앞선 3월 17일에는 밤낮의 길이에 6초의 차이밖에 나지 않았다.

춘분에 황도 상에서 태양이 위치한 지점을 황경의 원점으로 삼기 때문에 춘분의 황경은 0도다. 이 춘분점을 기준으로 황경을 서쪽에서 동쪽으로 즉 시계 반대 방향으로 15도 간격으로 나눈 지점들을 태양의 정중앙이 통과할 때가 24절기들이 시작되는 시점이 된다. 한편, 춘분에 천구 상에서 태양의 위도 또한 0도이나 황도를 도는 동안 북쪽과 남쪽으로 23.5도까지 오르내린다. 부연하면, 지구에서 볼 때 태양은 황도 상에서 천구의 적도를 사이에 두고 북위 23.5도인 북회귀선과 남위 23.5도인 남회귀선 사이를 오르락내리락 한다. 이는 천구 상에서 황도와 적도가 23.5도 어긋나는 때문이다. 더 정확히 표현하면, 지구의 자전축이 공전축에 대해 23.5도 기운 탓이다. 황도를 운행하는 동안 태양은 동지에 남회귀선까지 남하했다가 다시 북상하여 춘분에 적도 위에 위치하게 되며 이날 해는 정(正) 동쪽에서 떠서 정(正) 서쪽으로 지고 낮과 밤의 길이가 같다. 그래서 한 시인은 "춘분은 / 해와 / 달이 / 입 맞추는 날"[이성교, 〈춘분〉 중에서]이라고 말했을 것이다. 이후 태양이 계속 북상함에 따라 해가 점점 더 북동쪽에서 떴다가 북서쪽으로 지게 되고 낮은 더 길어지고 밤은 더 짧아진다. 그러다가 태양이 북회귀선에 이르는 하지에 해가 가장 북동쪽에서 떴다가 가장 북서쪽으로 지고 낮이 가장 길고 밤이 가장 짧다. 하지 이후 태양은 다시 남하하고 따라서 다시 낮이 짧아지고 밤이 길어지기 시작하여 태양이 적도에 이르는 추분에 또 한 번 해가

정 동쪽에서 떴다가 정서쪽으로 지고 낮과 밤의 길이가 같아진다. 이후 해는 다시 남회귀선까지 남하하며 낮은 계속 더 짧아지고 밤은 계속 더 길어진다.

 춘분은 대지에 생명이 돌아오고 만물이 약동하는 재생의 시기 또는 부활의 계절로 생명체가 겨울의 추위와 속박에서 완전히 벗어나는 때라고 할 수 있다. "춘분이다 / 햇살의 입자는 가늘게 세포분열하고 / 바람은 날개 밑에 숨겼던 칼을 버렸다"[이정란, 〈비탈과 골짜기 사이〉 중에서]. 추운 북쪽지방에서도 "추위는 춘분까지"라고 했다. 1년 중 춘분에서부터 약 20여 일이 기온 상승이 가장 큰 때다. 그래서 한 시인은 춘분을 "1년 중 / 태양의 손길이 가장 / 자상해지는 날"[이병금, 〈춘분제(春分祭)〉 중에서]이라고 묘사했다. 불교에서는 춘분 전후 7일간을 봄의 피안(彼岸)이라 하여 죽어서 극락세계에 다시 태어난다는 극락왕생(極樂往生)의 시기로 삼았다. 예수의 부활을 기리는 기독교에서는 춘분이 역법상 부활절 계산의 기준점이다. 즉 기독교의 부활절은 춘분 뒤의 첫 만월 다음에 오는 일요일이다. 부활절의 영어명인 Easter는 새로운 삶과 다산을 상징하는 고대 색슨 족의 여신의 이름이자 춘분이라는 뜻도 가진 에오스타(Eostar)가 그 어원이다. 초목에 의지하는 유목생활을 하던 고대 중동 지역에서는 초목이 되살아나는 춘분을 새해 첫날로 삼기도 했다. 오늘날도 그 지역의 나라들 가운데 하나인 이란(Iran)은 춘분을 설날로 삼고 있다. 세계적으로 춘분은 대지에 온기가 돌아옴과 생명의 부활을 확인하고 이를 축하하는 시기인 것이다. 이런 축하의 기분을 "봄, 달콤한 봄은 연중의 즐거운 왕 / 그때 온갖 것들 꽃 피고, 그때 처녀들은 원무를 춘다네 / 추위는 에이지 않고, 귀여운 새들은 노래하네 / 쿠쿠, 저그저그, 퓨위, 투위타우!"[Thomas Nash, 〈봄(Spring)〉 중에서]라는 16세기의 영국 시에서 잘 표현되고 있다.

 이 무렵 남쪽에서 철새인 제비가 날아온다. 또 이 무렵에 남부지방과

일부 중부지방에서는 갯버들, 생강나무, 산수유, 매실나무, 개나리, 목련, 버드나무 등이 잎보다 먼저 꽃을 피운다. 이때 능수버들이나 수양버들의 늘어진 실가지에도 잎보다 먼저 연초록의 꽃들이 피는데 멀리서 보면 마치 연한 잎이 난 듯이 보인다. "실버들 가지 연두 빛으로 / 몸트기 시작하는 춘분 때쯤 / 환절기의 몸살삼기를 앓는 / 내 삶의 낮과 밤"[권천학, 〈춘분〉 중에서]. 또 남부지방에서는 늘푸른떨기나무인 서향(또는 천리향)이 홍자색 꽃들을 둥글게 모아 피우는데 강한 향기를 풍긴다. 날씨가 따뜻해지면 식물만 꽃을 피우고 꽃가루받이를 하는 것은 아니다. 춘분 때는 겨우내 얼었던 땅이 풀리는 데다 춥지도 덥지도 않은 난춘지절(暖春之節)이어서 상당수의 동물도 암수의 춘정이 발동한다. 인간도 예외는 아니다. 남녀의 춘정도 이 무렵부터 발동한다. "당신과 나의 그리움이 / 꼭 오늘만 같아서 / 더도 덜도 말고, 하루 종일 밤과 낮이 / 낮과 밤이 잘 빚어진 / 떡반죽처럼 만지면 기분 좋을 때, / 내 슬픔, 내 기쁨, 꼭 오늘처럼 당신이 그리워서 / 보름달처럼 떠오르고 싶어라"[원재훈, 〈춘분〉 중에서].

기온 상승으로 인해 춘분이 1년 중 농부들이 일하기에 가장 좋고 실제로 농부들의 손길도 매우 분주해진다. 그래서 이때를 두고 우리 속담은 "하루를 밭 갈지 않으면 1년 내내 배부르지 못하다"고 했다. 구구가(九九歌)의 마지막 구절도 "구구가일구 경우편지도(九九加一九 耕牛遍地道: 구구에 일구를 더하면 밭갈이 소들이 도처에 다닌다)"라고 노래하고 있다. 여기서 "구구가일구"는 9×9+9라는 뜻이다. 그리고 그 합인 90은 동지로부터 90일째를 의미한다. 그런데 동지로부터 90일째는 3월 21일경으로 바로 춘분일이다. 이는 한봄인 춘분 무렵에 밭을 일구어 씨를 뿌리고 가꾸지 않으면 가을에 풍성한 수확을 할 수 없다는 사실을 가르치기 위한 것이다. 농사뿐만 아니라 모든 사업에서 수고하고 일정한 과정을 거치지 않고는 얻을 수 있는 것이 없다. 〈개미와 베짱이〉의 우화처럼, 제 때에

할 일을 제대로 하지 않으면 나중에 크게 후회하게 된다. 이 의미심장한 진리를 우리 선조들은 이렇게 소박한 속담으로 남겼다.

한반도를 비롯하여 동아시아에서는 춘분 무렵을 농경일로 삼았다. 그래서 우리 조상들은 춘분 어간에 이른 화초를 포함하여 감자, 당근, 상추, 배추, 아욱, 시금치, 완두콩, 강낭콩 등의 봄채소의 씨앗을 뿌리는 등 모든 농부가 본격적인 농사일을 시작한다. 그러나 새싹이 일찍 나오는 채소류는 꽃샘추위나 서리에 의한 냉해를 피하려면 청명이나 곡우 어간에 파종하는 것이 안전하다. 춘분 어간에는 또 겨울에 얼었던 땅이 풀리면서 논두렁과 밭두렁이 연약해져 무너지는 것을 막으려고 말뚝을 박기도 하고, 높거나 외져서 물이 귀한 논에는 물을 받을 준비를 하기도 하는 등 농사에 만전을 기해야 한다. 이처럼 춘분 때에 비로소 한 해의 농사가 시작되는 것이다. "언덕길 올라설 때마다 / 남녘에서 불어오는 봄바람 / 얼굴에 확 끼치는 따스한 촉감 // 이 고랑 저 고랑 마다 / 웃음 진 농부의 손길이 분주 하다"[백원기, 〈아직도 낯선가봐〉 중에서].

그러나 춘분이 난춘지절이라고 해서 이 무렵에 언제나 따뜻한 날만 계속되는 것은 아니다. "이월 바람에 김칫독 깨진다", "꽃샘에 설늙은이 얼어 죽는다", "꽃샘바람" 등의 말들이 있듯이, 이때 반드시 따뜻하기만 한 것은 아니고 도리어 춘분을 전후해서 꽃샘추위를 몰고 오는 쌀쌀한 바람이 많이 불어 사람들은 먼 길 가는 배를 타지 않고, 어부들은 고기잡이를 삼가는 때이기도 하다. 그리고 빨리 발아하는 작물은 이 꽃샘추위에 의해 냉해를 입을 수 있기에 늦서리가 더 이상 내리지 않는 곡우 어간에 싹이 나도록 파종하는 것이 좋다. "꽃샘"이라는 말은 바람의 신(神)이 꽃을 시샘하여 꽃이 피는 것을 막으려고 찬바람을 몰아친다 하여 붙여진 이름이다. 봄이 오는 과정에서 불현 듯 닥치는 꽃샘추위와 찬바람으로 인해 봄은 대체로 날씨가 안정되지 않아 어수선한 계절이기도 하다. 좋은 것은 손쉽게 또는 시련 없이 이루어지지 않는다는 이치를 깨우치려는 것일까? 그러나 "샘"이라는 말에서 꽃샘추위는 대세가 아니라 대세를 시기하는 일시적인 것에 불과하다는 것을 암시하고 있다. 우리 선조들의 조어 능력과 표현 방식이 감탄스럽다. "섣부른 마음인 양 / 가던 발길 돌려서 / 뒷걸음질 쳐오는 / 꽃샘추위가 춘삼월을 / 바짝 긴장시킨다 // 가던 길 멈추고 / 오던 길 가로막아도 / 어차피 오는 봄인데 / 시샘이라도 부려 보고 싶은 마음일까?"[나상국, 〈꽃샘추위〉 중에서]. 꽃샘추위는 아무리 봄을 시샘해도 봄을 막지는 못하는 일시적인 반짝 추위에 불과한 것이다. 사실 꽃샘추위와 같은 봄추위는, "봄추위와 늙은이 건강"이라는 속담에서 보듯이, 오래 지속되지 못하는 것의 상징이다.

이 무렵부터 자연에서 나물의 본격적인 채취가 가능하다. 남녘에서는 춘분 이전부터도 일부 봄나물의 채취가 가능하나 본격적인 채취는 역시 춘분 어간부터 5월까지라고 해야 할 것이다. 냉이, 달래, 쑥, 청보리, 민들레, 질경이, 쑥부쟁이, 꽃다지, 광대나물, 돌나물, 돌미나리, 씀바귀, 고들빼기, 원추리 등의 들나물과, 이들 들나물보다는 좀 더 늦게 나는 참나물, 당귀, 더덕, 고사리, 고비, 참취와 곰취를 비롯한 취나물, 삽주, 두릅 등의 산나물이 흔히 먹는 봄나물이다. 《농가월령가》 이월령에는 "산채는 일렀으니 들나물 캐어 먹세 / 고들빼기 씀바귀요 조롱장이 물쑥이라 / 달래김치 냉잇국은 비위를 깨치나니 / 본초를 상고하여 약재를 캐오리라"라는 구절이 있다. 봄나물은 과거 보릿고개가 있던 시절에는 굶주린 배를 채우고 영양실조로 생긴 부황을 해결하는 구황 식물로, 지금은 춘곤증을 달래고 봄의 미각을 돋우는 맛좋은 별미의 영양 식물로 우리에게 친근하다. 봄나물은 "우리 몸에 좋아 누구나 즐길 수 있는 건강식품 / 모두가 건강해질 수 있는 효능을 갖춘 제철음식 / 몸의 피로 풀어 줄 춘곤증에도 효과 있다는 나물"[손병흥, 〈봄나물〉 중에서]인 것이다.

그래서 나물 타령도 생겼을 것이다. 먹을 것이 없이 허기진 배를 쥐고

들과 산을 헤매며 불렀을 터지만 그 타령은 너무도 익살스럽다. "한 푼 두 푼 돈나물, 줄까 말까 달래나물, 입 맞추어 쪽나물, 잔치집에 취나물, 시집살이 씀바귀, 안주나 보게 도라지, 동동 말아 고비나물, 어영꾸부렁 활나물, 매끈매끈 기름나물." 이 나물 타령에는 우리 민족의 해학성이 돋보인다. 부산의 봄나물축제가 춘분 어간에 열린다. 그러나 산에서는 평지보다 나물의 성장이 좀 늦기에 강원도, 경상북도, 경기도 등의 산촌에서 열리는 산나물축제는 대체로 5월 초순이나 중순에 열린다. 경기도 양구읍의 곰취 축제는 대체로 5월 15일 전후로 열린다. 경기도 양평군 서종면의 농촌체험마을인 〈양평 생태산촌마을〉에서는 매년 4월 중순부터 5월까지 산나물채취 체험을 할 수 있다. 오늘날은 일부 봄나물들을 온실에서 작물로 재배하기 때문에 제철이 아니라도 쉽게 구할 수 있지만 제철에 자연에서 난 것과 그 향과 맛을 비교할 수는 없다.

"봄 도다리, 겨울 광어"라는 말처럼, 도다리는 산란기인 겨울철을 지나 지방함량이 적고 살이 차오르는 3-4월에 가장 맛이 좋은데 이 때 고소하고 담백한 맛을 결정하는 지방산이 많아지기 때문이다. 도다리는 단백질과 아미노산이 풍부한데 주로 회로 먹지만, 쑥국으로도 좋다. 봄 도다리는 뼈째 썰어 살의 고소하고 연한 맛과 함께 씹히는 맛을 즐긴다. "상추 한 장에 마늘 반쪽 초장 듬뿍 넣어 / 아작아작 단물나올 때까지 씹혀서 내 뼈에 네 살점 묻고 / 세상에 행복만이 풍부해질 때 사기는 사라질 터이니 / 눈꺼풀도 없어서 눈도 못 감고 빤히 쳐다봐 / 깻잎으로 덮었으니 편히 자라 / 네 영혼이 내 영혼 되어 건강히 살자꾸나 / 미안해 도다리야?"[유일하, 〈도다리 회〉중에서]. 가을 전어는 기름기가 많아 된장에 찍어먹어야 제 맛이 나지만, 봄 도다리는 고추냉이 간장에 찍어먹어야 제 맛이 난다. 도다리는 흰 살 생선으로 미역이나 쑥을 넣고 국을 끓이면 시원한 국물이 많이 우러나와 그 맛이 일품이다. 거제도 성포와 충무의 봄 도다리 쑥국이 유명하다.

흔히 쭈꾸미로 불리는 주꾸미는 3월에서 5월까지가 제철이다. 주꾸미는 이 시기에 산란을 앞두고 알이 꽉 차고 영양분이 풍부하며 맛이 가장 좋기 때문이다. 주꾸미는 낙지와 함께 다리가 여덟 개로 같은 문어과에 속하면서 낙지보다 피로 회복과 숙취 해소에 효과가 있는 타우린(taurine) 성분이 훨씬 많은 데다 철분도 풍부하여 빈혈에도 좋다고 한다. 주꾸미는 그 영양 성분에 비해 지방과 당분의 함량은 낮아서 다이어트 식품으로도 주목을 받고 있다. 그래서 최근에는 "봄 주꾸미, 가을 전어"라는 말도 생겼다. 낙지는 전남 해안에서 많이 나는데 반해 주꾸미는 충남 해안에서 많이 난다. 그래서 충남 보령시 무창포의 주꾸미·도다리 축제 그리고 충남 서천군의 동백꽃·주꾸미축제가 춘분 어간에 개최된다.

이 무렵의 또 다른 제철 생선으로 서해의 참조기를 들 수 있다. 봄의 참조기는 겨울에 동해에서 많이 잡혔던 명태에 비견되는 서해의 대표적인 생선이었다. "남쪽은 보리가 익는데 조기 철이고 / 북쪽은 눈이 내리는데 명태 철이다 / 칠산 바다에 봄바람이 불면 너는 오고 / 주문진 속초항에 눈이 오면 나는 간다 / 나는 생태탕이 그리워 가고 / 너는 생조기탕이 그리워 온다."[송수권, 〈황태나 굴비 사려〉 중에서]. 참조기는 제주도 남서해역에서 겨울을 나고 산란을 위해 봄에 서해안으로 이동하는데 입춘 어간에 흑산도, 춘분 어간에 전남 영광의 법성포 앞 칠산 바다와 위도를 지나 계속 북상하여 곡우 어간에는 충남 태안반도와 연평도 앞바다에 이르고 망종 어간에 북한의 철산군 대화도까지 가게 된다. 이 조기떼와 부화해 성장한 새끼들은 월동을 위해 가을에 남하한다. 그래서 과거에는 이른 봄부터 이른 여름까지 조기의 물길을 따라 서해에서 참조기가 많이 잡혔고 흑산도, 칠산도, 위도, 격렬비열도, 연평도, 대화도에서 차례대로 조기 파시(波市: 물고기가 한창 잡힐 때, 바다 위에서 열리는 생선 시장)가 성황을 이루었다고 한다. 이 무렵의 참조기는 배에 알이 차고 살이 기름져 맛도 아주 좋았다고 한다.

그러나 이는 1960년대 말까지의 이야기다. 그때까지는 춘분 어간에 칠산 바다에 하도 조기떼가 많아 배 위로 뛰어 오르는 조기만 잡아도 배가 가득 찼다는 우스개가 있을 정도로 조기가 많이 잡혔다고 한다. 그 조기잡이의 풍요는 다음과 같은 칠산 바다 뱃노래가 증거하고 있다. "어이! 우리 돈 실러 가세, 돈 실러 가. / 칠산 바다에 돈 실러 가세. / 그러세, 그려. 칠산 바다에 돈 실러 가세. / 돈 실러 얼른 가세. / 가세, 가세, 얼른 가세. / 배에 가득 돈 실어 오세." 그러나 1970년대부터는 조기의 월동 장소에서 어린 조기를 남획한 데다 칠산 바다의 수심과 수온이 낮아져서 산란을 위해 이곳으로 오는 성어는 많지 않다고 한다. 동해의 명태처럼 서해의 조기도 사라진 것이다. 따라서, 수심과 수온의 변화는 어쩔 수 없다 하더라도, 일정한 크기 이상의 성어만 잡도록 하거나 일정 기간 조업을 하지 못하도록 하는 등으로 조기에 대한 어획 통제를 실시해야 하지 않을까? 그렇지 않으면 동해의 명태처럼 서해의 조기도 씨가 마를지도 모른다.
   조기는 생것으로도, 말린 것으로도 맛이 좋은 생선이다. 생조기는 구이, 조림, 찜, 탕으로 먹어도 맛이 좋다. 보관을 위해 천일염에 절여 해풍에 말린 조기를 굴비라 부르는데 옛날에는 장기보존을 위해 짜게 절여 바싹 말렸으나, 오늘날은 냉장기술의 발달로 소금도 적게 쓰고 말리는 정도도 훨씬 덜하다. 굴비는 주로 영광에서 생산되기에 보통 영광굴비로 불리며 일정한 크기 이상의 것을 사용하고 비린내도 없고 구이, 조림, 무침, 탕으로 또는 바싹 말린 것은 고추장 장아찌로 먹는데 별미를 내기에 고급 생선이 되어 좀 큰 것은 값도 상당히 비싸다.

清明 청명, 맑고 밝은 시절

청명절 찾아오니 대기는 눈부시고
새싹들 곳곳에서 무던히 자라나고
어찔한 아지랑이들 여기저기 오르네

수줍던 봉오리들 다투듯 피어나니
곳곳에 울긋불긋 색 잔치 벌어지고
꽃향기 온 누리 퍼져 벌 나비를 부르네

꽃들이 만개하여 온 세상 화사하니
그 모습 시샘하여 불어온 봄바람에
꽃잎들 우수수 지다 어지럽게 날리네

춘분 다음 절기로는 날씨가 맑고 밝아진다는 **청명**(淸明, clear and bright: 4월 4·5일)이 온다. "하늘이 차츰 맑아진다는 뜻 지니고서 / 풍우가 심해 불을 금하고 찬밥 먹으며 / 풋나물과 산채를 먹던 풍습이 있던 날"[손병흥, 〈청명〉 중에서]. '청명'이라는 명칭은 이 시기 만물이 맑고 청명해진다 하여 붙여진 이름이라는 설과 황하(黃河)의 물이 가장 맑은 때라서 붙여진 이름이라는 설이 있지만 오늘날은 대기가 깨끗하고 맑음을 의미하는 전자의 의미로 쓰인다. 실제로 이 무렵에, 황사나 미세 먼지나

스모그가 없다면, 대기가 맑고 밝은 가운데 날씨가 매우 화창해진다. 그래서 아지랑이가 피어오르는 모습도 잘 보인다. 춘분을 넘긴 이 무렵에는 이미 밤보다 낮이 더 길어져 "삼사월(양력 사오월) 낳은 아기 저녁에 인사한다"는 속담이 있을 정도다.

청명이 되면 일교차가 크기는 하지만 봄의 극절기 답게 비로소 화창하고 따뜻한 영상(零上)의 날씨가 이어진다. 따라서 청명 무렵부터 농사일이 본격적으로 시작된다. 무엇보다 볍씨를 소독하고, 모판을 만들기 위하여 논에 물을 대고 써레질을 하고 논둑과 밭둑을 손질한다. "여리디 여린 대지의 속살 / 써레질 휘돌아간 무논에 들면 / 전신을 휘감는 보드라운 황홀 / 아지랑이 어지러운 청명 언저리 / 새 생명을 갈망하는 / 숨가쁜 여인아."[김삼주, 〈논〉]. 또 이때 고구마 싹을 틔우고, 시금치, 배추, 열무, 아욱, 상치 등의 봄채소를 비롯하여 호박, 고추, 조 등을 파종하고, 감자를 심고, 마늘에 웃거름을 준다. 《농가월령가》 3월령도 이렇게 말하고 있다. "들농사 하는 틈에 치포(治圃: 채소밭을 가꿈)를 아니할까 / 울 밑에 호박이요 처마 밑에 박 심고 / 담 근처에 동과(冬瓜) 심어 가자(架子: 나뭇가지를 받쳐 세운 시렁)하여 올려 보세 / 무우 배추 아욱 상치 고추 가지 파 마늘을 / 색색이 분별하여 빈 땅 없이 심어 놓고 / 갯버들 베어다가 개바자(갯버들의 가지로 엮어 발처럼 만든 물건) 둘러막아 / 계견(鷄犬: 닭과 개)을 방비하면 자연히 무성하리 / 외밭을 따로 하여 거름을 많이 하소 / 농가의 여름 반찬 이 밖에 또 있는가."

청명 절기에는 찹쌀로 춘주(春酒)라고도 부르는 맑은 청명주를 담가 마셨다. 이 무렵 장을 담그면 그 맛이 좋다 하여 과거에는 주로 이때 1년 동안 먹을 장을 담갔다. 우리의 음식문화에서 장은 간장, 된장, 고추장, 쌈장, 초장 등으로 그 자체가 중요한 부식이며 국, 탕, 무침 등의 일부로 또는 그 간을 맞추는 데 쓰이는 기본 식재료로서 없어서는 안 되는 필수품이다. "어머니께서 된장을 담그신다 // 예쁜 항아리 / 깨끗이 씻어 /

짚불로 소독하고 // 맑은 샘물 길어 / 천일염을 넣고 / 메주 몇 덩이 넣어 두고 / 참숯과 붉은 고추를 띄워둔다"[이문조, 〈된장 담그기〉 중에서]. 그래서 《농가월령가》 삼월령도 이점을 강조하고 있다. "인간의 요긴한 일 장 담는 정사로다 / 소금을 미리 받아 법대로 담그리라 / 고추장 두부장도 맛맛으로 갖추 하소."

청명일은 동지로부터 105일째 되는 날인 한식(寒食)과 겹치거나 6년에 한 번씩 하루 전(前)이 되기도 한다. 그래서 "청명에 죽으나 한식에 죽으나 매일반"이라는 속담이 생겼고, 중국에서는 한식일의 세시풍속이 청명절에 흡수되었다. 한식은 설날, 단오, 추석과 함께 4대 절사(節祀: 철이나 명절에 따라 지내는 제사) 가운데 유일하게 음력에 의한 것이 아니라 절기력에 의한 것이라서 날짜가 들쑥날쑥하지 않고 고정되어 있다. 한식은 본래 중국 진(晉)나라 문공(文公)의 충신 개자추(介子推)가 문공의 잘못으로 산에서 불에 타죽은 데서 연유한 기념일이었다. 한식에는 조상의 산소에 성묘를 하는 풍속이 있다. 한식은 사방팔방의 잡귀들이 묶여 있는 날이라는 뜻의 '귀신 맨 날', '귀 맨 날', 또는 '귀 민 날'로 불리기도 한다. 말하자면, 이 날은 "손이 없는 날", "귀신이 꼼짝 않는 날"로 여겨 산소에 잔디를 새로 입히거나 산소의 이장을 하기도 한다. 청명 절기는 날씨도 풀리고 앞으로 잔디가 잘 자랄 시기가 오므로 겨울 동안 허물어진 봉분을 손보거나 이장하기에 적당한 시기이기도 하다. "아버지 무덤에 잔디가 시퍼렇게 몸을 일으켜 / 나는 앞이 부우옇다, 캄캄하다. / 아버지, 어쩌면 죽는 것이 그렇게 자연스럽습니까, / 내가 세 번을 물어도 대답 않으시던 / 아버지의 침묵마저 너무 그리워 / 잔디는 시퍼렇게 나를 에워싸고, 나를 뛰어넘는다."[김세웅, 〈한식〉 중에서]. 한식 때가 되면 특히 바람이 심한데, 이때 불이 나기 쉬우므로 우리 조상들은 한식날에는, '한식(寒食: 차게 먹음)'이라는 말 그대로, 불을 사용하지 않고 찬밥을 그냥 먹고 술, 과일, 포, 식혜 등으로 제사를 지냈다.

청명일과 식목일이 겹치는 것이 보통인데, 날이 풀리고 온화하여 1년 중 식목에 가장 적당한 시기라서 식목일을 청명일과 같은 날로 한 것이다. "하늘이 맑아 새로워지니 / 흙 속의 새 생명 움이 트고 / 나뭇가지 봄 싹이 맺히는데 /.../ 나무는 천성을 따라 키우고 / 그 성질을 알아주면 / 좋은 재목으로 키울 수 있다네."[윤의섭, 〈청명에 나무 심고〉 중에서]. 그러나 이제 식목의 적기는 청명이 아니라는 지적이 많다. 지구의 온난화에 의한 한반도의 아열대화현상의 영향으로 언제부턴가 청명일은 식목에는 너무 늦은 철이 되어버렸고, 오늘날 식목의 적기는 이보다 한 달 정도 앞이라는 주장도 있다. 하지만 전에는 "청명에는 부지깽이도 땅에 꽂으면 잎이 돋는다"는 말이 있을 정도로 청명 절기가 식목의 적기였다. 그래서 청명에 식목을 장려하기 위한 〈나무 타령〉이라는 매우 익살스런 민요가 전해져 내려오고 있다. "청명 한식 나무 심자. 무슨 나무 심을래. 십리 절반 오리나무, 열의 갑절 스무나무, 대낮에도 밤나무, 방귀 뀌어 뽕나무, 오자마자 가래나무, 깔고 앉아 구기자나무, 거짓 없어 참나무, 그렇다고 치자나무, 칼로 베어 피나무, 네 편 내 편 양편나무, 입 맞추어 쪽나무, 양반 골에 상나무, 너 하구 나 하구 살구나무, 이 나무 저 나무 내 밭두렁에 내 나무." 이 나무 타령도, 앞의 춘분 절기에서 소개한 나물 타령처럼, 우리 민족의 뛰어난 해학성을 보여주고 있다.

이 〈나무 타령〉의 마지막 구절의 "내 나무"는 나무의 이름이 아니라 아이가 태어나면 그 아이 몫으로 부모가 청명에 심은 나무가 그 아이에게는 "내 나무"인 것이다. 딸을 낳으면 뜰이나 밭두렁에 오동나무를 심고, 아들을 낳으면 선산에 소나무나 잣나무를 심어 그 딸이나 아들로 하여금 그 나무를 자기 것으로 여겨 정성껏 돌보게 하였다. 딸의 내 나무는 그 주인이 성장하여 시집갈 때 혼수용 장롱이나 반닫이를 만들어 주고, 아들의 내 나무는 그 주인이 이승을 하직할 때 관을 짜는데 썼다고 한다. 내 나무의 주인은 자신의 나무 앞에서 "한식날 심은 내 나무 /

금강수(金剛水) 물을 주어 / 육판서(六判書)로 뻗은 가지 / 각 읍 수령(守令) 꽃이 피고 / 삼정승(三政丞) 열매 맺어…"라는 〈내 나무 노래〉를 부르며 애지중지하며 잘 가꾸었다. 그리고 총각은 좋아하는 처녀의 내 나무에 거름을 주는 것으로 연정을 표시하기도 했다고 하니 내 나무는 사랑의 매개이기도 했다.

청명 절기는 가장 많은 나무에 꽃이 피고 새잎이 나는 시기다. 중부지역에서는 청명절기 동안에 개나리, 진달래, 목련에 이어 벚나무, 살구나무, 배나무, 자두나무, 복숭아나무, 앵두나무 등이 잎보다 먼저 꽃을 피우고, 남부지방에서는 명자나무, 조팝나무, 수수꽃다리(라일락), 철쭉 등이 잎과 함께 꽃을 피워 봄을 화사한 꽃의 계절로 만든다. "나의 살던 고향은 / 꽃피는 산골 / 복숭아꽃 살구꽃 / 아기진달래 / 울긋불긋 꽃 대궐 / 차리인 동네 / 그 속에서 놀던 때가 / 그립습니다"라는 이원수 시와 홍난파 곡의 저 유명한 우리의 동요 〈고향의 봄〉의 시기는 바로 이 청명 절기일 것이다. 청명 절기에는 이들 꽃으로 인하여 산야는 온통 울긋불긋한, 이은상 시 박태준 곡의 〈동무 생각〉의 첫 구절처럼, 그야말로 "봄의 교향악"이 울려 퍼지는 꽃 대궐 또는 꽃동산이 된다. "청명, 곡우 스쳐 가는 차창에는 / 봉긋한 내 젖가슴 같은 둔덕마다 / 새하얀 배꽃들 배시시배시시 웃음판 벌입니다 / 치렁치렁한 떠꺼머리 봄바람과 두 손 잡고 / 저마다 어화둥둥 사랑가 부릅니다"[안성길, 〈-제45신-〉 중에서]. 청명 절기에는 나무꽃 뿐만 아니라 수선화, 보춘화, 유채꽃, 눈꽃풀, 크로커스, 튤립, 프리지어, 히아신스, 팬지, 물망초, 할미꽃, 제비꽃, 민들레, 광대나물, 꽃다지 등 풀꽃도 가장 많이 핀다. 토끼풀꽃도 청명 어간부터 피기 시작하여 6, 7월에 가장 많이 피나 9월까지도 피고진다.

청명 절기야말로 산야가 각종 봄꽃으로 연중 가장 울긋불긋하고 화려한 시기일 것이다. 중국의 시성(詩聖) 두보(杜甫)가 봄을 두고 노래한 "산은 푸르고 꽃은 불타오른다(山靑花欲然)"라는 시귀의 묘사도 아마 이때의 울긋불긋한 산야였을 것이다. 그래서 청명 어간은 꽃놀이에 가장 좋은 때다. 우리 선조들은 이맘 때 특히 음력 3월 3일 즉 삼진날 음식과 술을 장만하여 야외에서 하루 동안 꽃구경을 나가 한 잔 하면서 노는 화류(花柳: 꽃과 버들)놀이 또는 화전(花煎: 진달래 따위 꽃잎을 붙여 부친 부꾸미)놀이를 하였다.《농가월령가》는 이에 대해 정월령에서 "며느리 잊지 말고 소국주(小麴酒: 찹쌀막걸리) 밑하여라(앉혀라) / 삼춘(三春) 백화시(百花時: 여러 꽃들이 핀 때)에 화전일취(花前一醉: 꽃 앞에서 한 번 취함) 하여 보자"라고 말하고 있다. 이러한 봄꽃놀이의 전통은 오늘날에도 면면히 이어져오고 있다. 대체로 청명 절기 중에 열리는 전국의 봄꽃축제들도 그런 전통의 맥이라고 할 수 있다. 청명 전인 3월 말이나 4월 초에 열리는 제주도의 왕벚꽃 잔치를 예외로, 지역에 따라 약간의 시차가 있기는 하지만, 진해 군항제에서 섬진강 벚꽃축제 그리고 여의도 벚꽃축제까지 남한 각지의 벚꽃축제들, 거제도 대금산과 여수시 영취산과 강화도 고려산 등의 진달래축제, 제주도 우도와 경남 창녕군 남지읍과 경기도 구리시의 유채꽃축제, 강원도 정선의 동강할미꽃축제 등을 비롯하여 전국 각지의 봄꽃축제들이 대체로 청명 어간에 개최된다. 꽃놀이나 꽃축제로 즐기지 않을 수 없을 만큼 청명 절기는 한반도에서 각종 봄꽃들이 만개하는 천자만홍의 시절인 것이다.

　봄을 주제로 한 시나 노래도 대부분 꽃피고 잎이 돋는 청명 무렵의 시절이 그 대상이다. 예컨대, 제목에 그 시기가 드러나 있는 박목월 시 김순애 곡의 "목련꽃 그늘 아래서 베르테르의 편질 읽노라 / 구름꽃 피는 언덕에서 피리를 부노라 / 아 아 멀리 떠나와 이름 없는 항구에서 배를 타노라"라는 구절로 시작하는 〈사월의 노래〉와 조영식 시 김동진 곡의 〈목련화〉는 말할 것도 없고, 제목에 그 시기가 특정되지 않은 파인 김동환 시에 이흥렬이 곡을 붙인 〈봄이 오면〉, 김동환의 시에 김규환이 곡을 붙인 〈산 너머 남촌에는〉, 이은상의 시조에 홍난파가 곡을 붙인 〈봄 처녀〉,

박화목 시에 채동선이 곡을 붙인 〈망향〉, 설도의 한시를 김억이 번안하고 김성태가 곡을 붙인 〈동심초〉 등을 들 수 있다. 이들 노래들은 청명절기 무렵에 가장 잘 어울리고 많이 불리는 노래라고 할 수 있다. 3인조 밴드 버스커버스커의 〈벚꽃 엔딩〉도 마찬가지다. 그러나 이런 노래를 즐기는 것은 오늘날의 성인의 경우이고 과거의 아이들의 경우는 버들피리를 불며 봄을 즐겼다. 이 무렵은 나무에 물이 제대로 오른 때여서 버들피리를 만들어 불기도 좋은 때이기 때문이다. 갯버들을 비롯하여 버드나무, 미루나무 등의 손가락 굵기의 나뭇가지를 10cm 정도로 잘라서 껍질이 갈라지지 않게 살살 비틀어 분리해서 한쪽에 입을 대고 불면 소리가 난다. 아이들은 함께 어울려서 버들피리를 만들어 누구의 것이 소리가 더 잘 나는지 견주며 놀았다.

암수의 춘정도 이때에 최고조에 달한다고 할 수 있다. 생식(生殖)을 위해 꽃을 피운 수많은 식물들은 말할 것도 없고 새를 비롯한 많은 동물들도 가장 왕성하게 생식활동을 벌이는 때가 이 무렵이다. 인간도 예외가 아니다. 옛말에 "정숙한 여인도 봄을 원망한다(貞女怨春)"고 했는데 여기서 봄은 필시 화사한 꽃들이 만발하고 훈훈하고 향긋한 봄바람이 불어오는 청명 무렵의 봄일 것이다. 이 무렵에는 거의 모든 이의, 아니 거의 모든 생명체의, 춘정이 가장 왕성해지는 때일 것이다. 누가 감히 자연을 거스를 수 있겠는가? 그래서 불어오는 봄바람에 남녀도 덩달아 봄바람이 나게 된다. "봄바람 속에 숨은 불길은 / 눈에도 보이지 않는다 / 누군가 부르는 듯 황급히 달려가는 / 불길 속으로 뛰어들어 / 꽃이 되고 잎이 되고……"[양채영, 〈봄바람 38〉 중에서]. 서구에서는 오월의 첫날이 메이 데이(May Day)라는 커다란 축제일인데 따뜻하고 꽃 피는 철을 축하하기 위한 것이지만 동시에 사랑과 로맨스를 즐기기 위한 것이기도 하다. 그만큼 꽃 피고 새우는 난춘지절은 주체할 수 없는 춘정이 왕성한 때이기도 한 것이다.

穀雨 곡우, 곡식을 위한 비

벼농사 시작하게 단비를 내려주어
볍씨를 물에 담고 못자리 마련하며
신명께 감사하는 때 바야흐로 곡우절

가녀린 잎눈들이 일제히 피어나서
나무들 담록으로 새롭게 단장하니
새잎의 청순함으로 눈이 부신 산과 들

가지에 다닥다닥 흰 좁쌀 붙인 듯이
양지의 산과 들에 하얗게 피어나서
연록의 단조로움을 달래주는 조팝꽃

봄의 마지막 절기는 곡식 작물에 필요한 비가 내려 백곡이 윤택해진다는 곡우(穀雨, grain rain: 4월 20·21일)다. "비가 때를 알아 청명 곡우 절기에 내리는 이유를 아십니까? / 검은 땅이 해동이 되어 씨를 뿌려야 열매 맺는다는 사실을 / 나무와 나무, 낮은 자세로 겸손한 들풀에게 알리려는 행운입니다"[박종영, 〈비가 내리는 이유〉 중에서]. 봄의 극절기 답게 청명의 화창한 날씨가 곡우에도 계속 이어진다. 절기력에서는 입춘부터 곡우까지를 봄으로 치기 때문에 곡우 절기의 마지막 날이 봄의 마지막 날인 봄 절분(節分: 철이 바뀌는 날로 입춘, 입하, 입추, 입동의 전날을 지칭)이다. 과거에는 곡우 무렵에 내리는 단비로 가뭄을 해갈하고 그 물로 못자리를 하였기에 곡우는 벼농사에 가장 중요한 절기 중의 하나였다.

　곡우 때의 비가 농사에는 꼭 필요하였기에 농촌에서는 "곡우에 비가 안 오면 논이 석자가 갈라진다"고 걱정했다. 과거에는 큰 가뭄이 들 때마다 나라에서 기우제(祈雨祭)를 지냈는데 그런 기우제가 가장 필요한 때가 곡우 무렵에 가뭄이 들었을 때였을 것이다. "비! 비! 비! 비! 비! / 우러러 목이 쟁긴 소쩍새 // 돌아보아야 / 무우젯불을 올릴 풀 한 포기 없고 // 청동 불화로가 이글대는 모래밭에 / 소피를 뿌려 쇠도록 징을 울립니다 // 이 실낱같은 사연 구천에 서리오면 / 미릿내[銀河]의 봇물을 트옵소서"[이동주, 〈기우제〉 중에서]. 곡우라는 절기 이름에는 이 무렵의 농사에 필요한 비가 꼭 내리기를 바라는 농경사회의 바람이 들어 있는지도 모른다. 곡물의 생장을 돕는 고마운 비를 한자어로 서우(瑞雨) 또는 자우(慈雨)라고 부르는데 곡우에 내리는 비야말로 서우라고 할 수 있다.

　옛적에는 곡우에 농사 중의 농사인 벼농사의 첫 번째 작업으로 못자리에 낼 볍씨를 물에 담갔다. 그래서 나라에서 농민들에게 곡우임을 알리고 볍씨를 내어주며 못자리를 권장하는가 하면 죄인도 잡아가지 않을 정도였다고 한다. 그리고 볍씨를 담은 가마니는 부정을 타지 않도록 솔가지를 덮어두고, 부정한 일을 당했거나 본 사람은 바로 집에 들이지 않고 집 앞에서 불을 놓아 악귀를 몰아낸 다음에야 들였으며 들인 다음에도 볍씨는 볼 수 없게 하였다고 한다. 이는 부정한 사람이 볍씨를 보게 되면 싹이 나지 않아 벼농사를 망친다는 속신에 따른 것이지만 그만큼 우리 조상들이 벼농사에 정성을 들이고 벼농사를 중시하였던 사실을 말하는 것이라고 할 수 있다.

　곡우 무렵까지 늦서리가 내리기도 한다. 그런데 식물 특히 어린 농작물은 대체로 서리에 약하다. 바꾸어 말하면, 서리는 농작물에 큰 피해를 입히는데, 특히 늦은 봄철에 내리는 늦서리의 피해가 크다. "한 순간인 걸 / 그 화려하던 꽃잎도 / 그 싱싱하던 잎새도 / 간밤에 내린 찬 서리에 / 맥을 못 추고 / 한순간에 스러지는 걸.."[오보영, 〈찬 서리〉 중에서]. 그래서 곡식류와 같이 만생종(晩生種) 또는 생육기간이 비교적 긴 농작물은 곡우 전후에 파종하고, 상추, 고추, 오이, 호박, 수박, 참외 등의 채소류와 같이 조생종(早生種) 또는 생육기간이 짧은 것들은 입하 어간에 파종하는 것이 좋다. 그래야 어린 작물이 서리의 피해를 입을까 하고 염려를 할 필요가 없다. 일반적으로 농작물의 생육기간은, 서리에 가장 약한 농작물을 기준으로, 봄에 마지막 된서리가 내린 날부터 가을에 첫 된서리가 내린 날까지의 기간을 말한다. 이처럼 농작물의 생육기간이 서리에 의해 결정될 정도로 농작물에게 서리는 해로운 물상이다.

　곡우 어간에 가장 눈에 띄는 것은 청순한 새잎이다. 이른 것은 춘분 말경부터 보통의 것은 청명 어간부터 시작하여 작고 여리고 앙증맞고 노란빛이 감도는, 그래서 황금빛이라고도 할 수 있는, 연둣빛의 찬란한 새잎들이 돋아난다. "나뭇잎은 사월에도 청명과 곡우 사이에 / 돋는 잎이 가장 많다 / 연둣빛 잎 하나하나가 푸른 기쁨으로 / 흔들리고 경이로움으로 반짝인다"[도종환, 〈나뭇잎 꿈〉 중에서]. 그리고 곡우 어간에 이르면 이들 새잎들이 좀 더 커지면서 세상을 부드러운 연녹색으로 단장해간다. 그와 함께 잎사귀들에 연한 초록빛이 나타나면서 지상은 연초록 정원으로 바뀌기 시작한다. 그래서 곡우 어간은 가장 곱고 신선한 신록의 계절인 것이다. 이양하의 〈신록예찬(新綠禮讚)〉의 표현을 빌면, "움 가운데 숨어 있던 잎의 하나하나가 모두 형태를 갖추어 완전한 잎이 되는 동시에, 처음 태양의 세례를 받아 청신하고 발랄한 담록(淡綠)을 띠는 시절"이다.

　이때에 비라도 한번 오면 땅에서는 풀잎이 그리고 나무에서는 나뭇잎이 부쩍 자라면서 싱그러운 신록이 우거지기 시작한다. 곡우 비는 땅위로 솟아난 밭작물들의 여린 잎들에게도 생기를 불어넣어 무럭무럭 자라게 만들어 지상에 초록을 보태게 한다. 이처럼 곡우 무렵에 대지와 나무들이 온통 풋풋한 새잎으로 뒤덮인다. "흙고무신 채마밭엔 씨앗이 트고 / 곡우날 고마운 비 돌아오는데 / 하물며 그린님도 정녕 오겠네 / 바라 맞는 산마루엔 실아지랑이 / 아지랑이 뒷짚엔 짙오는 신록"[조예린, 〈곡우〉 중에서]. 고려의 시인 정지상이 이별을 노래한 저 유명한 한시 〈송인(送人)〉의 한 구절처럼, "비 그친 긴 강둑에 풀빛이 더욱 푸르다(雨歇長提草色多)." 나무와 땅에 자라는 이 소생의 여린 새 잎들로 곡우절기가 아마 연중 가장 신선한 느낌을 주는 때일 것이다. 이제 세상은 급격히 청순한 연녹색의 지배하에 들어간다.

곡우 무렵은 나무가 새로운 잎들을 내고 키우기 위해 뿌리로부터 수액을 많이 공급받아야 한다. 그래서 곡우 어간은 나무에 한창 물이 오르는 시기이기도 하다. 이 때문에 이 무렵 전국의 산중에는 약수로 마시기 위해서 주로 자작나무, 박달나무, 다래나무 등에 상처를 내서 통을 달아 수액을 채취하는 모습을 많이 볼 수 있고 그래서 수액도 이때가 가장 많이 생산된다. 경칩 무렵의 고로쇠나무 수액은 남자에게 더 좋고, 거자수로 불리기도 하는, 곡우 무렵의 자작나무 수액은 여자에게 더 좋다는 속신이 있다. 그러나 수액이 몸에 좋다는 것은 과학적 근거도 확실한 것은 아니다. 오히려 나무를 보호함으로써 얻는 이익이 더 많다고 할 수 있을 것이다. 그러니 무분별하게 수액을 채취하는 행위로 나무를 학대하는 일은 자제해야 할 것이다. "곡우 무렵 산에 갔다가 / 고로쇠나무에 상처를 내고 / 피를 받아내는 사람들을 보았다 / 그렇게 많은 것을 가지고도 / 무엇이 모자라서 사람들은 / 나무의 몸에까지 손을 집어넣는지,"[이상국, 〈성자〉 중에서].

곡우 무렵부터 꽃꿀이 많아 꿀벌이 많이 모여들고 뿌리에 뿌리혹박테리아가 생겨서 땅을 기름지게 만들어 주기 때문에 옛날부터 논이나 밭에 많이 심어 풋거름으로 쓰는 콩과 식물인 자운영의 붉은 꽃이 피어난다. 중북부지방에서는 이 무렵에 향기가 좋아 관상수로 많이 심는 수수꽃다리에 꽃이 피어 가까이 다가가면 짙은 향기를 풍긴다. 수수꽃다리는 본래 이 땅의 꽃나무였으며 그 꽃이 마치 수수꽃처럼 핀다고 하여 붙여진 이름이다. 그런데 이 꽃나무가 이런 순수하고 아름다운 우리말 이름이 있음에도 흔히 라일락이라는 서양 이름으로 더 많이 불리는 것은 불행한 일이다. "불러다오 / 바람에 속삭이듯 그렇게 불러다오 / 풋가슴에 여울지던 향기로운 나의 모국어로 / 어루만지듯 그렇게 불러다오 / 마침내 다시 내 이름을 불러다오"[김시천, 〈수수꽃다리의 노래〉 중에서]. 또 튀긴 좁쌀을 붙인 것처럼 보이는 새하얀 꽃들이 가지를 따라 다닥다닥 피어난 조팝나무의 꽃들이 양지바른 산야의 곳곳에 흰색을 더한다. 또한 우리의 강토를 화사한 꽃동산으로 만들어 놓는 붉은색의 철쭉꽃들도 이 무렵부터 6월까지 피어난다. 그래서 대체로 4월 하순부터 5월까지 사이에 지리산 운봉·바래봉철쭉제를 비롯하여 전국 명산에서 여러 철쭉제들이 열린다.

차나무는 상록수지만 다른 나무들과 마찬가지로 청명 어간부터 새잎이 나는데 곡우 전이나 어간에 채취한 두 잎의 어린 새순으로 만든 차를 우전차(雨前茶) 또는 그냥 우전이라고 부르는데 우전은 녹차 가운데 최상품으로 친다. "얼룩진 겨울을 씻어내고 / 연푸름의 4월을 맞이합니다. / 녹색 융단 깔아놓은 / 그대의 넓은 가슴사이로 / 우전차의 진향이 아득히 배어나고 / 몸으로, 눈으로, 향으로, / 그대를 사랑합니다."[서혜미, 〈녹차〉 중에서]. 녹차는 홍차, 보이차, 우롱차 등과는 달리 차나무의 잎을 따서 발효되지 않도록 바로 가열하여 효소의 작용을 억제시킨 다음 말려서 만든 차로 섭씨 60도 정도의 물에 우려 마시는데 차 잎 본래의 향이 강하고 마신 후에 혀끝에 감도는 은은한 단맛이 특징이다. 그러나 1년 정도가 지나면 그 향과 단맛이 거의 사라진다. 우전처럼 한두 개

삐죽 나온 연두색의 어린 찻잎으로 만든 차를 우리나라에서는 전통적으로 작설차(雀舌茶)라고 부른다. 이는 그 원료인 차나무 어린잎의 모양과 빛깔이 참새 혀와 같다 하여 붙여진 운치 있는 이름이다. "향긋하고 그윽한 그 내음과 맛 / 해동(解凍)하는 봄비가 대지에 스미듯 / 영혼 깊은 골짝까지 베어드는 차, / 꽃봉오리 어르는 부드러운 손길 / 찻잔에 녹아드는 따뜻한 햇살 / 반짝이는 남쪽 바다를 마신다."[최진영, 〈작설차〉 중에서]. 곡우가 지나면 새순의 찻잎 수가 4-5개로 늘어나면서 억세어진다.

차의 주요성분은 카테킨(catechin), 카페인(caffeine), 테아닌(theanine)을 포함한 아미노산류, 엽록소·안토시안 등의 색소성분, 비타민, 무기질 등이라고 한다. 차는 다른 식물에 비해 카테킨, 카페인, 테아닌을 많이 함유하고 있다. 차의 효능과 맛을 좌우하는 것은 주로 카테킨과 아미노산류인데, 카테킨은 떫고 쓴 맛을 그리고 테아닌 등의 아미노산류는 감칠맛과 단맛을 좌우한다. 폴리페놀의 일종으로 플라보노이드에 속하는 카테킨은 항산화 작용, 발암 억제, 동맥경화와 혈압상승 억제, 혈전 예방, 항바이러스, 항비만, 항당뇨, 항균, 해독작용, 소염작용, 충치예방 등 다양한 효과가 있는 것으로 알려져 있다. 알칼로이드의 일종으로 쓴맛을 내는 카페인은 식물을 먹고 사는 해충을 마비시켜 죽이는 일종의 살충제 역할을 하며, 사람이 적당량을 섭취했을 경우에는 중추신경계와 신진대사를 자극하여 피로를 줄이고 정신을 각성시켜 일시적으로 졸음을 막아주는 효과가 있고, 이뇨작용을 촉진시키는 역할도 한다. 그러나 녹차는 약이 아니고 음료에 불과하다. 녹차의 다양한 성분은 심장, 뼈, 장기, 소화계에 좋은 역할을 하지만 나쁜 식습관이나 운동 부족을 대체해주지는 못한다. 게다가 녹차는 칼슘, 철분, 엽산의 흡수를 감소시킬 수 있고, 카페인에 대한 민감성이 높은 사람에게는 불면과 불안을 야기하고, 속쓰림을 유발하는 등 위장에 많을 부담을 주기도 하기 때문에 누구에게나 다 좋은 것은 아니다. 차를 우릴 때는 70도가 넘지 않는 온도의 물로

잠간 동안 우려내어 마시는 것이 좋다. 그렇지 않으면, 카페인 성분이 너무 많이 우러나오고, 카테킨 등의 성분이 산화되어 쓴맛이 나고 향기도 사라진다.

 과거에는 제주도 남서해역에서 겨울을 난 참조기 떼가 봄에 산란을 위해 서해로 이동하여 곡우 무렵에는 충청남도 태안반도 해역을 거쳐 연평도까지 올라가므로 서해에서 조기가 많이 잡혔다. "서해 작은 포구 덕장 / 두름으로 엮인 조기 떼가 / 일제히 바다를 향해 혀를 빼물고 / 목이 타 죽었다"[강정식, 〈굴비〉 중에서]. 특히 "오사리"라 불리는 곡우 무렵의 사리에 잡은 조기로 만든 굴비를 "곡우사리 굴비", "오사리 굴비", 또는 벚꽃이 피는 음력 3월을 뜻하는 앵월(櫻月)에 잡힌 것이라 하여 "앵월 굴비"라고도 불렀다. 벚꽃 필 무렵에 어김없이 조기가 몰려왔기에 약속을 잘 지키지 않는 사람을 일컬어 "조기만도 못하다"는 속담이 생겼다고 한다. 조기는 산란 때 우는 습성이 있는데 곡우 어간이 산란기라 이때 운다. 그래서 "곡우가 넘어야 조기가 운다"는 속담이 생겼고 이때 잡은 조기는 알이 꽉 차 있기 마련이다. 곡우사리 굴비는 살은 적으나 알배기인데다 연하고 맛이 좋아 굴비 가운데 최상품으로 쳤다고 한다. 과거 조기 떼가 서해로 많이 몰려오던 때는 곡우 무렵에 태안반도 관장곶에서 서쪽으로 약 55km 떨어진 격렬비열도 해역에서도 조기잡이가 성황을 이루어 조기파시도 크게 열렸었다고 한다. 전남 영광의 법성포에서는 단오절(음력 5월5일) 전후로 단오제를 겸한 굴비축제가 열려왔으나 2016년부터는 곡우 어간에 〈곡우사리 굴비축제〉가 별도로 열리고 있다.

여름의 절기들

입하
소만
망종
하지
소서
대서

여름의 절기들

 봄이 따뜻한 계절이라면 여름은 뜨거운 계절이다. 즉 봄에서 여름으로 철이 바뀌는 변화의 가장 큰 특성은 영상(零上)에서의 기온의 상승으로 기온의 성질은 바뀌지 않는다. 그러나 겨울에서 봄으로 바뀔 때는 영하에서 영상으로 기온이 상승하므로 추운 날씨에서 따뜻한 날씨로 기온의 성질이 정반대로 바뀐다. 그래서 겨울에서 봄으로의 이행은 꽃샘추위나 불순한 일기에서 보듯이, 항시 좀 어수선한 편이어서 철이 바뀌는 모습을 쉽게 인지할 수 있다. 그러나 봄에서 여름에로의 이행은 기온이 따뜻한 데서 조금씩 더 따뜻해져서 결국 뜨거워지는 것뿐이므로 그 이행이 비교적 순조롭고 따라서 부지불식간에 일어난다. 게다가 늦봄에 날씨가 안정되어 초여름까지 이어지기에 계절이 바뀌는 징조가 쉽게 포착되지 않는다. 이런 까닭에 대체로 여름은 언제 왔는지도 모르게 와버리는 경우가 많다. 더구나 지구 온난화 탓에 봄이 짧아지고 있어서인지 봄이 왔나 싶기 무섭게 여름이 되어버리곤 하여 흔히 여름으로 철이 바뀌는 것을 감지할 틈도 없이 여름이 와버린다.
 봄이 더 깊어질수록 태양이 더 높이 뜨고 낮이 더 길어져 일조량이 더욱 늘어나며 햇살이 연중 가장 따갑게 되고, 고온다습한 북태평양 고기압이 더 강하게 한반도로 세력을 확장하기 때문에 날씨가 아주 무덥게 된다. 이미 계절이 여름으로 넘어간 것이다. 그리고 이런 무더위를 이용하여 풀잎과 나뭇잎이 무성하게 우거져서 땅을 뒤덮어 간다. 여름은 식물들에게 성장과 번성의 계절이다. 식물들은 여름의 긴 낮 동안의 뜨거운 햇볕과 충분한 수분을 활용하여 활발한 광합성으로 무럭무럭 자라서 잎들을 무성하게 만들고 열매를 맺고 키울 수 있기 때문이다. 그리하여 5월의 연초록은 6월이 되면 진초록이 되어 지상은 온통 짙은 녹색의 세상이 된다. 여름은 또 동물들에게도 더할 나위 없는 성장과 번성의 계절이다. 여름에는 각종 벌레들도 무럭무럭 자랄 뿐만 아니라 각종 짐승들도 대체로 가장 번성하는 계절이다. 여름은 먹이가 그 어느 때보다 풍부하기에 미물에서부터 고등동물까지 모든 동물들이 연중 가장 활발한 먹이 활동을 벌일 수 있어 왕성하게 성장하기에 좋은 때인 것이다.

그래서 여름철의 상징으로 해를 들 수도 있고, 열매를 들 수도 있다. 그런데 묘하게도 여름이라는 우리말의 어원은 이 두 가지 의미로 해석될 수 있다. 말하자면, 여름의 어원에 대한 설명은 크게 두 가지 설로 나뉜다. 첫째는 '여름'이 해를 뜻하는 '날'이라는 말에서 왔다는 설이다. 여름의 과거 표기는 '녀름'이었는데 그 원형은 '너름'이고 '너름'의 어근은 '널'인데 이는 '날'과 어원이 같다고 한다. 여기서 '날'은 해를 말하므로 이 경우 '여름'은 태양의 계절임을 뜻한다고 하겠다. 둘째는 '여름'은 '열다'라는 동사에서 왔다는 설이다. '여름'은 열매를 맺는다는 뜻을 가진 자동사 '열다'의 동명사형 '열음'이 '여름'으로 변했다는 것이다. 이 경우 '여름'은 본래 열매라는 뜻이며 계절로서 '여름'은 열매가 열리는 때를 뜻한다고 하겠다. 이를 종합하면, 여름은 한편으로는 태양의 열기가 강렬한 계절이고, 그 열기를 이용하여 오곡백과를 비롯한 식물들이 광합성을 왕성히 함으로써 성장하고 곡식이나 과일로 인간에게 먹을 것이 되어주는 열매를 맺는 계절이기도 한 것이다.

한자의 여름을 뜻하는 하(夏)는 본래 탈을 쓰고 춤추는 모양을 형상화한 것으로 여름에 지내는 제사 때 춤추는 데서 비롯되었다고 한다. 夏의 유의자(類義字)로 화(華)가 있는데 이는 빛 또는 빛나다는 뜻을 가지고 있다. 따라서 夏는 빛의 계절을 뜻한다고 할 수 있다. 여름을 뜻하는 영어의 summer는 계절을 뜻하는 산스크리트어 sama에서 나온 말이라고 한다. 그런데 summer라는 말은 "봄에 씨를 뿌려 그 해에 수확하는" 즉 "여름작물의"라는 뜻을 가진 형용사로도 쓰이는데 그 해 수확을 하는 여름작물은 여름에 성장하고 열매를 맺어야 한다는 점에서 summer는 성장과 열매의 계절로서의 여름의 의미를 내포하고 있다고 할 수 있다. 우리말이나 외국어나 대체로 여름에 해당하는 말은 어원적으로 빛, 열매, 성장과 관련이 있는 것이다.

24절기 가운데 여름이 시작되는 절기는 입하다. 황도 상에서 입하는 한봄인 춘분과 한여름인 하지의 한 가운데로 황경 45도의 지점이다. 이처럼 입하는 한봄과 한여름의 중간 지점이기에 천문학적으로만 본다면 이 지점에서 봄과 여름이 갈린다고 할 수 있다. 천문학적으로 입하는 봄이 끝나고 여름이 시작되는 시점인 것이다. 입하부터 소만(황경 60도), 망종(75도), 하지(90도), 소서(105도), 대서(120도)까지 6개의 절기가 각각 15도 간격으로 나뉘지만 구간마다 태양의 운행 속도가 다르기 때문에 운행에 걸리는 시일은 절기마다 조금씩 다르다. 그런데 이들 여름의 절기들은 태양의 운행 속도가 가장 느린 원일점(7월 4일)을 한가운데에 끼고 있기에 이들 여름 절기들의 길이가 다른 계절의 절기들의 길이에 비해 전체적으로 가장 길다. 말하자면, 여름이 다른 계절보다 날수에서 가장 많고, 따라서 가장 긴 철이라는 뜻이다.

이들 여름의 절기들을 간단히 설명해보자. 입하(立夏)는 여름이 일어선다는 뜻으로 여름의 문턱에 들어선다는 절기이고, 소만(小滿)은 작게 찬다는 뜻으로 만물이 점차 생장하여 대지에 가득 차고 이와 함께 보리나 밀과 같은 곡식의 알이 찬다는 절기이고, 망종(芒種)은 까끄라기 종자라는 뜻으로 까끄라기 곡식인 보리와 밀은 익고 벼는 심는다는 절기이고, 하지(夏至)는 한여름에 이르렀다는 뜻으로 낮이 가장 길고 밤이 가장 짧은 날로 시작되는 절기이고, 소서(小暑)는 작은 더위라는 뜻이나 이때부터 본격적인 무더위가 시작된다는 절기이고, 대서(大暑)는 큰 더위라는 뜻으로 연중 무더위가 최고조에 달한다는 절기다. 태양의 계절로서 여름은 기후학적 현상을 나타낸 소서와 대서에서 그리고 초목이 자라고 열매가 열리는 성장의 계절로서 여름은 자연의 현상을 나타낸 소만과 망종이라는 절기에서 잘 드러나고 있다.

음력으로 입하와 소만은 초여름 또는 맹하(孟夏)라고도 부르는 사월에, 망종과 하지는 한여름 또는 중하(仲夏)라고도 부르는 오월에, 소서와 대서는 늦여름 또는 계하(季夏)라고도 부르는 유월에 있다. 《농가월령가》의 4·5·6월령의 첫 부분을 소개하면 다음과 같다. "사월이라 맹하(孟夏)되니 입하 소만 절기로다 / 비온 끝에 볕이 나니 일기도 청화(晴和: 개고 온화함)하다 / 떡갈잎 퍼질 때에 뻐국새 자주 울고 / 보리 이삭 패어나니 꾀꼬리 소리 난다 /…/ 오월이라 중하(仲夏)되니 망종 하지 절기로다 / 남풍은 때맞추어 맥추(麥秋: 보리 추수)를 재촉하니 / 보리밭 누른빛이 밤사이 나겠구나 /…/ 유월이라 계하(季夏)되니 소서 대서 절기로다 / 대우(大雨)도 시행(時行: 때때로 옴)하고 더위도 극심하다 / 초목이 무성하니 파리 모기 모여들고 / 평지에 물이 괴니 악마구리 소리 난다."

立夏 입하, 여름의 길목

봄바람 잦아들고 날씨가 안정되니
시절은 입하절기 여름이 가깝구나
입춘이 어제 같건만 어느 결에 봄 가네

대지는 여린 풀로 나무는 새잎들로
신록의 새 세상이 경이롭게 펼쳐지니
개화에 연이은 기적, 봄이 베푼 조화여

새 곡식 나지 않고 묵은 곡식 떨어질 제
어려운 보릿고개 무사히 넘기라고
때마침 온갖 나물들 산과 들에 넘치네

여름의 절기는 여름의 문턱에 들어섰음을 뜻하는 **입하**(立夏, start of summer: 5월 5·6일)로 시작된다. 흔히 봄에서 여름에로의 이행은 따뜻한 봄에서 온도가 좀 더 오르는 것이기에 부지불식간에 일어난다. "소리 소문 없이 / 홀로 푸르러 와서는 / 구석구석마다 / 우우 달떠 일어나게 한다"[김영천, 〈입하〉 중에서]. 이때 황도 상에서 태양의 위치는 춘분과 하지의 한가운데 지점이다. 절기력에서는 입하일부터 입추 전날까지가 여름이다. 이에 반해 천문학상으로는 하지부터 추분 전날까지가 여름이고,

일반 달력상으로는 6월부터 8월까지가 여름이다. 입하는 일반 달력상으로는 늦봄이지만 절기상으로는 여름의 시작인 것이다. 그러나 "입하가 지나면 여름"이라는 말이 있듯이, 실은 입하 절기가 지나야 본격적인 여름 날씨가 시작된다고 할 수 있다.

입하에 이르면, 일교차가 크고 변화가 많은 그간의 봄의 특징적인 변덕스런 날씨가 어느 정도 안정된다. 봄은 크게 보아 겨울의 추운 날씨가 여름의 더운 날씨로 전환하는 이행기라 할 수 있다. 그래서 차가움과 따뜻함이 공존하면서 날씨가 안정되지 못한다. 특히 봄에는 퇴조하는 시베리아의 냉기류가 밀려오는 북태평양의 온기류와 충돌하고 뒤섞이면서 바람이 잦은 어수선한 날씨를 만들어낸다. 그러나 입하 어간에 이르면 차츰 북태평양의 온기류가 지배하게 되면서 날씨가 비로소 안정을 찾게 된다. 그래서 이때 지상은 아주 화창한 날씨에 연중 가장 신선한 대기로 꾸며지게 된다. "오월엔 / 아무데고 귀 기울이면 / 둥둥 북소리 / 천지를 울려 / 빛과 바람과 온갖 / 풋 향기 향연."[성낙희, 〈오월〉 중에서].

날씨가 안정됨에 따라 온도가 오르는 등 생명활동에 좋은 조건이 형성되어 이 무렵부터 동식물들이 부쩍부쩍 성장하게 된다. 그런데 이때는 농작물도 잘 자라지만 해충도 번성하고 잡초도 잘 자라서 농가는 병충해 방제는 물론 각종 잡초 제거에 힘을 쏟아야 한다. 오늘날 입하 무렵 묘판에는 볍씨의 싹이 터서 모가 한창 자라고, 밭에서는 보리 이삭들이 패기 시작한다. 과거 재래종 벼로 이모작을 하던 때에는 주로 입하 어간에 못자리를 했는데 바람이 불면 씨나락이 몰리게 되므로 못자리 물을 빼서 그에 대처해야 한다는 뜻으로 "입하 바람에 씨나락 몰린다"는 속담이 생겼다.

이제는 옛이야기가 되었지만, 과거 어려웠던 시절에 이 무렵은 먹을 것이 없어 허기진 배를 채우기 위해 맹물을 들이켜야 하는 이른바 '보릿고개' 또는 춘궁기(春窮期)라는, 배가 고파서 눈물이 겨운, 시기였다.

이 무렵은 묵은 곡식은 다 떨어지고 보리나 밀과 같은 햇곡식은 패기는 했지만 아직 여물지는 않아 먹을 곡식이 없는 가난한 서민들은 초근목피(草根木皮)로 힘겹게 연명해야 했던 시기였다. 그래서 오죽했으면 "사월(양력 5월) 없는 곳에 가서 살면 좋겠다"는 속담이 생겼겠는가. "봄이면 엄마 얼굴 / 노랗게 피는 외꽃. / 보리골 푸른 바람 / 마음지레 설레는데 / 애들은 홍두깨마냥 / 배를 깔고 누웠다."[김시종, 〈보릿고개〉)]. 과거에 입하 무렵은 자연의 생명들에게는 왕성하게 성장하기 시작하는 계절이지만 인간들에게는 굶주린 배를 움켜쥐어야 했던 어려운 시기였던 것이다.

다행히도 이 무렵 산야에는 온갖 나물들이 지천으로 돋아나 있다. 향긋하면서도 쌉쌀한 봄나물은 생으로는 쌈이나 생채로, 삶아서는 무침이나 국으로 먹을 수도 있고, 쌀가루나 밀가루와 같은 곡식 가루에 섞어서 떡이나 버무리나 전 등을 만들어 먹을 수도 있다. 이러한 나물은 과거 춘궁기에는 허기진 배를 조금이나마 채울 수 있는 귀중한 먹을거리였다. "풋보리 국으로 연명하고 / 땔나무 하던 지아비 / 뙤약볕에 밭 매고 / 밭두렁에 쑥 뜯던 지어미"[안효순, 〈보릿고개〉 중에서]. 오늘날에도 나물들은 각종 비타민과 단백질과 무기질을 함유해 겨우내 위축된 몸에 활력을 불어넣어 춘곤증을 달래고 미각을 돋우어 주는 훌륭한 건강식품이다. 봄에 돋아나는 새순들은 거의 식용이 가능하다. 그러나 독성이 좀 있거나 지나치게 쓴 것은 우리거나 삶아서 독성을 제거하고 먹는 것이 좋다. 소설가 박완서의 자전적 성장 소설《그 많던 싱아는 누가 다 먹었을까》로 유명해진 마디풀과의 여러해살이풀인 싱아도 잎을 데쳐서 우려낸 다음 나물로 먹는다. 그러나 어린 줄기와 가지는 신맛이 나서 옛날에는 아이들이 날로 먹기도 했다.

이 무렵부터 여름철새인 뻐꾸기와 꾀꼬리가 출몰한다. 그래서《농가월령가》4월령은 "떡갈잎 퍼질 때에 뻐꾹새 자로 울고 / 보리 이삭 패어

나니 꾀꼬리 소리 난다"고 말하고 있다. 그리고 낮은 곳에서부터 초목들 특히 나무들은 연초록의 신록으로 단장하여 나무가 있는 곳은 어디서나 연중 가장 신선한 시기가 된다. "끝내 간간히 흔들리며 / 산당화 붉은 속잎 떨구고 / 그 작은 어깨 너머로 / 산으로 올라가는 / 초록의 시간들이 보였다."[송영희, 〈입하〉 중에서]. 이러한 입하 절기야말로 안정되고 포근한 날씨에 푸르러지는 하늘과 초목의 싱싱한 새싹으로 푸름이 충만하게 된다. 이 시기는 〈어린이날 노래〉(윤석중 시 윤극영 곡)의 "날아라 새들아 푸른 하늘을 / 달려라 냇물아 푸른 벌판을 / 오월은 푸르구나 우리들은 자란다"는 가사에 가장 잘 맞는 철이다. 이런 점에서 1961년 제정되어 공포된 아동복지법이 '어린이날'을 5월 5일 즉 입하일로 정한 것은 우연의 일치만은 아닐 것이다. 이때가 연중 날씨는 가장 온화하고 초목은 가장 싱그러운 시기라고 할 수 있다. 이런 날씨가 대체로 5월 내내 계속된다. 그래서 5월은 단연코 '계절의 여왕'이라 할 수 있을 것이다.

무성화(無性花) 또는 장식꽃이 여럿이 둥근 공처럼 뭉쳐 피고 그 모양이 부처의 머리처럼 곱슬곱슬하고 부처가 태어난 음력 4월 초파일을 전후해 꽃이 만발하므로 절에서 정원수로 많이 기르는 불두화(佛頭花: 백당나무의 일종)도 이 시기에 꽃이 핀다. 콩과의 밀원식물(蜜源植物)인 등나무도 입하 어간에 연한 자줏빛의 꽃을 피운다. 가장 대표적인 밀원식물로서 짙은 향기와 많은 양의 꿀로 유명한 아까시나무의 개화도 입하 무렵 먼저 남쪽에서 시작되어 차츰 북상하는데 총상꽃차례로 핀 하얀 꽃의 수가 잎의 수보다도 더 많다. 꽃이 많기로는 이팝나무도 아까시나무 못지않다. 입하 어간에 그 꽃이 핀다고 해서 본래 입하목(立夏木)이라고 부르던 것이 변하여 이팝나무가 되었다. 꽃이 피면 흰색의 꽃잎이 네 개로 길게 갈라져 흰 쌀밥 같이 보이는 꽃이 나무를 뒤덮어 위에서 보면 잎은 보이지 않고 하얀 꽃만 보인다. 그래서 '이팝'나무 또는 '쌀밥'나무로 불리게 되었다는 설도 있다. 또 귀룽나무, 층층나무, 산사나무 등의 하얀 꽃과 장미과의 황매화, 덩굴장미, 찔레꽃, 해당화, 모과나무 등의 꽃도 입하 절기 중에 핀다.

이 무렵에 피는 풀꽃들도 적지 않다. 산기슭이나 풀밭에서 자라는 벼과의 여러해살이풀인 띠도 이 무렵부터 6월까지 가느다란 기둥 모양의 원추꽃차례로 꽃을 피우는데 '삘기'라고 불리는 어린 꽃 이삭은 단맛이 있어 아이들이 먹기도 한다. 과거 보릿고개가 있던 시절에는 삘기가 아이들의 주린 배를 달래주기도 했다. "봄볕 나른한 뒷산에 올라가 / 한 움큼 춘궁기를 뽑았다 배 너무 고파 / 노리땡땡한 햇살 아래 쪼그리고 앉아 / 시린 이빨, 깡다구니로 씹고 씹어 삼킨 / 삘기는 어린 우리들의 눈물이었다 / 그래, 삘기는 억센 우리들의 생존이었다"[김태수, 〈삘기에 대한 명상〉 중에서]. 줄기로 방석이나 돗자리를 만들기도 하는 골풀도 이 무렵부터 7월까지 꽃이 피는데 줄기 끝에서 나온 총상꽃차례에 작은 녹갈색 꽃이삭이 모여 달린다. 붓꽃, 금낭화, 꿀풀 등의 붉은 꽃들, 애기똥풀, 돌나물, 씀바귀, 고들빼기 등의 노란 꽃들, 초롱꽃, 돌단풍, 은방울꽃 등의 흰 꽃들, 천남성, 둥굴레 등의 녹색 꽃들도 이 무렵부터 6월이나 7월까지 핀다.

늦봄에서 초여름에 걸쳐, 특히 입하 어간에, 차고 습한 한대 해양성 기단인 오호츠크해 고기압이 동해까지 확장되어 머물다가 태백산맥을 넘어 서쪽으로 불어내리면서 이른바 푄(Föhn) 현상을 일으켜 고온의 건조한 바람으로 바뀌는데 이것이 높새바람이라 불리는 건조한 북동풍이다. 이 높새바람은 주로 영서지방의, 경우에 따라서는 황해도, 경기도, 충청도 지역의, 농작물의 잎을 바짝 마르게 하는 해를 입히기도 한다. 그리고 이 무렵 산간지방에서는 더러 우박이 내려 담배, 깻잎, 고추 등 어린 모종이 해를 입기도 한다. 입하 어간에 채취한 차나무의 고운 잎순과 펴진 잎을 따서 만든 차를 세작(細雀) 또는 입하차라 부르는데 우전차에 버금가는 것으로 친다. 한국의 다성(茶聖)으로 불리는 초의선사(艸衣禪師)는 우전보다는 입하차를 더 높이 평가하였다고 한다. 입하차는 섭씨 70도 정도의 물에 우려 마신다. 한국 최대 녹차 생산지인 보성의 다향제는 대체로 입하 직전이나 어간에, 그리고 한반도에서 최초로 차나무를 재배한 하동의 야생차문화축제는 입하 어간에 열린다.

   과거에는 입하를 전후로 회귀성 어족인 황복(黃鰒, river puffer)이 서해안의 모든 강들로 회귀했다. 황복은 참복과에 속하는 복어의 일종으로 난소, 간, 장, 피부 등에 맹독이 있다. 이 생선은 등 쪽은 흑갈색이고 배 쪽은 백색이며 그 사이에 황색 세로줄이 있어 '황복'으로 불린다. 황복을 한자어로는 하돈(河豚) 또는 강돈(江豚)이라 하는데, 중국의 미식가들 사이에서는 서시의 유방 같다 하여 서시유(西施乳)라는 다소 왜설적인 이름으로 불리기도 한다. 황복은 황해 연안에 서식하다가 살구꽃이 피고 갈대에 새움이 날 무렵인 4월 말경부터 6월 말경까지 한국과 중국의 황해 연안의 강으로 알을 낳기 위해 올라온다. "갈대 움 트는 것 보러 / 앞 강변에 나간 마을 사람들 / 혈기 방장한 나이로 복쟁이떼 건져다 / 날 회(膾) 먹고 / 떼 초상 난 적 있었지 / 지금쯤 금강 하류 / 서시 유방처럼 매끈한 배때아리 뒤집으며 / 황복떼 오를까"[송수권, 〈황복〉 중에서]. 황복이 이 무렵에 강으로 올라오는 모습은 중국 북송 때의 문인이었던 소동파의 시에도 묘사되어 있다. "물쑥은 땅에 가득하고 갈대 싹 막 돋으니 / 지금이 바로 황복 떼가 올라오는 때라네(蔞蒿滿地蘆芽短 正是河豚欲上時)"[소동파(蘇東坡), 〈혜숭의 '봄 강의 새벽 풍경(惠崇春江曉景)'〉 중에서]. 하지만 안타깝게도 오늘날은 하구 댐과 강의 오염으로 임진강과 한강을 빼고는 한국, 북한, 중국의 대부분의 황해 연안의 강들로는 황복이 올라올 수가 없게 되었다고 한다. 그래서 자연산 황복은 아주 비싼 황금 생선 즉 금복(金鰒)이 되었다. 황복은 회, 찜, 탕 등으로 먹는데 국내에서 소비되는 것의 대부분은 양식을 하거나 중국에서 수입한 것이라고 한다. 다행히 2000년대부터 서울시와 경기도 강화군, 김포시, 파주시 등이 양식장에서 인공으로 부화시켜 3-4개월 성장시킨 황복의 치어들을 한강과 임진강에 대량으로 방류한 덕에 임진강과 한강으로는 알을 낳기 위해 올라오는 성체들이 늘고 있다고 한다.

小滿   소만, 풀이 대지를 채움

풀들은 땅 메우고 잎들은 가지 메워
온 누리 빈틈없이 연초록 지배하니
시절은 소만 절기라 초여름이 왔구나

보리는 익어가며 누렇게 되어가고
모들은 자라나서 모내기 기다리니
농부들 마음채비에 조바심이 앞서네

초목이 우거져서 산야는 녹색 파도
흰 구름 흘러가니 하늘은 청색 물결
그 사이 날아오르며 지저귀는 종달새

입하 다음에는 만물이 자라서 가득 찬다는 **소만**(小滿, small full: 5월 21·22일)이 온다. '소만'이라는 이름은 각종 식물들이 자라서 대지를 메우고, 보리나 밀과 같은 여름 곡식이 여물어가기 때문에 붙여진 이름이다. "한바탕 들썽했던 초목들이 / 때맞춘 못비에 갈증 달래고 / 본격적으로 건너야 할 성하의 강을 위하여 / 싱그럽게 매무새 추스르는 소만"[권오범, 〈5월의 백수건달〉 중에서]. 그래서 소만을 영어로는 원어의 뜻 그대로 small full이라고도 하지만, 곡식이 찬다는 뜻으로 grain full 또는 곡식의 이삭이 나온다는 뜻으로 grain buds라고도 한다. 달력상으로는 6월부터 여름이지만 실은 이때부터 푸른 하늘을 배경으로 뭉게구름들이 나타나고 때로 상당히 무더워 져 아이스크림이 많이 팔리기 시작하는 등으로 여름 기운이 느껴지기 시작한다. 기온도 꽤 상승해서 반팔 셔츠를 입는 사람들이 많아지는 등 이 무렵부터 사람들의 옷도 여름 철 의상으로 바뀌기 시작한다. 그러나 "소만 바람에 설늙은이 얼어 죽는다"거나 "소만 추위에 소 대가리 터진다"는 속담이 있을 정도로, 이 시기에 의외로 쌀쌀한 봄바람이 불기 때문에 건강에 유의해야 한다. 이 쌀쌀한 소만 바람은 소만의 교절기적 속성을 보여주는 것이라고 해야 할 것이다.

  소만이 되면, 철이 여름으로 이행하고 있다는 증후들이 많이 나타난다. 겨울에서 봄으로 또는 여름에서 가을로 계절이 바뀔 때는 날씨가 정반대로 바뀌기 때문에 계절의 변화를 먼저 촉각으로 느끼고 이어서 시각이나 청각으로 느끼게 된다. 그러나 봄에서 여름으로 또는 가을에서 겨울로 계절이 바뀔 때는 날씨가 그 정도만 조금 더 심해지는 것이어서 촉각으로 그 변화를 감지하기는 어렵고 대신 시각이나 청각으로 먼저 감지하게 된다. 그래서 봄에서 여름에로의 계절 변화도 먼저 시각이나 청각으로 감지하게 된다. 예컨대, 산에서는 부엉이가 울고, 산딸나무의 꽃을 비롯하여 하얀 나무꽃들이 피어난다. 무엇보다 보리의 이삭이 자라면서 가을의 벼처럼 누런빛을 띠어간다. "청보리가 낮달을 품어 배를 불리고 / 청명한 바람이 강산에 고루 퍼지면 / 꽃 진액 달고 끈끈하게 피는 늦깎이 철쭉"[박종영, 〈푸른 오월에〉 중에서]. 소만 끝 무렵에 보리가 익어서 누렇게 되기에 이 시기를 '맥추(麥秋)'라고 부르기도 하는데 이는 보리의 가을 즉 보리의 추수철이라는 뜻이지만 아직은 보리를 추수하기에는 좀 이른 때고 다음 절기인 망종 때가 보리 수확의 최적기라 할 수 있다.

  옛날의 이 무렵은 '보릿고개'의 마지막 고비이고 보리나 밀이 어느 정도 여물어서 굶주림을 달래기 위해 상당히 여물었지만 아직 다 익지는 않은 보리나 밀을 구워먹기도 했다고 한다. 이런 눈물겨운 일이 관행화하여, 다음 망종 절기 편에서 소개하는 '보리 그스름'이라는 풍속으로 자리를 잡기도 했다. 그런데 덜 여문 보리를 그슬리면 그 맛이 부드럽고 고소하기가 그만이다. 그 맛이 좋아서 필자의 어린 시절에는 장난삼아 다 익지 않은 보리나 밀의 이삭을 불에 그슬린 다음 손으로 비벼 빈 껍질들은 불어내고 남은 연한 보리알이나 밀알을 먹는 소위 보리 서리나 밀 서리를 했었다. "보리가 익어 겉모습이 까칠까칠 하게 될 무렵 / 우리는 보리의 익는 냄새를 기가 막히게 알아냅니다 / 오늘은 시오리 학교에 갔다 오는 날 / 우리는 후닥닥 보리를 몰래 꺾어서 / 자갈이 많은 들녘으로 달려 내려갑니다 / 그곳에는 여기저기 불을 땔 수 있는 / 나무들이 널려있어서 / 우리는 나무를 주어다가 / 보리를 새까맣게 익힙니다."[정세일, 〈보리 서리를 하던 날〉 중에서].

　소만 무렵에 다년초인 씀바귀가 많이 자라는데 그 뿌리, 줄기, 잎을 모두 식용할 수 있다. 그리고 지천으로 널린 냉이는 나물이나 국으로 늦봄이나 초여름의 시식으로 많이 애용된다. 사실 이 무렵 산야는 냉이나 씀바귀뿐만 아니라 그 밖의 각종 나물들로 넘쳐난다. 또 이 무렵에 남쪽 지방에서부터 감자꽃이 피기 시작하는데, 흰 꽃이 피는 것은 흰 감자, 자주 꽃이 피는 것은 자주 감자가 열린다. "자주꽃 핀 건 자주 감자 파 보나 마나 자주 감자 / 하얀 꽃 핀 건 하얀 감자 파 보나 마나 하얀 감자"[권태응, 〈감자꽃〉]. 자주 감자는 병충해에 강해 과거에는 많이 심었으나 독성이 강해서 먹기에는 좋지 않아 한 때는 잘 심지 않고 대신 병충해에 강한 하얀 감자 개량종이 나와서 하얀 감자를 주로 심었다. 그러나 오늘날에는 색소에 항암물질이 있다고 하여 자주감자를 개량하여 다양한 색소를 가진 감자들이 만들어졌다. 그래서 요즈음은 자주 감자를 비롯하여 다양한 색깔의 감자들이 적지 않게 재배되어 판매되고 있다.

소만 어간에 산과 들은 싱그러운 신록으로 가득 차서 파란 하늘과 함께 눈이 부실 정도로 산뜻한 풍광을 연출한다. 수목이 많아 싱그러운 녹색의 향연이 펼쳐지는 산은 특히 더 산뜻하게 보인다. "계절은 푸른 잎으로 착한 시간의 그늘을 드리우고 / 무성한 나무 한 아름 안고 크게 흔들리는 산"[박종영, 〈오월의 노래〉 중에서]. 이 무렵부터 장마가 시작되기 전인 대략 하지 초후까지 이러한 풍광과 날씨가 지속된다고 할 수 있다. "상긋 풀 내음새 / 이슬에 젖은 초원. // 종달새 노래 위로 / 흰 구름 지나가고, // 그 위에 푸른 하늘이 / 높이 높이 열렸다."[이호우, 〈초원〉]. 이 시는 아마 이 무렵에 가장 잘 어울리는 자연의 묘사일 것이다. 이처럼 이 무렵은 안정된 날씨 속에서 지상은 녹색으로 그리고 하늘은 청색으로 동시에 푸르러지는 싱그러운 때인 것이다. 입하부터 이어져온 소만 무렵의 이런 온화한 기후와 산뜻한 경물이 오월을 '계절의 여왕'으로 부르는 이유일 것이다. "계절의 여왕이여 / 드디어 오시었나요 /.../ 웃음 한 번 맘 놓고 크게 웃을 수 있게 / 그대, / 푸르게 푸르게 머물러 주오."[조철형, 〈오월애〉 중에서].

그런데 이런 참신한 신록의 계절에도 유독 죽추(竹秋) 또는 죽맥(竹麥)이라 하여 대나무만큼은 푸른빛을 잃고 누렇게 변하는 것을 볼 수 있다. 이는 어미 대가 새로 나온 대나무의 어린 싹 즉 죽순(竹筍)에게 자신의 영양분을 공급해주기 때문이다. 자식을 위한 어미의 숭고한 희생의 좋은 모범이라 할 수 있을 것이다. "죽순에 양분 주어 어미 대 누레지니 / 푸름을 잃었다고 뉘라서 흉을 볼까 / 숭고한 어미 마음에 절로 숙는 고개여"[이효성, 〈소만〉 중에서]. 죽순은 훌륭한 식재료로 쓰이며 주로 맹죽(孟竹)과 왕대의 연한 죽순을 캐서 삶아서 초장에 찍어먹거나 무쳐먹거나 불고기나 잡채나 그 밖의 요리에 넣어 먹으면 향도 좋고 맛도 좋다. 죽순은 소화, 숙취 해소, 불면증 등에 효과가 있는 건강식품이기도 하다. 죽순은 청명 어간 즉 4월 중순부터 망종 어간 즉 6월 하순까지나기에 이 기간 동안 그 채취가 가능하다. 죽순은 땅을 파헤쳐 잘라내되 땅 속 줄기가 상하지 않도록 조심해야 한다. 한반도에서는 전남 담양과 경남 거제도가 유명한 죽순의 생산지다. 매년 5월 중에 담양의 죽녹원에서 '담양 대나무 축제'가 열린다.

사실 대나무는 이 무렵을 빼고는 사시사철 늘 푸른 나무다. 충청남도 이남에서, 특히 전라도와 제주도에서 많이 자라는 대나무는 겨울에도 추위에 아랑곳하지 않고 푸름을 유지한다. 그래서 옛 선비들은 소나무, 매실나무와 함께 대나무를 송죽매(松竹梅)라 하여 세한삼우(歲寒三友: 혹한을 견디는 세 친구)라고 불렀다. 이 가운데 대나무는 특히 더 선비들의 사랑을 받았는데 눈이 와도 굽히지 않는 모습은 불요불굴(不撓不屈: 휘거나 부러지지 않음)의 정신을, 언제나 곧게 우뚝 서 있는 모습은 독립불기(獨立不羈: 홀로 서서 구속되지 않음)의 자세를, 속이 비어 있는 특성은 허심탄회(虛心坦懷: 마음에 아무 거리낌이 없고 솔직함)의 성격을, 그리고 마디는 절도(節度: 일이나 행동 따위를 정도에 알맞게 하는 규칙적인 한도)를 상징한다고 보아서였다. 이런 까닭으로 불의나 부정과 타협하지 않고 성품이나 절개가 굳은 사람을 "대쪽 같은 사람"이라고 말한다. 조선조 시조 시인 윤선도는 대나무를 이렇게 노래했다. "나무도 아닌 것이 풀도 아닌 것이 / 곧기는 뉘 시키며 속은 어이 비었는가 / 저렇게 사시에 푸르니 그를 좋아 하노라"[〈오우가〉 중에서].

쥐똥나무, 팥배나무, 때죽나무, 쪽동백나무, 마가목, 산딸기, 산딸나무, 함박꽃나무 등의 유독 하얀 나무 꽃들이 이 무렵에 주로 핀다. 비교적 빨리 자랄 뿐만 아니라 나뭇결이 아름답고 단단해서 딸 시집갈 때 장롱 등의 혼수 가구를 만들어 주기 위해 부모들이 딸이 태어날 때 울 안에 딸의 '내 나무'로 심는다는, 그래서 출가목(出嫁木)으로도 불리는, 잎이 큰 오동나무의 향기 짙은 연보라색 꽃도 이 무렵부터 핀다. "그날 아침 우리 어매는 딸 낳았다고 짐승처럼 서럽게 서럽게 울었어 그런 어매를 달래며 아버지가 앞마당에 심고 매일 북돋았던 어린 오동나무 한 그루 어느 듯 자라 푸른 하늘 뒤덮었네 /.../ 그 해 달걀 모양의 삭과가 하나둘 익어 갈 무렵, 아버지는 오동나무를 바라보시며 신화를 쓰셨네. '저 녀석 연세가 이십년은 넘었으니, 누나 시집갈 장롱하고 거문고는 나올 걸,...'"[김학산, 〈오동나무 가족사〉 중에서]. 철쭉은 4월 중순 무렵부터 5월까지 피는데 산에서는 개화기가 좀 늦기 때문에 3대 철쭉제로 일컬어지는 전북 남원의 지리산 바래봉 철쭉제, 충북 단양의 소백산 철쭉제, 그리고 경남 합천의 황매산 철쭉제를 비롯하여 전국의 철쭉제들은 대개 소만 어간에 열린다. 이 무렵부터 들에서는 뿌리혹박테리아에 의해 땅에 질소를 공급하여 땅을 비옥하게 만드는 콩과 식물인 토끼풀의 꽃(아일랜드의 국화)이 무더기로 피기 시작하여 여름 내내 피는데 꿀이 많아 꿀벌들에게 아주 좋은 꿀의 공급원이 된다.

　이 무렵 심한 가뭄이 들기도 하는데 이때를 대비해 농촌에서는 미리부터 논에 충분한 물을 가두어 모내기를 준비한다. 이런 무논에 개구리들이 모여들어 짝을 찾느라 시끄럽게 울어대기 시작하는데 밤에는 더욱더 요란하다. "간밤에 내린 빗물로 가득 고인 논 속에서 / 싸리꽃보다 더 하얗게 토해낸 / 개구리 입덧의 헛구역질로 / 덩달아 또 한 번 / 막물로 퍼지는 밤을 지새운다."[정재영, 〈개구리〉 중에서]. 옛날과는 달리 보온용 비닐로 못자리를 만들어 볍씨의 싹을 틔우고 어린모를 키우면서부터 모내기가 빨라져 보리를 심지 않은 논에는 소만 무렵부터 북쪽에서 먼저 모내기가 시작되어 차차 남쪽으로 내려간다. 소만 말기에는 가을보리가 익어 이를 베어야 하고, 밭에는 올콩, 면화, 참깨, 아주까리 등을 파종해야 한다. 또 이때 잡초들이 웃자라기 때문에 이를 제거하는 일도 미룰 수 없다. 이처럼 농촌은 모내기, 보리 베기, 밭농사를 위한 파종과 김매기 등으로 무척 바빠지는 본격적인 농번기가 소만 어간부터 시작된다고 할 수 있다. 그리고 이와 더불어 이제 시절은 여름을 향해 달려간다.

芒種　망종, 까끄라기 곡식이 익음

보릿대 베어내고 밭 갈아 콩 심으랴
논바닥 써레질해 때 맞춰 모 심으랴
불 때던 부지깽이도 거든다는 망종절

산에는 딱따구리 집 지려 딱따딱따
무논엔 개구리들 짝 찾아 개굴개굴
처마엔 제비새끼들 먹이 달라 째액째액

나무는 잎에 덮여 그늘을 지어내고
풀들은 땅을 덮어 향기를 뿜어내니
시절은 녹음방초로 새 세상을 열었네

소만이 지나면, 우리 속담의 지적처럼, 보리는 익어서 먹게 되고, 볏모는 자라서 심게 된다는 **망종**(芒種, grain in ear: 6월 5·6일)이 온다. "누런 보리 베어내어 / 타작을 하고 / 군데군데 까락 태워 / 연기 올린다. // 모판 옮겨 허리 피는 / 젊은 농군은 / 1년 농사 어려운 / 고비 넘긴다."[이성희, 〈망종〉 중에서]. 망종(芒種)의 한자어 그대로의 의미는 '까끄라기 종자'라는 뜻이다. 영어로는 grain in ear 또는 grain in beard라고 한다. 이전 해 늦가을에 심어서 이듬해 망종 어간에 수확하는 보리나 밀

그리고 보리나 밀을 수확하고 곧바로 심어 한가을에 수확하는 벼가 그 이삭에 까끄라기가 있는 대표적인 작물들이라서 '망종'이라는 이름을 붙였을 것이다. "햇보리를 먹게 될 수 있다는 망종"이라는 말도 있는데 망종은 보리나 밀은 수확하기에, 그리고 벼는 심기에 적당한 시기인 것이다. 《농가월령가》 5월령에도 망종 때를 "오월이라 중하되니 망종 하지 절기로다 / 남풍은 때맞추어 맥추(麥秋)를 재촉하니 / 보리밭 누른빛이 밤사이 나겠구나 / 문 앞에 터를 닦고 타맥장(打麥場) 하오리라"라고 보리타작의 때임을 말하고 있다.

"보리는 망종 전에 베라"는 말이 있듯이, 이모작을 하는 경우에는 망종까지는 보리를 베어야 한다. 그래야 논에 벼도 심고, 밭을 갈아 콩도 심을 수 있다. 한국과 같이 사계가 뚜렷한 지역에서는 이모작(二毛作: 단일 경작지에서 서로 다른 작물을 1년에 번갈아 재배하는 농법으로 같은 작물을 1년에 두 번 재배하는 이기작과는 구별됨)이 어렵지만 다행히 추위에 강한 갈보리가 있어 가을에 씨앗을 뿌려 초여름에 수확을 하고 곧바로 그 자리에 벼나 콩을 심으면 가을에 수확을 할 수 있다. 그런데 보리 베기가 늦어지면 늦어질수록 벼나 콩 심기가 너무 늦어지기도 하지만 보릿대가 꺾어지거나 부러지거나 넘어질 수도 있다. 망종을 넘겨 하지가 되면 모내기가 늦어지고, 바람에 보리가 쓰러져 수확하기가 매우 어려워지는 것이다. 그래서 모든 것에는 다 제철이 있음을 비유적으로 이르는 말로 "망종 넘은 보리", "하지 쇤 보리 없다"는 속담이 있다. 특히 보리는 "씨 뿌릴 때는 백일, 거둘 때는 삼일"이라 할 정도로 그 수확기간이 아주 촉박하다.

과거 전라도 지역에서는 망종 날 수확 전의 풋보리를 베어다 그슬려 바로 먹거나, 지역에 따라서는, 밤이슬을 맞혔다가 그 다음 날 먹는 '보리 그스름'이라는 풍습이 있었다. 이는 그렇게 하면 이듬해 보리농사가 잘 되어 보리알이 잘 여물고 보리밥도 달게 먹을 수 있다는 속설에 따른 것이지만, 사실 그렇게 연한 보리알을 구워 먹으면 부드럽게 씹히고 그 맛이 아주 구수해서 일종의 별미였다는 점도, 그리고 과거 보릿고개가 있을 때 굶주림을 견디지 못해 수확 전의 보리를 구워 먹거나 보리 서리를 했던 관행도 작용했을 것이다. 오늘날에는 서울 중구 남산골 한옥마을이나 농촌의 자치단체나 초등학교 등에서 농촌 체험 행사의 하나로 '보리 그스름'을 하기도 한다.

보리를 별로 심지 않는 오늘날과는 달리, 보리를 많이 심던 과거 남쪽의 이모작 지대에서는 이때쯤 보리 수확과 함께 논에는 모내기와 밭에는 콩심기가 연이어져 눈코 뜰 새 없이 바빴다. 이때의 바쁨을 일러 "발등에 오줌 싼다"거나 "불 때던 부지깽이도 거든다"거나 "별 보고 나가 별 보고 돌아온다"고 말했다. "밭 갈아 콩 심는 / 망종이 오면 / 부뚜막의 부지깽이도 / 콩콩 뛴단다."[이성희, 〈망종〉 중에서]. 망종 때는 농사일이 끊이지 않고 연이어져 일을 멈추는 것을 잊는다고 "망종(忘終)"이라고도 불렀다고 한다. 그 정도로 망종은 바쁜 농번기였다. 한 동안 별로 심지 않던 보리가 건강식품으로 각광을 받으면서 최근에 다시 보리 경작이 늘고 있어 그만큼 망종 기간이 좀 더 바빠졌다고 할 수 있다. 하지만 오늘날 보리수확은 콤바인으로 하고 모내기는 이앙기로 하기 때문에 아무리 농번기라고 해도 손으로 보리수확과 모내기를 하던 과거보다는 훨씬 덜 바쁘고 덜 힘든 농번기라고 해야 할 것이다. "사각의 보금자리에서 금이야 옥이야 자라 / 세상물정 모르는 어린 것들에게 / 정직한 이앙기가 배운 대로 / 홀로서기를 가르치고 있다"[권오범, 〈모내기〉 중에서].

농사일은 낮이 길어지고 날씨가 따뜻해진 춘분 무렵에 밭을 갈고 파종을 하는 일로 시작되어 밤이 길어지고 날씨가 싸늘해지는 한로 무렵의 추수 때까지 거의 쉴 새 없이 이어진다. 그 가운데에도 망종과 한로 무렵이 특히 더 바쁜 최고의 농번기이기는 하지만 대체로 여름은 내내 낮이 긴 만큼 일도 더 많이 해야 하는 농번기라 할 수 있다. 낮이 길고 따뜻한 봄과 여름에 이렇게 많은 시간들을 열심히 땀 흘려 수고한 덕택에 춥고 밤이 긴 겨울을 별 일을 하지 않아도 또는 심지어는 그저 빈둥거려도 문제없이 날 수 있다. 겨울의 안락은 여름의 근면에 대한 보상이라 할 수 있는 것이다. 겨울의 추위와 시련을 참고 이겨냈기에 마음대로 활개 칠 수 있는 봄과 여름이 주어지는 것이 아니라 개미처럼 겨울을 대비하여 봄과 여름의 긴 날들 동안 열심히 일했기 때문에 일하지 않고도 안락하게 날 수 있는 겨울을 맞을 수 있는 것이다.

이 무렵 밤이 되면 풀숲이나 무논에서는 짝을 찾아 울어대는 개구리 수컷들의 울음소리가 더 한층 높아져 매우 소란스럽다. 그래서 여러 사람이 알아들을 수 없이 시끄럽게 떠들어 대는 모양을 비유적으로 말할 때 "악머구리 끓듯"이라고 한다. 악머구리는 잘 우는 개구리라는 뜻으로 참개구리를 일컫는 말이다. 농촌의 초여름 풍경 중에서 시각적으로는 누렇게 익어가는 보리가 아마도 가장 인상적이라면, 청각적으로는 마치 합창이라도 하는 듯한, 실로 요란하기 그지없는 개구리 울음소리가 어쩌면 가장 인상적인이라 할 수 있다. 그래서 이 어간의 농촌 풍경 묘사에 바쁘디 바쁜 농부들의 모습과 함께 누렇게 익은 보리와 울어대는 개구리 소리가 많이 등장하곤 한다. "고향집 텃논에 개구리 떼 그득하것다 / 울음소리 하늘까지 물기둥 솟구치것다 / 종달새 둥지마다 보리 익어 향긋하것다 / 들녘의 농부들도 눈코 뜰 새 없것다"[홍해리, 〈망종〉 중에서].

망종 어간에 채소로는 완두, 상추, 아욱, 우엉, 양파, 마늘 등이 그리고 과일로는 버찌, 앵두, 살구, 오디 등의 이른 것들이 나서 미각에 새로움을 더한다. 그 이전부터 조금씩 피어나다 망종 전후부터 무더기로 피어나는 대표적인 풀꽃으로는 토끼풀꽃과 개망초꽃을, 그리고 나무꽃으로는 덩굴장미를 들 수 있다. 들이나 길가의 여기저기 무더기로 피어나는 흰 개망초꽃은 귀화식물임에도 토박이인 망초꽃을 밀어내고 널리 퍼져 있다. 이 무렵부터 화단에서는 분꽃, 봉숭아, 백일홍, 접시꽃 등이, 그리고 뜰이나 담장에는 둥근 공 모양으로 모인 수국, 향기가 좋아 관상수로 많이 심는 백리향, 줄기 끝에 자잘한 흰색 꽃이 촘촘히 모여달리는 쉬땅나무 등의 여름 꽃이 피기 시작한다. 이 무렵부터 꽃창포, 매발톱꽃 등은 7월까지 피고, 패랭이꽃, 메꽃, 수련, 엉겅퀴, 원추리, 이질풀, 질경이 등은 8월까지 핀다. 들국화의 하나로 통칭되고 자주색 꽃이 피는 벌개미취도 이 무렵부터 9월까지 핀다. 노란 색의 호박꽃은 이 무렵부터 시월까지 핀다. 야산에서는 망종 어간에 밤나무의 가지 끝에 연한 황백색으로 길게 늘어지는 여러 갈래의 수꽃이 다닥다닥 피어 특유의 진한 향기를 풍긴다. "색(色)으로 유혹할 수 없는 것은 / 향(香)으로 흘려야 한다. / 색은 육신을 들뜨게 하지만 / 향은 정신을 아득케 하는 것 / 할렘의 침소인가, / 꿈인지 생시인지 / 아무것도 아무것도 보이지 않는 곳으로 / 자꾸만 끌고 가는 / 그대 짙은 봄날의 체취여."[오세영, 〈꽃타령-밤꽃〉 중에서]. 밤꽃의 짙은 향기는 곡우 무렵의 수수꽃다리 꽃, 입하 무렵의 아까시나무 꽃, 소만 무렵의 쪽동백나무 꽃의 강한 향기를 잇는다.

 망종 무렵부터는 나뭇잎이 연초록에서 진초록으로 바뀌고 잎도 거의 다 자라 녹음이 우거지고 대지는 온갖 풀들이 어우러져 세상은 그야말로 녹음방초로 뒤덮이게 된다. 우리의 시야에서 신록의 싱그러움이 사라지는 대신 우리의 후각에 향긋한 풀내음이 밀어닥친다. 이때부터 늦여름까지 천지는 온통 녹음에 쌓이게 되는데 이때의 풍경을 화가이자 자연시인이었던 성당(盛唐)의 왕유(王維)는 "푸른 나무의 짙은 녹음이 사방을 덮는다(綠樹重陰蓋四隣)"고 묘사했다. 달력상으로는 6월부터 여름으로 치는 데서 알 수 있듯이, 망종 무렵부터는 온도가 크게 상승하여 더워지기 시작한다. 그래서 이때부터는 잘 때 이전까지 덮던 두터운 이불 대신 아주 얇은 이불이나 처네를 덮어야 할 정도의 더운 날씨가 된다. 옷도 정장 대신 반팔 셔츠나 반바지로 갈아입게 된다. 망종은 바야흐로 온도와 습도가 올라 무더운 날씨가 이어지는 본격적인 여름으로 이행하는 시기이기도 한 것이다.

　망종 무렵은 서해 꽃게의 최고의 산란철이기도 하다. 꽃게는 탕이나 찜으로 그리고 무엇보다 밥도둑이라는 간장게장으로 유명하다. 과거에는 탕이나 게장으로 참게를 많이 썼으나 오늘날은 너무 비싸서 꽃게를 주로 쓴다. 꽃게는 실은 벚꽃과 같은 봄꽃들이 피는 때부터 알을 밴다 하여, 또는 삶으면 새빨갛게 변색하여 꽃처럼 보인다 하여, 꽃게라고 부른다는 설이 있다. "바다를 깨물던 집게발 / 이제 빨갛게 익어 / 사기 쟁반 위에 누워 / 하늘을 문다."[홍해리, 〈홍주와 꽃게〉 중에서]. 꽃게의 맛은 알을 잔뜩 실은 6월의 암컷을 최고로 친다고 한다. 정부는 꽃게의 남획을 방지하기 위해 꽃게 금어기를 두고 있다. 그런데 그 기간을 6월 21일부터 8월 20일까지 두 달간으로 설정하여 6월에 20여일이나 꽃게를 잡을 수 있게 하고 있는데 이는 맛좋은 6월 꽃게를 잡을 수 있게 하기 위한 배려로 보인다.

　흔히 망종 무렵에 단오절(端午節, 음력 5월 5일)이 오는데 지금은 그렇지 않지만 과거에는 연중 양기(陽氣)가 가장 왕성한 날이라 여겨 설날, 한식, 한가위와 함께 단오절이 큰 축제일이었다. 단오절은 벼농사의 시작을 알리는 명절이며 동시에 모내기를 앞두거나 끝내고 더운 여름을 맞기 전에 풍년을 기원하는 기풍제적 성격의 축제일이다. 마을 사람들이 두레 회의를 열어 앞으로의 농사를 계획하고 협동할 것을 다짐하면서 잔치를 벌려 함께 하루를 신나게 즐겼다. 이날 머리카락이 빠지지 않고 윤기가 나게 한다 하여 창포불로 머리를 감기도 하고 건강과 입맛을 다지기 위해 익모초 즙을 먹기도 했다. 이날 민속놀이로 남자는 씨름을 하고 여자는 그네뛰기를 했다. 이 무렵은 대추가 막 열리기 시작하는 때라서 대추나무 가지 사이에 돌을 끼워 풍년을 기원하는 풍속이 있는데 이를 '대추나무 시집보내기'라고 불렀다. "창포에 머리 감고 / 우리 누이들

착한 누이들 속살 내보이며 / 그네 뛰었고요, / 남정네들 씨름하고 풀쌈하고 / 대추나무 시집보내는 / 그런 단옷날"[서지월, 〈오월단오〉 중에서]. 단오절의 절식으로는 수리취나 쑥으로 떡을 만들어 먹는데 그 모양이 수레바퀴와 같다고 하여 수리떡이라고 불렀다. 단오는 마을 공동체의 단결을 지켜가는 큰 잔치여서 일제가 이를 저항의 기반으로 보고 조선을 전쟁의 기지로 이용하면서 없애버렸다. 오늘날은 강릉의 단오축제가 단오의 명맥을 이어가고 있다.

　망종일은, 청명일과 한식처럼, 흔히 현충일과 겹치거나 하루 차이 밖에 없다. 이는 우연이 아니라 일부러 그렇게 맞추었기 때문이다. 현충일을 망종일과 겹치거나 하루 차이나는 6월 6일로 정한 것은 우리 민족의 세시풍속에 따른 것이다. 우리 선조들은 손(날수를 따라 여기저기로 다니면서 사람을 방해한다는 귀신)을 타지 않는다는 이유로 청명과 한식에 사초와 성묘를 하고 망종에 제사를 지내왔다. 그래서 나라를 위해 산화한 호국영령들을 기리는 날을 우리 선조들이 조상들을 기리던, 손이 없다는, 망종일과 같은 날로 정한 것이다. 망종일은 손이 타지 않는다 하여 이처럼 조상이나 호국영령을 기리는 경건한 날로 삼은 것이다. "그대들 꽃 같은 나이 앞에 / 살아있음이 미안스럽고 / 살아 주절거려 온 언어가 송구스럽고 / 해마다 현충일에 늦잠 잔 것도 용서받고 싶다."[유안진, 〈국군묘지에 와서〉 중에서]. 망종일은 오늘의 우리를 있게 한 우리 조상과 호국영령들을 한 번 돌아보아야 하는 날이기도 한 것이다.

夏至 ──── 하지, 낮이 가장 긴 한여름

태양이 높이 떠서 오래도록 머물기에
낮 길이 아주 길고 밤 길이 매우 짧아
복사열 가장 많은 철 하지 절기 됐구나

날마다 직사광선 뜨겁게 내려쬐고
장마선 형성되어 주룩비 자주 오니
여름은 고온다습해 벼농사에 좋다네

잎도 없던 나무들에 꽃들이 피더니만
꽃 진 후 열매 맺고 어느덧 무르익어
세월은 성숙함임을 깨우치고 있구나

망종 다음에는 연중 해가 가장 높이 뜨는 때로 한여름이며 말뜻 그대로는 여름에 이르렀다는, 여름의 기절기 하지(夏至, summer solstice: 6월 21·22일)가 온다. 하짓날은 절기상으로는 한여름이지만 천문학적으로는 여름이 시작되는 날이다. 북반구에서 하지는 천구의 위도에서 해가 갈 수 있는 최북단인 북위 23.5도(정확히는 23도 27분)에 위치한 북회귀선(北回歸線)에 이른 때다. 이후 해는 6개월 동안 계속 남하하여 동지에 갈 수 있는 가장 남쪽인 남위 23.5도(정확히는 23도 27분)의 남회귀선에 이르렀다가 다시 방향을 바꿔 6개월 동안 계속 북상하여 하지에 다시 북회귀선에 이른다. 하지 때 태양광선은 북회귀선위에서 수직으로 내리쬐고, 지구의 자전축이 태양을 향하고 있어 지구의 북반부가 태양에 가장 가까운 때이기도 하다. 이날 북회귀선 이북 지역에서는 해가 연중 가장 북동쪽에서 떠서 가장 북서쪽으로 지며, 태양의 남중고도(南中高度: 자오선고도라고도 하는데 태양이 자오선 위에 있을 때 즉 정남쪽에 있을 때의 각도로 태양의 고도가 가장 높을 때)가 연중 가장 높기 때문에 그림자는 가장 짧다.

이 남중고도는 햇빛이 지상에 비치는 각도이기도 하다. 바꾸어 말하면, 햇빛이 이 각도만큼의 기울기로 정남쪽 창을 통해 방으로 들어온다. 북반구에서 남중고도는 하지 때 가장 높고 동지 때 가장 낮으며 춘추분 때는 그 중간 정도다. 서울에서 남중고도는 하지 때 76도, 동지 때 29도, 그리고 춘분과 추분 때는 52도다. 따라서 햇빛이 남쪽 창을 통해 방안으로 하지 때는 가장 얕게, 동지 때는 가장 깊게, 그리고 춘추분 때는 그 중간 정도의 깊이로 들어온다. 햇빛이 가장 강렬한 하지에 정남향의 창으로는 하루 종일 방안으로 햇빛이 조금밖에 들어오지 않아 상대적으로 덥지 않다는 뜻이다. 동지 때는 그 반대다. 이를 원용하여 정남향의 집을 짓고 남쪽으로 창을 내면, 여름에는 햇빛이 얕게 들어 상대적으로 시원하고, 겨울에는 햇빛이 깊숙이 들어 상대적으로 따뜻하다. 이것이 여름은 매우 뜨겁고 겨울은 아주 추운 한반도에 살아야 했던 우리 조상들이 남향집을 선호한 까닭이기도 하다.

하지에 천구의 북위 23.5도까지 북상했던 태양이 다시 방향을 바꿔 남으로 내려간다. 반대로 동지 때는 남위 23.5도까지 남하했던 태양이 다시 방향을 바꿔 북으로 올라온다. 그래서 하지와 동지의 두 지점에서 태양이 방향을 전환할 때 잠시 제자리에 멈춰선 듯이 보인다. 그래서 하지나 동지를 영어로 솔스티스(solstice)라고 부르는데 이는 라틴어로 "태양(sol)"이 "멈춰선다(sistere)"는 뜻이다. 하지 때는 북반구에서 지구의 자전축이 태양에 가장 가까워진 때로 낮이 가장 길고 밤이 가장 짧은 날이다. 2017년 하짓날인 6월 21일 서울에서 해 뜨는 시각은 05시 11분 06초, 해 지는 시각은 19시 56분 34초로 낮의 길이는 14시간 45분 27초인데 반하여 밤 길이는 9시간 14분 33초로 낮이 밤보다 무려 5시간 30분 54초나 더 길다. "밤이라고 하기엔 밖이 너무 밝고 / 낮이라고 하기엔 / 저녁 시간이 꽤나 깊어있다 // 백야 같은 하지 // 낮이 가장 길다함은 / 밤이 가장 짧다는 말"[오정방, 〈하지〉 중에서]. 그래서 한 시인은 "부질없는 꿈을 꾸기에도 / 이 밤은 너무나 짧아"[양승준, 〈하지〉 중에서]라고 말했다. 이런 하지 때와는 반대로, 동지 때는 낮 길이는 약 9시간 34분이고 밤 길이는 약 14시간 26분으로 밤이 낮보다 무려 4시간 52분이 더 길다.

하짓날 낮이 가장 길지만 이후부터 동지 전까지 하루에 평균 약 1분 43초씩 낮은 점점 더 짧아지고 밤은 점점 더 길어져 반년 후인 동짓날은 낮이 가장 짧고 밤이 가장 길다. "눅눅한 유월 한나절 / 햇빛이 낭창 하다 / 하루의 시간은 하지(夏至)가 지나야 / 겨우 한 뼘씩 줄어든다는데,"[박종영, 〈하지 무렵〉 중에서]. 유럽인들에 의해 '한여름(Midsummer)' 또는 '세례자 성 요한 축일(St John's Day)'로도 불리는 이날 북극권에서는 하루 종일 해가 지지 않고, 반대로 남극권에서는 수평선 위로 해가 나타나지 않는다. 북극선에 가까운 러시아, 핀란드, 노르웨이, 스웨덴 등과 같은 나라들에서는 해가 밤늦게 잠깐 사라졌다가 이내 다시 나타나서 밤이 낮처럼 환한 백야 현상이 나타난다.

하지 무렵에야 따뜻한 날씨를 경험할 수 있는 북극선에 걸쳐 있거나 북극선 가까이 있는 스웨덴, 노르웨이, 핀란드, 덴마크, 러시아, 발트 3국 등과 같은 북유럽 국가는 말할 것도 없고 벨라루스, 우크라이나, 폴란드, 독일, 네덜란드, 아일랜드, 영국, 프랑스, 이탈리아, 스페인, 포르투갈, 캐나다, 미국 등의 서구 국가들도 하지 관련 축제나 의식을 강고하게 준수하고 있다. 대부분의 이들 나라에선 하지일인 6월 21일에, 그리고 발트 3국과 퀘벡에선 로마 시대에 하지일이었던 6월 24일에, 태양에 감사하는 하지 축제를 벌인다. 하지제는 대부분의 북구 국가에서는 연중 가장 큰 축제일로서 크리스마스나 새해 전날 밤 축제만이 이에 비견된다. 우리에게는 이글거리는 태양이 원망스럽기도 하지만 태양이 비스듬히 떠오를망정 머물러주는 것이 고마울 따름인 북구의 주민들이나 위도가 높은 곳에 사는 유럽인들에게는 태양이 오래 머물러주는 하지가 기념해야 할 특별한 날인 것이다. 아무리 값진 것이라 하더라도 흔하면 소중한 줄 모르지만, 값진 것이 귀하하기까지 하면 더없이 소중한 것으로 대접을 받게 된다.

　황도 상에서 하지일은 태양의 복사열이 가장 많은 날로 태양의 복사열이 가장 적은 동지일의 대척점에 있다. 춘분부터 낮이 밤보다 조금씩 더 길어짐에 따라 복사열도 더 많아지다가 하지에 절정에 이른다. 하지부터 추분까지는 낮이 조금씩 짧아지기는 하지만 여전히 낮이 밤보다 더 길고 따라서 복사열도 많은 '빛과 열기'의 시절이다. "하지 무렵에는 / 하늘의 빛이 / 땅에 제일 가까이 내려와서 / 눈부시게 놀다가 가고 / 또한 한 옆으로 / 바람도 제일 어린 / 미풍(微風)을 데리고 와서 / 나뭇잎이 몸을 / 이리 눕혔다 / 저리 일으켰다 / 은은한 가락만 빚고 있네."[박재삼, 〈햇빛과 바람〉 중에서]. 북반구의 지표면은 하지 무렵에 가장 많은 태양열을 받고 이후부터는 조금씩 줄어들지만 그 복사열이 쌓여가기 때문에 하지 이후부터 처서 전까지는 기온이 점점 높아진다. 그렇게 쌓인 복사열이 대서와 입추 절기 중에는 극에 달해 밤에 누워 있어도 등에 땀이 베이고 이불을 덮을 수 없는 열대야 현상마저 생기게 된다.

　하지로 대표되는 여름은 생명활동이 가장 왕성한 때라고 할 수 있다. 그리고 생명활동의 대표적인 구현이 성장과 사랑일 것이다. 이 무렵은 봄에 피었던 꽃들이 맺은 과일들이 무르익거나 과육을 키워가고 새의 새끼들이 무럭무럭 자라는 때다. "한나절 산중 첩첩 휘파람새 운다. // 햇살 펑펑 쏟아지고, / 칡넝쿨, 댕댕이 다래 넝쿨, 머루 넝쿨 칭칭 감고, // 골짜기 푸섶에 떨어진 여름의 시 한 구절, /…/ 전라의 알몸뚱이 // 해죽해죽 달아나며 유혹하는 너 / 마구마구 쓰러뜨려 가슴 덮친다."[박두진, 〈하지절〉 중에서]. 서양에서는 하지가 있는 6월이 사랑을 확인하고 실현하는 약혼과 결혼의 달로 여겨진다. 더구나 지중해 연안의 남부 유럽을 제외하고 유럽은 대체로 위도가 높아 여름이 우리의 따뜻한 봄 날씨 정도라서 더욱더 그랬을 것이다. 이와 함께 옛날에는 하짓날 결혼한 신혼부부의 사랑과 다산을 위해 결혼 첫 달 동안 꿀로 만든 음식을 먹였던 풍습이 있었다. 이 풍습에서 하지 무렵의 만월을 일컫는 꿀의 달(the Honey Moon)이라는 말이 유래했고, 이 말이 다시 결혼 첫 달 또는 신혼여행기간을 뜻하는, 오늘날의 허니문(the honeymoon)이라는 말로 전화(轉化)했다고 한다. 또 다른 설명에 의하면, 옛날에 허니문은 꿀벌의 꿀이 익어서 채취할 수 있는 시기를 일컬었는데 그게 하지 무렵으로 연중 가장 달콤한 시기였다고 한다. 그런데 결혼의 첫 달이 가장 달콤한 때라는 점에서 자연스럽게 허니문은 신혼부부의 가장 달콤한 시기라는 뜻으로 전화했다는 것이다.

　과거에 한반도에서는 장마철이 비교적 뚜렷했고 대체로 하지 어간부터 시작되었다. 그래서 "하지 지나 열흘이면 구름장마다 비다"는 말이 있었다. 그리고 일단 장마가 시작되면 약 한 달간의 여름장마 기간이 비교적 뚜렷하게 존재했었다. 《농가월령가》 5월령은 장마를 이렇게 묘사하고 있다. "상천(上天: 하늘)이 지인(至仁: 지극히 인자함)하사 유연히 작운(作雲: 구름을 만듦)하니 / 때맞게 오는 비를 뉘 능히 막을소냐 / 처음에 부슬부슬 먼지를 적신 후에 / 밤 들어 오는 소리 패연(沛然: 비나 물이 쏟아지는 모양이 매우 세참)히 드리운다." 이 이른바 장마기간에는 한대성 고기압인 저온다습한 오호츠크해 기단(氣團)이 지배하던 한반도에 남지나해에서 발생한 고온다습한 열대성 고기압인 북태평양 기단이 밀려와 이들이 서로 부딪히는 곳에서 장마전선을 형성하는데 이 전선이 두 고기압의 힘의 강약에 따라 한반도를 오르락내리락 하면서 곳곳에 호우성(豪雨性) 주룩비를 뿌린다. "구름 하나가 중천에서 / 헛구역질 몇 번 하더니 / 이내 울컥울컥 / 쏟아 붓는다 // 나뭇잎들이 목 놓아 울어 / 개울마다 눈물이 넘치고 / 호우에 상처 난 대지의 신음소리 / 초록의 몸부림이다"[김길자, 〈장마〉 중에서]. 이 장마전선이 형성되는 하지 어간은 매실(梅實)이 익는 시기이기도 해서 중국이나 일본에서는 장맛비를 매우(梅雨), 장마전선을 매우전선으로 부른다. 그러나 최근에는 기후 온난화의 현상으로 장마 기간 후에도 호우가 자주 오는 등 여름이 우기화하고 있어 딱히 장마기간을 말하기 어렵다는 주장도 있다.

과거 보온용 비닐 못자리가 나오기 전 보리를 베고 벼를 심는 남부지방의 이모작 지대에는 "하지 전 삼일, 후 삼일"이라 해서 이때를 모내기의 적기로 여겼다. 벼는 물을 좋아해서 벼내기를 한 논에는 물이 차 있어야만 하는 까닭에 "하지를 지나면 발을 물꼬에 담그고 잔다"고 할 정도로 논에 물대는 일이 중요하다. 이런 점을 감안하면 한반도에서 연간 강수량의 25-50%를 차지하는 장마전선과 관련된 비가 모내기의 적기인 하지 어간에 시작된다는 사실은 벼농사를 위해서는 하나의 축복이라고도 할 수 있다. 벼농사를 위해 이렇게 많은 비가 필요하였기에 하지까지도 비가 오지 않으면 수리시설이 잘 갖춰지지 않았던 옛날에는 기우제(祈雨祭)를 올려 비가 오기를 기원했다. "서낭당에 하나 둘 / 모여들어 / 음식 차려 제 드리고 / '농사꾼 타들어 가는 마음 굽이 살피소서.' / 징이며 꽹과리 / 온 동네 떠나 갈 듯 / 기우제 드리는 날"[윤용기, 〈기우제〉 중에서]. 민간의 기우제는 마을 전체의 공동행사로 산이나 냇가에 제단을 만들어 돼지, 닭, 술, 과실, 떡, 밥, 포 등을 제물로 바치는 의식으로 거행되었다. 제주(祭主)는 흔히 마을의 장이 맡았으나 경우에 따라서는 지방관청의 장이나 무당이 맡기도 했다. 마을에 따라서는 이장이 제관이 되어 용소(龍沼: 폭포수가 떨어지는 바로 밑에 있는 깊은 웅덩이)에 가서 개나 돼지나 소의 머리로 기우제를 지내고 나머지 부분은 삶아서 기우제에 참여한 사람들이 나누어 먹었다.

이처럼 장마는 벼를 비롯한 수수, 조, 기장 등과 같은 물을 좋아하는 벼과의 알곡 작물에게는 긴요하다. 장마는 벼농사에 좋고, 벼농사는 장마로 인한 홍수의 피해를 막는 구실을 한다. 벼농사는 장맛비를 논에 가두어둠으로써 한꺼번에 하천으로 쏟아져 들어가 홍수를 일으키는 일을 방지하기 때문이다. 결국 벼농사는 자연환경의 보호에도 큰 기여를 하는 것이다. 그러나 장맛비는 채소에게는 저주나 다름없다. 채소들 특히 여름 과채들은 많은 비가 계속되면 물러지고 약해져서 제대로 자라지 못하거나 생산성과 맛이 뚝 떨어진다. 그래서 겨울의 채소재배에 뿐만 아니라 여름의 채소 재배에도 비닐하우스를 이용하게 된다. 특히 오늘날과 같이 야채 수요가 많아 대량생산을 하려면 노지 재배가 아니라 비닐하우스 재배를 해야 한다.

하지 전후부터 7월까지 피는 여름의 대표적인 나무꽃으로는 분홍이나 흰 수술이 술처럼 모여 나는 특이한 모양의 자귀나무 꽃을 들 수 있다. "장맛비 잠시 멈춘 / 하늘 사이로 / 자귀나무 붉은 / 꽃등을 켰다 / 주먹만 한 하지감자 / 뽀얀 분 나게 찌고 / 아껴 두었던 묵은지 / 꺼내는 순간 / 어디선가 들리는 / 매미의 첫 울음소리 / 놋요강도 깨질듯 쟁쟁하다"[최원정, 〈하지〉]. 빠르면 하지 전후부터 늦으면 소서 무렵에 무궁화, 능소화, 배롱나무의 꽃들이 피기 시작하는데 이들은 모두 9월까지 계속해서 피고 지고를 이어간다. "한 꽃이 백일을 아름답게 피어 있는 게 아니다 / 수없는 꽃이 지면서 다시 피고 / 떨어지면 또 새 꽃봉오릴 피워 올려 / 목백일홍나무는 환한 것이다"[도종환, 〈백일홍〉 중에서]. 배롱나무꽃 뿐만 아니라 무궁화와 능소화도 이어 피기를 계속한다.

하지 무렵은 이른 봄에 씨를 뿌린 초본과의 식물, 특히 감자에서 최초의 수확이 있는 때다. 그래서 과거에 감자는 보릿고개의 마지막을 넘길 수 있게 해주던 귀중한 먹을거리였다. 오늘날에도 감자는 좋은 간식거리일 뿐만 아니라 많은 식재료로도 쓰인다. 감자는 하지 무렵에 수확한 것을 하지감자라 해서 최상품으로 친다. "어제의 바람이 / 어제의 하늘이 / 하지감자알로 굵었는데."[김수우, 〈하지〉 중에서]. "하짓날은 감자 캐먹는 날이고 보리 환갑이다"라는 말이 있듯이, 예전에는 하짓날 '감자 천신'이라 하여 햇감자를 캐서 쪄먹거나 갈아서 전을 부쳐 먹었다. 하지감자는 찌면 껍질이 이리저리 갈라지는데 따뜻한 동안에 먹으면 퍼석하고 부드러운 맛이 일품이다. 감자는 과거에는 구황식물로 여겨졌으나 오늘날은 아주 우수한 건강식품으로 알려지고 있다. 감자는 염분을 체외로 배출하는 칼륨이 풍부해 고혈압, 성인병, 당뇨에 좋고, 농산물 가운데 알칼리 성분이 최고인 알칼리성 식품이라서 혈액의 요산증가를 막아 통풍, 괴혈병, 구루병 등의 예방에 도움을 주고, 식이섬유가 많아 위의 점막을 튼튼히 하여 궤양과 각종 염증을 예방할 뿐만 아니라 장과 변비에도 좋고, 세포의 돌연변이를 막아 암을 예방하는 클로로겐 산(chlorogenic acid)과 활성산소를 중화해 항암작용을 돕는 항산화성분도 가지고 있고, 스트레스를 줄이고 신체의 면역력을 높여주고 피부노화를 방지해주는 비타민 C를 비롯한 영양소가 풍부함에도 열량은 쌀의 반 정도밖에 되지 않는 그야말로 최고의 건강식품이라 할 수 있다. 그래서 "통째로 삶은 / 하얀 감자를 / 한 개만 먹어도 // 마음이 따뜻하고 / 부드럽고 / 넉넉해지네"[이해인, 〈감자의 맛〉 중에서]라는 시적 표현은 과장만은 아니다.

매실은 매화가 만개한 후 80일 내지 90일 사이에 완숙한 황매실을 수확하는 것이 가장 좋다고 하는데 이는 대체로 장마전선이 형성되는 하지 어간에 해당한다. 매실은 잘 익어야 과육도 많고 당도도 높아 맛과 향도 더 좋고 피로물질을 분해하는 구연산도 10여배 이상 더 많아진다. 그러나 잘 익으면 벌레의 피해도 많아 상품성이 떨어지고 과육이 물러져 유통이 곤란해진다. 그래서 한국에서는 5월 말경부터 덜 익어 단단한 청매실을 수확하여 판매하지만 이는 바람직하지 않다. 청매실에는 신진대사 과정에서 청산가리라는 독극물을 배출하는 아믹달린(amygdalin)이라는 물질이 있는데 이 물질이 매실 전체에 퍼져 있다가 익어가면서 씨로 모이게 되므로 완숙하지 않은 풋매실은 피해야 한다. 매실은 위산과다, 소화불량, 혈액순환, 간 기능 회복, 해독, 피로회복 등에 좋다. 한국에서 매실은 매실주, 매실청, 매실식초, 매실잼, 매실장아찌 등으로 먹는다. "육사의 시를 읽는 밤 / 풀벌레 소리를 벗 삼아 / 음미하는 매실술은 더욱 향기롭다 / 잘 익은 매실향기에 빼앗긴 내 몸은 / 어느 듯 불을 당긴 듯 환해진다"[권달웅, 〈초록 매실〉 중에서]. 일본인들은 매실을 우메보시라는 장아찌로 주로 먹는다.

　매실처럼 하지 어간에 완숙하는 과일 가운데 자두, 버찌, 앵두, 살구, 오디 등이 있다. 이 가운데 순수한 우리말로 오얏이라고 불리는 자두는 상당히 커서 먹음직스럽고 새콤달콤한 맛이 구미를 당긴다. "하찮은 흥정에 마주한 입술 / 아니, 원초적 본능 참을 수 없어 / 이빨로 처참히 결딴내자 / 입이 감당 못해 범람해버린 시큼 달콤한 물"[권오범, 〈자두〉 중에서]. 자두는 동양보다는 서양에서 더 많이 먹는 중요한 과일의 하나다. 자두 가운데 발효시키지 않고 말릴 수 있는 품종들을 프룬(prune)이라고 하는데 이들 자두는 육질이 단단하고 당분이 아주 많아서 건조기나 햇볕에 건조시켜도 맛을 유지하는 성질이 있다. 말린 프룬은 날것보다 오래 보관할 수 있어서 서양에는 말린 프룬을 산업제품으로 많이 판다. 프룬은 변비에 탁월한 효과가 있어서 서양에서는 변비로 고생하는 임산부들이 많이 먹는다.

小暑 ─── 소서, **무더위**의 시작

열기는 쌓여가고 장맛비 잦아지니
고열이 시작되고 습도도 높아졌네
어느새 무더위 천하 소서 절기 왔구나

날씨는 뜨끈하고 피부는 끈적하여
감각은 둔해지고 머리는 몽롱하니
육체가 나른해지며 눈꺼풀이 감기네

태양은 열기 주고 장마는 수분 주어
과채류 쑥쑥 자라 먹을 수 있게 되니
무더운 여름날에도 신선함이 있구나

하지에 뒤 이어 오는 절기인 소서(小暑, minor heat: 7월 7·8일)는 본래 "작은 더위"라는 뜻이지만 한반도에서는 복사열의 축적으로 인해 실은 이때부터 무더위가 본격적으로 시작되는 때다. 소서는 그 동안 쌓여온 복사열로 인하여 더위가 극에 달하는 소서와 대서라는 여름의 극절기가 시작되는 때이다. "더위가 작다하여 소서라 불리우나 / 본격적 무더위가 비로서 시작되니 / 오르는 불쾌지수를 견뎌야만 한다네"[이효성, 〈소서〉 중에서]. 그러나 소서 기간임에서 장마전선 위쪽의 오호츠크해 기단이 지배하는 곳이나 장맛비가 내리는 곳은 일시적으로 서늘한 날씨를 보이기도 한다. 황도 상에서 여름의 극절기가 시작되는 소서는 겨울의 극절기가 시작되는 소한의 대척점에 있다.

　이 시기는 쌓인 복사열로 온도가 높을 뿐만 아니라 장마전선이라는 불연속전선이 한반도의 허리를 가로질러 장기간 머물러 습도가 높아지고 많은 비가 내리는 여름장마철의 한 중간이기도 하다. 햇빛촌의 "낮부터 내린 비는 / 이 저녁 유리창에 / 이슬만 뿌려놓고서 / 밤이 되면 더욱 커지는 / 시계소리처럼 내 마음을 / 흔들고 있네"로 시작되는 이정한 작사·작곡의 〈유리창엔 비〉라는 가요가 이때의 주룩주룩 내리는 장맛비에 가장 잘 어울리는 노래일 것이다. 한반도의 여름은 장맛비를 비롯하여 여우비, 소나기, 주룩비, 억수 등 비가 많이 오고 그래서 비는 여름의 가장 대표적인 물상이기도 하다.

　벼농사를 위해서는 벼가 성장하는 동안 논이 물에 잠겨 있어야 하는데 그런 점에서 장마는 벼농사에는 축복이라 할 수 있다. 하지만 장마기간은 억수로 쏟아지는 장맛비로 인한 피해도 많은 때다. "비대해진 조직의 힘 따라 방방곡곡 / 천방지축으로 오르내리다 / 마지노선이 무너져야 직성이 풀리는 / 태곳적부터 세세연년 치러 이골이 난 전쟁이다 / 아래세상 갈증 해갈시켜주려다 / 여기저기 땅거죽 벗겨 쑥대밭 만드는 / 그리하여 애당초 / 인간의 피눈물로는 간섭할 엄두조차 없었다"[권오범, 〈장마전선〉 중에서]. 그렇다고 매해 장맛비가 어김없이 오는 것은 아니다. 장마철임에도 비가오지 않거나 찔끔찔끔 오는 이른바 마른장마의 경우도 적지 않다. "올 것 같은 데 / 왜 오지 않니? / 애타게 기다리는데 // 장마철인데 / 남쪽에서만 오르락내리락 / 올라 올 기세가 없는 / 장맛비"[김덕성, 〈마른장마〉 중에서]. 벼농사에는 많은 물이 필요하기에 장마철에 장마로 인한 피해보다는 비가 오지 않는 가뭄의 피해가 더 크다고 해야 할 것이다.

소서 때는 높은 습도로 인해 끈끈하고 후덥지근하여 불쾌지수가 높은 날씨가 지배한다. 그러나 이런 습하고 무더운 날씨 속에서 여린 모가 뿌리를 내리고 무럭무럭 자라기 때문에 뿌리를 내리고 성장하는데 방해받지 않도록 과거에는 김을 매거나 피사리를 해주었으나 오늘날에는 제초제를 뿌리고 만다. 흔히 하지 무렵에 모내기를 마치고 그로부터 약 20일 후에 첫 번째 김매기를 했기에 그 시기는 소서 어간이 된다. 《농가월령가》 유월령에도 "젊은이 하는 일이 김 매기 뿐이로다 / 논밭을 갈마들여 삼사차 돌려 맬 제 /.../ 날 새면 호미 들고 긴긴 해 쉴 새 없이 / 땀 흘려 흙이 젖고 숨 막혀 기진할 듯"이라고 되어 있다. 또 모내기가 아무리 늦어도 이때까지는 반드시 끝내야 하기 때문에 "소서 때는 새 각시도 모심어라"거나 "소서 때는 지나가는 사람도 달려든다"는 속담이 있다. 이때는 또 논둑과 밭두렁의 풀을 베어 퇴비를 장만하기도 하고, 보리를 베어낸 자리에 콩, 조, 팥 등을 심어 이모작을 하기도 한다. 그나마 이런 일들을 솔개그늘(조각구름이 만든, 솔개의 그림자만큼 작은 그늘)도 아쉬울 정도로 숨 막히는 한여름 뙤약볕 아래서 해야 하기에 그 고생이 이만저만이 아니다. 이 무렵도 보리 베고 벼 심는 망종이나 벼 베고 보리 심는 한로만큼이나 바쁜 철이다. 그래서 "여름에 하루 놀면 겨울에 열흘 굶는다"는 속담은 이 무렵을 두고 한 말일 것이다. 옛날 관에서는 소서 무렵이 되면 바쁜 일손을 거들라는 뜻으로 죄가 무거운 이는 관대히 하고 죄가 가벼운 이는 놓아주었다고 한다.

소서 전후로 약 한 달 동안 뜨거운 햇볕과 많은 비로 인해 벼를 비롯한 모든 작물이 광합성을 활발히 할 수 있어 무럭무럭 자라게 되는데 그래서 "오뉴월 장마에 돌도 큰다"고 하였다. "무성하게 번져나간 호박넝쿨이 지게바작만한 꽃을 매달자 경쟁을 느낀 오이넝쿨도 누런 꽃송이를 3개나 선보였다. 피망이 울퉁불퉁한 못생긴 열매를 키우고 있다. 풋고추는 열리는 족족 벌써 10개 이상은 따먹었을 성싶다. 오늘 아침에도 잘게 썰어진 풋고추양념이 조기매운탕 위에 먹음직스럽게 고명으로 얹혀져 있었다."[박얼서, 〈장마와 낙원〉 중에서]. 노지에서 재배한 여름용 과채류가 6월부터 출하되기 시작하지만 하지와 소서 어간이 되어야 더 성숙한 것들이 본격적으로 출시된다. 예컨대, 호박, 오이, 가지, 토마토, 풋고추, 깻잎, 열무, 도라지, 옥수수를 비롯한 각종 채소와 자두, 복숭아, 참외, 수박, 블루베리 등의 과일이 나와 미각을 돋우는데 이들이 대량으로 시장에 나오는 시기가 하지와 소서 어간인 것이다. 하지만 이때의 채소들은 장맛비로 인해 웃자라서 튼실하지 못하고, 과일의 경우는 수분이 너무 많아 당도가 떨어지는 경우가 많다. 그래서 과채류는 장마가 끝난 이후부터가 더 실하고 맛도 더 좋다. 이 무렵부터는 매실이 농익어 누렇게 되면서 물러지기 시작한다.

망종 무렵에 수확한 보리와 밀은 탈곡과 정곡 등의 과정을 거쳐 소서 무렵에 비로소 먹을 수 있게 된다. 이 무렵은 특히 햇밀로 만든 밀가루로 연한 애호박을 송송 썰어 넣은 국수나 수제비를 많이 해먹는데 이들은 이때에 가장 맛이 좋은 시절 음식이라 할 수 있다. "맨 간장에 굵은 멸치 서너 마리 넣고 / 푹푹 우려낸 국물에 밀가루 반죽 떼어 넣어 / 한 솥 가득 끓여낸 수제비가 전부인 저녁상을 / 맛나게도 먹었던 날의 기억들."[목필균, 〈낡은 기억 속으로-수제비-〉 중에서]. 그런데 지금 우리가 먹는 하얀 밀가루는 거의 대부분 해외에서 수입한 것이기 때문에 유감스럽게도 이 무렵의 밀가루 음식에서 햇밀의 신선한 맛을 느끼기는 어렵다. 가급적이면 우리나라에서 생산된 우리 밀을 먹도록 해야 하겠으나 '우리 밀 살리기 운동'에도 불구하고 우리 밀의 생산량이 소비량의 10%에도 미치지 못할 정도로 너무나 적어 이를 구하기가 어렵고 비싸다는 문제가 있다.

이 무렵에 꽃이 피는 나무 가운데에는 회화나무, 애기등, 다릅나무, 솔비나무, 싸리, 칡 등과 같은 콩과의 나무들이 많다. 콩과의 나무들은,

입하 어간에 그 꽃이 피는 아까시나무나 등나무에서 보듯이, 밀원식물로서 비교적 잎도 늦게 나고 꽃도 늦게 피는데 그 가운데에서도 옛날 선비들이 좋아하여 학자수(學者樹, scholar tree)로도 불리는 회화나무는 특히 더 잎이 늦어 입하 어간에야 아까시나무의 잎과 비슷한 모양의 잎이 난다. 회화나무는 나비 모양의 황백색 꽃을 시간차를 두고 피워내는데 느티나무, 팽나무, 은행나무처럼 수명이 길고 크게 자라는 것으로 유명할 뿐만 아니라 꽃, 열매, 진, 가지, 속껍질, 나무에 생기는 버섯까지 약재로 쓰고 목재는 그 재질이 느티나무와 비슷하여 기둥과 가구재로 쓰이는 것으로도 유명하다. "철따라 피워내는 화사한 황백의 꽃 / 온 몸으로 약기운까지 선사하는 / 참 좋은 나무, 닮고 싶은 나무라네"[안재동, 〈영동리 회화나무〉 중에서]. 그 밖에도 소서 어간에 꽃이 피는 나무로 무궁화, 부용, 배롱나무, 능소화, 으아리, 산수국, 나무수국 등이 있다.

"영원한 사랑"이라는 꽃말을 가진 흰색 또는 보라색의 도라지꽃, 이른 새벽에 피었다 정오도 되기 전에 시들어버리는 "속절없는 사랑" 또는 "기쁜 소식"이라는 꽃말을 가진 나팔꽃, "타오르는 사랑"이라는 꽃말을 가진 닭벼슬 모양의 맨드라미, "순결"의 꽃말을 가진 흑자색 반점이 많은 황적색의 참나리 꽃이 이때부터 8월까지 핀다. "기다림" 또는 "말없는 사랑"의 꽃말을 가진, 남아메리카 원산의 귀화식물인 노란 달맞이꽃도 이 무렵부터 9월까지 핀다. "영원한 사랑 위해 도라지 꽃피우나 / 사랑의 속절없음 나팔꽃 일깨우자 / 조용히 기다려보라 달맞이꽃 말하네"[이효성, 〈소서〉 중에서]. "순진"의 채송화와 초가을의 대표적인 꽃으로 알려진 "순정"의 코스모스와 들국화로 통칭되는 "그리움"의 쑥부쟁이도 실은 이때부터 꽃이 피기 시작하여 10월까지 핀다. 원통형의 꽃이삭이 강아지 꼬리를 닮아서 강아지풀로 불리는 식물도 이 무렵부터 9월까지 핀다. 그 밖에도 이때부터 참깨, 도라지, 달개비, 동자꽃, 연꽃, 어리연꽃, 마름, 금꿩의 다리, 까치수염, 박 등이 8월까지, 배초향, 무릇, 오이풀,

미나리, 쑥 등이 9월까지, 그리고 톱풀이 10월까지 핀다.

대체로 소서나 대서 어간에 오는 음력 6월 보름은 우리 민족만의 고유 명절인 유두절(流頭節)이다. 이날 우리 선조들은 액을 쫓아내고 여름에 더위를 먹지 않는다고 믿어 원기가 왕성하다는 동쪽으로 흐르는 물에 머리를 감고 목욕을 했다. 이를 '물맞이'라 불렀는데 무더위를 날리기 위한 것이기도 했다. 그리고 햇밀가루로 만든 국수와 떡과 함께 새로 익은 오이, 참외, 수박 등의 햇과일로 유두천신(流頭薦新)이라 부르는 유두차례를 올리고 나서 이를 나누어 먹었다. "유두일 맑은 시내 산간 폭포수 / 처녀들 삼단머리 목도 씻으며 / 싸릿개비 채반에 떡을 나누고 / 더위술 한 잔씩 춤도 추는데 / 만리성 가신 편지 님은 안 오고 / 손때 묻은 혜서 한 장 글도 안 오고 / 시름겨워 나서 본 강가 모래톱"[조예린, 〈유두절〉 중에서]. 이렇게 유두차례를 지낸 후에 선비들은 술과 안주를 장만하여 계곡이나 물가의 정자에 가서 풍월을 읊조리며 하루를 즐겼다고 한다. 이것이 소위 유두연(流頭宴)인데 멋이 곁들여진 일종의 피서 행락이기도 했다. 이 유두연이 오늘날의 한여름 피서 행락의 전례라 할 수 있을 것이다.

일반적으로 여름에 어패류는 먹기를 삼가는 것이 상식이지만, 여름이 제철인 생선도 없지 않다. 특히 한여름이 제철인 생선으로 농어, 병어, 민어를 들 수 있다. "7월 농어는 바라보기만 해도 약이 된다"는 옛말이 있을 정도로 여름 농어는 단백질, 비타민, 칼슘, 인, 철분 등이 풍부하여 여름 보양식으로 좋으며 탕이나 찜으로 먹기도 하지만 흔히 회로 많이 먹는다. 찜이나 조림으로 많이 먹는 병어는 부드럽고 비린내가 나지 않는 생선으로 신선할 때에는 작은 것은 뼈째 썰어 막회로 먹고 큰 것은 뼈와 껍질을 제거하고 회로 먹기도 하는데 그 고소한 맛이 일품이다. 병어와 함께 같은 병어과의 생선으로 그 모습도 병어와 거의 흡사한 덕대라는 생선도 거의 병어와 차별 없이 다루어진다. 민어는 그 회와 탕이 아주 맛이 좋은 고급어종으로, 특히 민어탕은 예부터 소서 절기에 있는 초복과 중복 등에 양반집의 복날 음식으로 인기가 있었다. "해마다 연례 행사처럼 / 싱싱하게 물결 거슬러 오르던 / 민어회 번개는 / 수면아래 가라앉아 / 숨비소리마져도 들리지 않고"[나상국, 〈복달임〉 중에서]. 전남 신안군 임자도에서는 해마다 여름 휴가철인 7월 말이나 8월 초순경에 민어축제가 열린다.

大暑 ── 대서, 무더위의 절정

달궈진 대지 위에 뙤약볕 더해지니
열기가 극에 달해 세상은 불가마속
무더위 심통 부리니 대서 절기 분명타

낮에는 매미들이 합창곡 불러주고
밤에는 풀벌레가 소야곡 들려주니
무더운 여름날들은 음악 속에 산다네

모든 것 예외 없이 왔다가 가야하고
정상에 오른 뒤엔 내려오기 마련이니
등등한 폭염기세도 꺾일 날이 머잖다

소서 다음에 이어지는 절기는 여름의 마지막 절기로서 "큰 더위"를 뜻하는 **대서**(大暑, major heat: 7월 22·23일)다. 절기력 상으로는 입하에서 대서까지가 여름이므로 대서 절기의 마지막 날이 여름의 마지막 날인 여름 절분이다. 천구 상에서 연중 가장 춥다는 대한(大寒)의 대척점에 있는 대서는 연중 무더위가 최고조에 달한다는 때다. "대서에 들어서니 연중의 최고 더위 / 복사열 쌓인 데다 뙤약볕 작열하니 / 세상은 고열이 넘쳐 불가마가 되었네"[이효성, 〈대서〉 중에서]. 말할 것도 없이, 태양의 고도가 가장 높고 낮이 가장 길고 따라서 복사열이 가장 강렬한 때는 하지 무렵이다. 대서는 그로부터 한 달이나 지난 다음이라서 그 만큼 태양의 고도도 낮아지고 낮의 길이도 짧아지고 복사열도 상당이 준 때다. 그럼에도 낮이 가장 길고 복사열도 최고인 하지 때보다 대서 무렵이 훨씬 더 더운 까닭은 낮이 길어지고 해가 높이 뜨면서부터 계속해서 쌓여온 태양의 복사열에 의해 대지와 대기가 달궈질 대로 달궈진 때문이다. 이처럼 날씨 특히 온도가 변하는 근본 원인은 햇빛의 변화이고 그 변화는 천문학적인 변화에 의한 것이지만 그에 따른 기후의 변화는 천문학적인 변화와는 상당한 차이가 있다.

한반도의 장마는 흔히 대서 무렵에 끝나지만, 때때로 장마전선이 대서 이후까지 한반도에 동서로 걸쳐 있는 경우도 있어서 대서 후에도 큰비가 내리기도 하는데, 최근에는 한반도의 아열대화에 따른 여름의 우기화(雨期化)로 그런 경향이 더 심해지고 있고, 또 태풍으로 인해 호우가 곧잘 쏟아지는 경우도 적지 않다. 하지만 일반적으로는 대서 무렵에 장마가 끝나면서 고온다습한 북태평양 고기압이 밀려와 이후 20여 일이 뙤약볕과 함께 무더위가 연중 가장 심한 기간이고 그래서 최고의 휴가철이기도 하다. 이 때문에 이 기간의 유명 휴가지는 인산인해를 이룬다. 이 무렵은 특히 키보이스가 노래한 김희갑 작사·작곡의 〈해변으로 가요〉라는 노래가 "별이 쏟아지는 해변으로 가요 / 젊음이 넘치는 해변으로 가요 / 달콤한 사랑을 속삭여 줘요"로 시작되는 경쾌한 운율로 젊은이들을 바닷가로 유혹하는 때다. 과거에 우리 선조들도, 앞 절기인 소서 절기에 소개한 유두절의 세시풍속처럼, 이 무렵에 술과 음식을 마련하여 계곡이나 산 속에 들어가 놀면서 더위를 피했다고 한다. 그러나 이 어간은 농작물과 함께 잡초도 무성해지는 시기라서 농부들에게는 논밭의 김매기와 논밭두렁의 잡초 베기 그리고 퇴비장만 등으로 오히려 쉴 틈이 없이 바쁜 때이기도 하다.

이 시기는 삼복(三伏) 가운데에서도 가장 무덥다는 중복(中伏)이 있는 때로 이때의 견디기 어려운 더위를 "불볕더위", "찜통더위", 그리고 한자어로는 "고열(苦熱)", "혹서(酷暑)" 등의 말로 일컫는다. "중복은 용광로보다 뜨거운 / 갑옷을 입는다 / 불칼을 잡고 철길이며 아스팔트며 호수며 / 크고 작은 산들까지도 / 사정없이 유린한다"[안재동, 〈중복〉 중에서]. 한반도의 여름 무더위는 고온다습해서 땀이 줄줄 흐르게 만들고 피부를 끈적끈적하게 하여 견디기 어려운 고약한 더위다. 이 무렵의 더위가 워낙 맹위를 떨치기 때문에 예부터 "대서 더위에 염소 뿔이 녹는다"는 속담이 있을 정도다. 이때는 밤에도 열기가 식지 않는 열대야 현상이 일어나서 방안에서는 에어컨이나 선풍기 없이는 잠을 자기 어려워 많은 사람들이 밖에서 잠을 자기도 한다. 에어컨이나 선풍기가 없던 옛날에는 무더위의 고약함이 훨씬 더했을 것이다. 그래서 고려 말의 문장가 이규보는 이렇게 읊었다. "혹독한 무더위가 불보다 심해 / 천 개의 화로가 숯이 붉게 부채질 하네(酷熱甚於火 千爐扇炭紅)"[〈고열(苦熱)〉 중에서]. 그는 같은 제목으로 무더위의 참기 어려움을 이렇게도 읊기도 하였다. "누우면 일어나 날고 싶고 / 일어나면 발가벗고 눕고 싶네 / 시루 속에서 찌는데 누가 불쌍히 여길까 / 물속으로 옮겨가 앉아 있으리라(臥欲起奮飛 起思還裸臥 誰憐甑底蒸 移向水中坐)"[〈고열(苦熱)〉 중에서]. 미국 태생으로 영국에서 활동한 여류 시인이자 소설가인 힐다 두리틀(Hilda Doolittle)은 여름의 무더위에 대한 심정을 이렇게 말했다. "오 바람아, 더위를 열어 젖혀라 / 더위를 베어 나누어라 / 갈기갈기 찢어버려라 /…/ 더위를 베이라 / 그것을 갈아엎어서 / 네 길의 / 양 옆으로 / 갈라놓아라."[〈더위(Heat)〉 중에서].

　이러한 한반도의 무더위도 일본 열도의 무더위에 비하면 양반이라 할 수 있다. 한반도 남쪽에 위치하기에 북태평양 고기압의 영향이 더 크고 섬나라라서 바다의 영향으로 습도가 한반도보다 훨씬 더 높은 일본

열도의 여름 무더위는 그야말로 살인적인 찜통더위의 끝이다. 일본 열도는 연중 습도가 높은 편이지만 특히 여름에는 정말로 견디기 어려울 정도로 피부가 끈적거리고 등에서 땀이 줄줄 흐른다. 그래서 하루에도 몇 번씩 목욕을 해야 한다. 과거에 에어컨이 없던 시절에는 더 자주 해야 했을 것이다. 이것이 일본에 목욕 문화가 발달하고, 일본인들이 목욕으로 많은 시간을 허비하고, 유카타라는 소매가 넓은 잠옷 겸 목욕옷만 걸친 채 게다를 신고 거리를 활보하는, 보기에 따라서는 좀 민망한, 행태를 보이는 이유다.

그러나 모든 것에는 한계가 있고 끝이 있기 마련이다. 따라서 올라가는 것은 언젠가는 내려오게 되어 있고 내려가는 것은 언젠가는 올라오게 되어 있는 것이다. 그리고 모든 존재나 현상은 전성기를 거쳐 쇠퇴하게 된다. 여기에는 예외도 없다. 그래서 더위가 최고조에 달하는 대서 절기는 사실 더위의 쇠퇴가 시작되는 시기이기도 하다. 정상이나 절정에서부터 내리막이 시작되는 이치대로, 가장 춥다는 대한부터 추위가 한풀 꺾이기 시작하듯이, 가장 더운 대서부터 더위도 한풀 꺾이기 시작하는 것이다. "그리도 / 안간힘을 쓰더니만 / 큰소리 쳐대며 / 버티더니만 // 제풀에 꺾여 스러지누나"[오보영, 〈무더위〉 중에서]. 그래서 혹한을 보내고 나면 따뜻한 봄을 맞듯이, 무더운 여름을 보내고 나면 시원한 가을도 맞을 수 있게 된다. 이처럼 모든 사물이나 현상은 극에 달하면 반전이 일어나는 것이다. 물극즉반(物極則反) 또는 물극필반(物極必反)이라는 사자성어는 이를 이르는 말이다.

이 무렵 오후에 뇌성벽력이 크고 소나기가 세차게 쏟아지는 경우가 많다. 소나기가 내리는 동안은 잠시 더위가 가시기도 하지만 소나기가 그치면 다시 태양이 작열하며 언제 그랬냐 싶게 다시 무더워진다. 장마가 그친 이즈음에는 작물들을 비롯하여 식물들은 작열하는 햇볕으로 왕성한 광합성을 하여 무럭무럭 자랄 수 있게 된다. "이 놈의 더위 얼른

갔으면 좋겠어 / 너무 그러지 마세요 / 저 멀리서 곡식 익는 소리 / 고소하게 들리지 않아요?"[최범영, 〈그 해 여름 풍경〉 중에서]. 소나기와 뙤약볕이 있어서 여름은 무성과 번창의 계절이 되는 것이다. 그 덕택에 이즈음에 참외, 수박 등의 여름 과채가 많이 나는데 계속되는 장맛비를 맞지 않아 당도가 높아 이들을 즐기기에도 좋고, 채소도 튼튼하고 풍성하게 자라 호박전이나 부추전을 부쳐 먹거나 오이소박이를 담아먹기에도 좋다. 이는 다 무더운 날씨 때문이니 무더위의 보상이라고 해야 할 것이다. 덥다고 고약하기만 한 것은 아니다. 좋은 일에도 나쁜 면이 있고, 나쁜 일에도 좋은 면이 있는 법이다.

이처럼 소서부터 대서까지 이어지는 무더위가 인간에게는 참기 어려운 고통을 주나 여름작물에게는 성장을 위한 더 없는 기회를 준다. 농작물 가운데 가장 중심이 되는 벼에게는 더욱더 그러하다. 벼는 더위와 물을 좋아하는 전형적인 열대성 작물이기 때문이다. "상강 90일 두고 모 심어도 잡곡보다 낫다"는 말이 있는데, 상강 90일 전은 대서가 시작되는 무렵으로 이때는 모내기를 위한 적기는 아니고 이미 늦은 시기이지만 그래도 모내기를 하면 무더위 속에서 벼가 무럭무럭 자라 어느 정도 쌀 수확을 할 수 있다는 뜻이다. 대서 무렵부터 논이 많은 평야지대는 제 때에 모내기해서 그 동안 성큼 자란 벼들로 뒤덮여 시원스럽게 펼쳐지는 푸른 대초원으로 변한다. "저기 연초록에서 / 진초록으로 변해가는 / 풍경 속에서 / 바람 불어 와 / 여름이 여름이 / 날아가는 게 보인다"[김길남, 〈여름 견디기〉 중에서]. 가을의 풍요를 예견하게 하는 평화롭고 한가롭고 고즈넉한 이런 모습이 한여름 농촌의 지배적인 풍경이라 할 수 있을 것이다.

그런데 이때 논에는 그 생김새가 벼와 아주 비슷해서 언뜻 구별하기조차 어려운 벼과의 잡초로서 생명력이 아주 강한 피가 벼에 섞여서 벼로 위장한 채 벼보다 더 왕성하게 자라며 벼의 양분을 뺏어가기에 농부는 피사리를 잘 해주어야 한다. "피사리를 하며 / 벼인 척 살아가는 / 피도 한심 하지만 / 벼와 피도 구별 못하는 / 나는 더 한심스럽다 / 피가 벼 같고 / 벼가 피 같고 / 가짜가 진짜처럼 사는 세상 / 인간 세상을 꼭 닮았더라"[심시인, 〈피사리를 하며〉]. 그런데 오늘날은 논의 김매기는 제초제로 대신하는 경우가 많아 피사리가 되지 않은 논도 적지 않다. 장마 기간과 대서 어간에는 논의 피 뿐만 아니라 밭에서도 각종 잡초들이 맹렬하게 자라기 때문에 밭의 김매기도 열심히 해야 한다. 만일 장마 전에 김매기를 제대로 하지 못한 경우에는 장마 기간에 자란 잡초가 무성해지므로 이를 제대로 잡아주지 않으면 작물이 잡초에 치이게 된다. 그리고 가을 김장용 채소를 재배할 밭에는 입추 어간에 파종을 해야 하므로 대서 어간에 미리 밭의 잡초를 말끔히 제거하고 밑거름을 해두어야 한다.

여름은, 특히 대서 무렵의 한여름은, 이글거리는 태양이 내뿜는 열기 속에서 짝을 찾는 매미들과 풀벌레들의 울음소리가 열기만큼이나 요란해진다. 매미의 성충은 종에 따라 일찍 나오는 것은 5월에 나오기도 하고 늦게 나오는 것은 11월에 나오기도 하지만 거개의 종들은 역시 여름 특히 가장 더운 7, 8월에 주로 출현한다. 매미의 생애 주기는 흔히 2-5년이지만 종에 따라서는 심지어 13년, 또는 17년인 것도 있다. 매미는 생의 대부분을 땅속에서 약충(若蟲, nymph: 불완전 변태를 하는 곤충의 유충)으로 나무뿌리의 수액을 빨아먹고 살다가 나무위로 기어 나와 탈피하여 성충이 된 다음에 약 1-3주 정도밖에 살지 못한다. 이 짧은 기간에 수컷들은 종족유지를 위해 짝짓기를 해야 하기 때문에 짝을 찾기 위해 그렇게 소리 높여 쉴 새 없이 필사적으로 우는 것이리라. "창 밖, / 소리로 쓰는 / 마지막 생(生)의 서(書) / 바람의 심장마저도 / 갈기갈기 갈라지겠다"[최영희, 〈매미 소리〉 중에서]. 그래서 시인 안도현은 매미의 저 맹렬한 구애의 울음을 사랑에 빗대서 "여름이 뜨거워서 매미가 / 우는 것이 아니라 매미가 울어서 / 여름이 뜨거운 것이다"[〈사랑〉 중에서]고

역설적으로 표현했다. 한여름의 매미소리가 하도 필사적이고 맹렬해서 그 소리를 듣고 있노라면 무더위도 잠시 잊게 된다. 그래서 다산 정약용은 '소서팔사(消暑八事: 더위를 없애는 여덟 가지 일)'의 하나로 '동림청선(東林廳蟬: 동쪽 숲에서 매미소리 듣기)'을 꼽았을 것이다.

가을의 절기들

입추
처서
백로
추분
한로
상강

가을의 절기들

 가을은 여름의 무더위가 끝나고 낮의 따가운 햇볕에도 불구하고 대체로 시원하고 서늘한 계절이다. 한여름이 지나면서 태양의 고도가 낮아지고 낮이 짧아지며 한여름 동안 한반도를 지배하던 고온다습한 북태평양 고기압이 서서히 물러나면서 북서계절풍이 불어오기 시작하기 때문이다. 가을은, 경물의 변화를 중심으로 말하면, 무더위가 가고, 서늘한 바람이 불고, 일교차가 커서 풀잎에 이슬이 맺히고, 나뭇잎이 변색하여 단풍이 되지만, 낮의 따가운 햇살을 이용해 곡식과 과일이 무르익는 완숙의 계절이라고 할 수 있다. 가을은, 인간 활동을 중심으로 말하면, 봄에 씨 뿌리거나 소생한 작물들에서 여름에 맺고 성숙한 열매들이 다 익어서 거두어들이는 수확의 철이고, 그 수확이 주는 환희와 감사의 철이다. 그러나 가을이 깊어지면 날씨가 싸늘해지면서 서리가 내리고 온 천지에 숙살지기가 지배한다. 그리하여 가을은 또한 잎이 지고 풀이 죽는 조락의 철이고, 그 조락이 일깨우는 모든 생명체의 종말에 대한 예견에서 오는 비애와 우수 또는 사색과 성찰의 철이기도 하다.
 생명체는 대체로 추위에 약하기 때문에 겨울을 이겨내려면 가을에 월동대책을 마련해야 한다. 식물은 씨앗과 뿌리로 겨울을 나는데 이를 위해 여름이나 가을에 씨를 완성시키고 늦가을에 잎을 조락시킨다. 대부분의 동물들은 겨울 동안에 얼어 죽지 않기 위해서 또는 먹이가 부족하여 굴 속, 나무 속, 땅 속, 나무뿌리 밑, 낙엽 속 등의 추위를 피할 수 있는 은신처에서 겨울잠을 자는데 잠을 자는 동안 소모할 영양분을 체내에 저장하기 위해 가을에 충분한 먹이 활동을 해야 한다. 그런데 개미, 벌, 다람쥐, 들쥐, 두더지, 고슴도치 등과 같은 일부 동물들은 월동대책으로 겨울에 먹을 것을 연중 내내, 여름과 가을에, 또는 가을에 열심히 모으기도 한다. 동면을 하지 않고 따뜻한 털도 없는 인간의 가장 중요한 월동대책은 겨울 동안 먹을 식량을 확보하고 더불어 난방을 위한 땔감을 마련하는 일이다. 그 가운데 식량의 마련은 봄과 여름 동안 열심히 가꾸어온 농작물을 수확하는 일이다. 따라서 인간의 삶에서 가을의 중요성은 무엇보다 추운 겨울 동안을 굶주리지 않고 무사히 날수 있게 식량을 확보해주는 농작물을 수확하는 철이라는 점에 있을 것이다.

그래서 우리말의 '가을'은 추수와 관련이 있다. '가을'이라는 말은 철로서 가을이라는 뜻 외에도 농작물을 거두어들이는 일 즉 추수의 의미도 가지고 있기 때문이다. 그리고 '가을하다'는, 남부 방언의 '가실하다'와 같이, 농작물을 거두어들이다 또는 농작물을 한데 모으거나 수확하다는 뜻도 지니고 있다. 어원학적으로 가을은 열매를 걷다는 뜻의 '갓다'에서 왔다고 한다. '갓'에 '을'이 추가되어 '갓을'(=거둘)이 '가슬'이 되었다가 다시 '가을'이 되었다는 것이다. 이외에도 가을이라는 말이 '가슴'과 '울음'의 조어인 '가울'에서 왔다는 주장도 있고, 좋은 달 또는 아름다운 달이라는 뜻의 한자어 가월(佳月 또는 嘉月)에서 왔다는 주장도 있지만, 이들 주장은 근거가 있다기보다는 가을의 특성에 빗대어 그럴듯하게 유추한 것이라고 판단된다.

가을에 해당하는 한자 추(秋)는 철로서 가을이라는 뜻 외에도 결실, 성숙한 때, 결실한 때라는 뜻도 가지고 있다. 秋는 벼(禾)가 불(火)에 그을리는 모습으로 되어 있다. 이는 아마도 뜨거운 가을볕에 벼가 익거나 추수를 위해 볏단을 햇볕에 말리는 모습을 형상화한 것이라 할 수 있다. 가을을 뜻하는 영어의 fall은 동사로서 '떨어지다'는 말로도 쓰인다는 점에서 가을에 나뭇잎이 지는 등 조락의 철임을 뜻하는 말이라고 할 수 있고, autumn은 성숙의 시기 또는 쇠퇴가 시작되는 시기의 뜻으로서 곡식이나 과일이 익어서 수확할 때임을 뜻하는 말이라고 할 수 있다. 가을이라는 우리말이나 가을을 뜻하는 한자나 영어 모두가 대체로 익은 열매를 거두어들이는 추수 또는 수확의 계절임을 말하고 있다. 그만큼 가을은 겨울을 나기 위한 준비로서 식량을 마련하는 농작물의 추수가 중요한 시절인 것이다.

24절기 가운데 가을이 시작되는 절기는 입추다. 황도 상에서 입추는 한여름인 하지와 한가을인 추분의 한 가운데로 황경 135도의 지점이다. 이처럼 입추는 한여름과 한가을의 중간 지점이기에 천문학적으로만 본다면 이 지점에서 여름과 가을이 갈린다고 할 수 있다. 천문학적으로 입추는 여름이 끝나고 가을이 시작되는 시점인 것이다. 입추부터 처서(황경 150도), 백로(165도), 추분(180도), 한로(195도), 상강(210도)까지 6개의 절기가 각각 15도 간격으로 나뉘지만 구간마다 태양의 운행 속도가 다르기 때문에 운행에 걸리는 시일은 절기마다 약간의 차이가 있다. 그런데 가을의 절기들이 속한 황도 상의 구간은 봄의 절기들이 속한 구간과 비슷하게 태양의 운행 속도가 가장 빠른 근일점과 가장 느린 원일점의 중간에 위치하기에 가을 절기들의 길이는 평균적이라 할 수 있다.

이들 가을의 절기를 약술해보자. 입추(立秋)는 가을이 일어선다는 뜻으로 가을의 길목에 들어서는 절기이고, 처서(處暑)는 더위가 지나간다는 뜻으로 더위가 끝난다는 절기이고, 백로(白露)는 흰 이슬이라는 뜻으로 풀잎에 맑고 깨끗한 이슬이 내린다는 절기이고, 추분(秋分)은 가을의 균분점이라는 뜻으로 낮과 밤의 길이가 같은 시점에서 시작하는 한가을의 절기이고, 한로(寒露)는 찬 이슬이라는 뜻으로 공기가 점점 차가워지고 초목에 찬이슬이 맺힌다는 절기이고, 상강(霜降)은 서리가 내린다는 뜻으로 이때부터 날씨가 더욱 차져 서리가 내린다는 절기다. 이들 절기는 주로 가을의 천문학적, 또는 기상학적 현상을 나타내는 말들이고 추수나 수확과 같은 인간사에 관련된 말이나 가을의 정조(情調)를 나타내는 말은 없다. 이는 절기의 이름들이 주로 천문학적 현상이나 기상학적 현상을 비롯한 자연 현상을 표현하는 말로 명명된 때문일 것이다. 가을의 절기뿐만 아니라 다른 계절의 절기에도 자연 현상 외에 인간사나 정조를 지칭하는 이름은 하나도 없다.

음력으로 입추와 처서는 맹추(孟秋: 초가을)라고도 부르는 칠월에, 백로와 추분은 중추(仲秋: 한가을)라고도 부르는 팔월에, 한로와 상강은 계추(季秋: 늦가을)라고도 부르는 구월에 있다. 《농가월령가》의 7·8·9월령의 첫 부분을 소개하면 다음과 같다. "칠월이라 맹추(孟秋)되니 입추 처서 절기로다 /.../ 늦더위 있다 한들 절서(節序: 절기의 차례)야 속일소냐 / 비 밑도 가볍고 바람 끝도 다르도다 / 가지 위의 저 매미 무엇으로 배를 불려 / 공중에 맑은 소리 다투어 자랑는고 /.../ 팔월이라 중추(仲秋)되니 백로 추분 절기로다 /.../ 선선한 조석(朝夕) 기운 추의(秋意: 가을다운 기분이나 멋)가 완연(宛然)하다 / 귀뚜라미 맑은 소리 벽간(壁間: 벽 사이)에서 들리구나 /.../ 구월이라 계추(季秋)되니 한로 상강 절기로다 / 제비는 돌아가고 떼기러기 언제 왔노 / 벽공(碧空: 푸른 하늘)에 우는 소리 찬이슬 재촉는다 / 만산 풍엽은 연지를 물들이고 / 울밑에 황국화는 추광을 자랑한다."

立秋 ─── 입추, 가을의 길목

입추절 되었으니 무 배추 파종하고
벼이삭 출수하니 논에서 물을 빼어
농사일 제때를 맞춰 차질 없이 하거나

건조한 바람결로 슬며시 기별하고
처량한 귀뚜리로 소심히 인사하며
가을은 조심스럽게 슬금슬금 온다네

무더위 아직 쪄도 끝물이 되었음을
멍석 위 빨간 고추 스치는 산들바람
가을의 전령사들이 미리 알고 이르네

가을의 첫째 절기인 **입추**(立秋, start of autumn: 8월 7·8일)는 찌는 듯한 무더위 속에서도 가을의 문턱에 들어섰음을 뜻한다. 입추는 일반 달력상으로는 늦여름이지만 절기상으로는 가을이 시작되는 시점이다. 절기력에서 가을은 입추부터 입동 전 날까지다. "입추는 입동이 올 때까지 / 가을이란 이름표 달기 위해 / 첫 문을 여는 날"[백원기, 〈입추가 오면〉 중에서]인 것이다. 그러나 천문학에서 가을은 추분부터 동지 전날까지고, 일반 달력에서는 가을은 9월부터 11월까지다. 입추 무렵은 아직 늦여름의 무더위가 한창인 때여서 가을의 길목이라고 해서 시원한 가을을 느낄 수 있는 때라는 뜻은 아니다. "입추라는데.. // 가을 내음은 어디에도 없구나 // 오히려 / 바람도 한 점 없고 / 따가운 뙤약볕에 무더운 공기만 // 어느 여름날보다 더 진하게 온 사방을 뒤덮고 있으니.."[오보영, 〈입추〉 중에서]. 입추는 사실 늦더위의 계절이다.

입추 때 황도 상에서 태양의 위치는 추분 쪽을 향한 채 하지와 추분의 한중간 지점으로 천문학적으로는 태양이 가을 쪽으로 접어든 시점이다. 그런데 입추는 가장 더운 대서 절기 바로 다음 절기다. 이는 물극즉반(物極則反)의 이치대로 오르막의 끝인 정상에서부터 내리막이 시작되듯이, 무엇이든 그 절정의 순간부터 그 쇠퇴가 시작됨을 보여주는 자연의 이치이기도 하다. 말하자면, 대서(大暑)라는 무더위의 절정에서부터 이미 무더운 여름의 기세가 조금씩 꺾이고 가끔은 미약하게나마 선선한 바람이 일기도 하면서 가을의 길목으로 들어서는 것이다. "후덥지근 바람이 놀고 간 자리에 / 향이 나르는 바람 / 솔솔 걸어오는 가을바람"[박태원, 〈입추 즈음에〉 중에서]. 혹한의 절정 직후에 따스한 봄기운이 나타나듯이, 무더위의 절정 직후에 서늘한 가을 기운이 나타나기 시작한다.

봄은 우리 감각이 느끼기 전에 우리 마음에 먼저 오지만, 가을은 우리 마음에 먼저 오는 것이 아니라 우리 감각이, 특히 촉각이, 먼저 알아챈다. 봄은 마음으로 맞이하는 계절이지만, 가을은 감각으로 느끼는 계절인 것이다. 입추 무렵에는 때때로 습기가 가셔 고슬고슬한 느낌을 주는 신선한 바람이 살짝살짝 일기 시작한다. "푹푹 찌던 저녁 햇살이 / 산 그림자에 밀려나고 / 언덕을 넘는 저녁 바람이 / 옷깃으로 파고든다."[박인걸, 〈입추〉 중에서]. 이처럼 가을은 촉각에 먼저 감지되고 이어서 시각과 청각으로도 느끼게 된다고 할 수 있다. 입추 무렵부터, 특히 새벽이나 밤에는, 일교차가 커지면서 밤에는 이슬이 맺혀 새벽녘 해가 뜨기 전에는 이슬을 볼 수 있기 때문이다. 그리고 이 무렵부터 "알기는

(음력) 칠월 귀뚜라미"라는 속담을 증명이라도 하려는 듯이, 가을의 전령사 귀뚜라미의 우는 소리가 들리기 시작한다. 가을이 오고 있음은 귀뚜라미 울음소리에 의해 청각으로도 포착되는 것이다. 그 소리가 하도 처량해서 무더위 속에서도 시원한 가을을 느낄 수 있는지도 모른다. 그래서 계절의 변화에 민감한 사람들은 천체의 운행 또는 계절의 오고가는 자연의 섭리에는 한 치의 오차도 없음을 또 한 번 실감하게 된다.

그러나 입추라 해도 달력상으로나 천문학적으로는 아직 엄연한 여름이고 대서의 무더위가 계속되는 때여서 입추기간의 초반은 여름휴가의 성수기에 속하는 시기이고 후반은 일부러 혼잡한 휴가 성수기를 피하려는 사람들이 선택하는 늦은 휴가철이기도 하다. 그만큼 입추 절기 기간은 아직은 무더운 때인 것이다. "가을로 접어들지만 / 아직은 가을이 멀기만 하다. / 해바라기는 까맣게 타고 / 나팔꽃은 아침부터 입을 오므렸다. / 참매미는 아직 짝을 못 찾았고 / 쓰르라미도 구애에 목이 탄다."[박인걸,〈입추 느낌〉중에서]. 입추는 태양의 복사열이 가장 많은 하지로부터 거의 50일이 지난 시점으로 태양의 복사열 그 자체의 양은 상당히 줄었다고 할 수 있지만 그 동안 대지와 대기에 축적된 많은 양의 복사열이 남아 있어 아직은 무더위가 지속되는 때인 것이다. 그래서 두보(杜甫)는 "(음력) 7월 6일 불볕더위 속에...관복의 띠를 매니 발광하여 큰 소리로 외치고 싶다(七月六日苦炎熱...束帶發狂慾大叫)"[조추고열(早秋苦熱) 중에서]고 했다. 특히 최근에는 한반도의 아열대화로 늦더위와 열대야도 점점 더 오래 지속되는 듯하다.

이 무렵 농촌에서는 일찍 빨갛게 익은 고추들이 긴조를 위해 멍석이나 지붕 위에 널리기 시작하고, 참깨와 옥수수를 수확하고, 일찍 수확한 밭에는 김장용 무, 배추와 같은 가을채소를 심기 시작한다. 그래서 "가을채소는 입추 이슬을 맞아야 한다"는 말이 있는데 이는 중부지방에서는 가을채소가 제대로 자라려면 일교차가 커져 이슬이 맺히는 입추 어간에 파종하여 가을채소의 어린 싹들이 습기를 충분히 취할 수 있게 해야 한다는 뜻일 것이다. 그러나 어린 싹들에게 충분한 수분을 주려면 약간의 비가 오는 것이 바람직하다. 하지만 비가 조금만 지나쳐도 이 무렵에 꽃이 달린 이삭을 내기 시작하는 벼에게는 매우 해롭기에 이때의 비는 한편으로는 필요하기도 하고 다른 한편으로는 원망스럽기도 한 이중적인 존재다. 오늘날 조생종 벼의 품종개량과 한반도의 아열대화로 남부지방에서는 조생종 벼의 이기작(二期作: 단일 경작지에 같은 작물을 1년에 두 번 재배하는 농법으로 다른 작물을 번갈아 재배하는 이모작과는 구별됨)을 하기도 하는데 이 경우에 일기작 벼를 추수하고 새로 이기작 벼를 심는 때도 바로 이 입추 어간이다.

입추 무렵은 조생종 벼가 아니라 벼의 절대 다수를 차지하는 일반 벼들이 눈에 띄게 자라나서 이삭이 될 꽃줄기를 배어 볏대가 불룩해지는 배동바지거나 꽃줄기가 막 열리려는 장벼(이삭이 팰 정도로 다 자란 벼)의 철이다. 그래서 "입추에는 벼 자라는 소리에 개가 짖는다"는 속담이 있을 정도다. 따라서 이 무렵의 날씨는 1년 벼농사를 결정한다고 할 만큼 중요하다. 이 무렵부터 처서까지 비가 오지 않아야 벼농사의 풍작을 기대할 수 있다. 비가 오면, 벼꽃의 꽃가루받이가 제대로 이루어지지 못하고 그러면 이삭의 알이 차지 않아 쭉정이가 많이 생기고, 또 벼가 알차게 익기 위한 늦여름의 따가운 햇살이 차단되어 벼가 제대로 결실을 맺지 못하기 때문이다. 이 무렵부터 물이 깊은 논에서는 물을 빼서 물 깊이를 바닥까지 낮추어 준다. 벼는 꽃이 피고 열매가 익으려면 뿌리로 많은 영양분을 흡수해야 하는데 논에 물이 깊으면 뿌리의 호흡과 영양흡수 활동에 지장을 주기 때문이다. 이때 농약을 치지 않았던 논이라면 물을 빼는 물꼬 밑에 용수나 어레미를 대어 두면 논에서 자란 붕어, 송사리, 피라미, 미꾸라지 등 민물고기들이 빠지는 물에 쓸려 잡히기도 하는데 이들을 거둬서 매운탕을 끓이면 늦여름의 별미를 즐길 수 있다.

공교롭게도 이 시기에 태풍과 장마가 자주 발생하여 벼에 많은 피해를 주기도 한다. 그래서 과거에는 이 무렵에 비가 5일만 계속되어도 조정이나 각 고을에서는 비를 그치고 맑은 날이 계속되게 해달라는 기청제(祈晴祭)를 올렸다고 한다. 봄이나 초여름에 가뭄이 들었을 때 비가 오게 해달라고 기원하는 기우제와는 정반대의 제사라 할 수 있다. "오늘 날씨가 태풍 모라꼿 간접영향으로 / 강풍 너울파도 휘몰아치는 비바람이다 / 국지성 호우마저도 내릴 가능성이 있어 / 비를 멎게 해달라는 기청제를 올리고픈 / 가장 덥다고 하는 대서 지나 이내 찾아 든 / 말 그대로 가을에 들어선다고 하는 입기일."[손병흥, 〈가을의 시작〉 중에서]. 기청제를 올리는 동안에는 물을 사용하거나 소변을 보거나 심지어는 방사를 하는 것과 같은 비를 떠올릴 수 있는 일체의 행위를 삼갔다고 한다. 입추와 처서 어간에는 뜻밖의 복병인 백중(百中, 음력 7월 보름)날 부근의 한사리 현상인 "백중사리"가 발생해 서남해안 지역의 저지대를 침수시키고 농작물에 해를 입힌다. 사리는 그믐과 보름에 따라서 한 달에 두 번씩 지구가 달과 태양과 일직선상에 위치하여 태양과 달의 인력이 함께 지구에 작용하여 바닷물을 끌어올리기 때문에 바닷물의 수위가 높아지는 현상으로 이 탓에 해안가 저지대가 침수된다.

이 무렵부터 해바라기와 물봉선이 9월까지 그리고 용담과 참취는 10월까지 꽃을 피운다. 나무에서는 매미들이 그리고 풀밭에서는 발음기관이 발달해 있는 여치과와 귀뚜라미과의 풀벌레들이 가장 요란하게 우는 때가 아마 이 무렵일 것이다. 이들 벌레 소리는 실은 더 늦기 전에, 즉 더위가 가기 전에, 짝을 찾으려고 필사적으로 우는 것이지만, 이는 곧 여름이 가고 가을이 오는 소리로 받아들일 수도 있다. 그래서 《농가월령가》 7월령에도 다음과 같이 일깨우고 있다. "가지 위의 저 매미 무엇으로 배를 불려 / 공중에 맑은 소리 다투어 자랑는고 /…/ 부녀들도 셈이 있어 앞일을 생각하소 / 베짱이 우는 소리 자네를 위함이라 / 저 소리

깨쳐들고 놀라서 다스리소." 그렇다. 8월의 무더위 속에서 소리 높여 우는 풀벌레들은 실은 여름이라는 묵은 계절이 끝나가고 가을이라는 새로운 계절이 다가오고 있음을 알리는 전령사이기도 한 것이다. 이제는 슬슬 무더운 여름을 보내고 시원한 가을을 맞이할 채비를 해야 할 때인 것이다.

흔히 입추나 처서 어간에 드는 칠월칠석 또는 그냥 칠석이라고 부르는 날이 있다. 이는 음력으로 7월 7일을 지칭하는데 명절의 하나였다. 음양사상에 따르면, 홀수(奇數)는 양수(陽數)이며 길수(吉數)이기도 하다. 따라서 양수가 중첩되는 설날(음 1월 1일), 삼짓날(음 3월 3일), 단오절(음 5월 5일), 칠월칠석(음 7월 7일), 중양절(음 9월 9일)은 특히 더 길한 날이어서 양수를 길수로 여기는 동북아의 기수민속(奇數民俗)에 의해 명절이 된 것이다. 오늘날은 이 가운데 설날 외의 나머지 날들은 모두 명절로서 의미는 거의 퇴색했다. 칠석은 본래 중국 주나라에서 발생하여 동아시아 각국으로 퍼져나간 견우(牽牛)와 직녀(織女)의 설화에서 비롯된 날이다. 목동인 견우와 베 짜는 직녀가 사랑에 빠져 일에 소홀하자 옥황상제가 노해 이들을 은하수로 갈라놓았는데 이 둘이 서로 그리워하는 마음을 안타깝게 여긴 까마귀와 까치들이 해마다 칠석날 밤이면 머리를 모아 은하수를 가로지르는 오작교(烏鵲橋)라는 다리를 만들어 두 사람을 만나게 했다는 내용이다. 이때 이 두 사람에 의해 밟힌 까마귀와 까치의 머리가 벗겨지고, 이날 내리는 비는 이 둘이 만나서 흘리는 눈물이라고 한다. 이 날은 세벌 김매기도 끝나고 좀 한가한 소위 '어정 칠월, 건들 팔월'에 속하는 때여서 두레꾼들이 술추렴을 하거나 술과 떡을 마련하여 일꾼들을 격려하는 풍속이 있었으나 이제는 이러한 두레문화도 사라져가고 있다. "두레풍장 소리 잊고 살다보니 / 칠석날 하늘마저 맨송맨송해 / 견우직녀 눈물의 상봉도 없는 것 같아 / 얼큰했던 닐리리쿵더쿵 시절이 그립다"[권오범, 〈어정칠월〉 중에서].

處暑 ― 처서, 더위가 가심

늦더위 가시잖아 아직은 무덥지만
선선한 바람결이 수시로 불어오니
처서가 이미 왔단다 물러가라 더위야

땀방울 맺히잖고 끈적함 사라지며
조석엔 산들바람 옷깃을 파고드니
어느덧 가을이 옴을 감각으로 느끼네

벼꽃이 피어나서 수정을 끝마치고
수밀도 땡볕으로 단맛을 더해가니
여름에 커왔던 것들 익는 시절 되었네

입추 다음 절기는 더위가 멈춘다 또는 가신다는 처서(處暑, limit of heat: 8월 23·24일)다. 실제로 처서 무렵부터 무더위의 기승이 급격히 약해지기 시작한다. "발톱 세우던 더위가 / 담장 밖 동태를 살핀다"[박얼서, 〈처서〉 중에서]. 이때부터 무더위도 한풀 꺾이고, 여름 동안 자주 치던 천둥과 번개도 잦아들고, 매미소리도 요란하지 않게 되고, 조석으로는 제법 선선한 바람이 불어오고, 한낮에도 습기가 가신 바슬바슬한 바람이 불기 시작해서 가만히 있어도 몸에서 배어나오던 땀도 더 이상 나지 않고, 몸을 끈적끈적하게 만들어 불쾌지수를 높이던 습도도 낮아져 불쾌감도 사라진다. "처서 가까운 이 깊은 밤 / 천지를 울리던 우렛소리들도 이젠 / 마치 우리들의 이마에 땀방울이 걷히듯 / 먼 산맥의 등성이를 넘어가나 보다."[박성룡, 〈처서기〉 중에서]. 처서는 감각이 둔한 사람도 계절의 변화를 알아챌 수 있는 때다.

처서 무렵에도 늦더위가 남아 있지만, 이때부터 여름이 가고 가을이 오고 있다는 느낌을 피할 수 없게 하는 가을의 전령사들이 뚜렷이 감지된다. 입추 어간부터 들리기 시작한 귀뚜라미 울음소리가 왠지 더 처량하게 더 많이 들리고, 이어 아침저녁으로는 선선한 바람이 그리고 낮에는 고슬고슬한 바람이 불어오고, 하늘엔 뭉게구름들이 둥실둥실 떠있고 그 아래 고추잠자리들이 한가롭게 날고, 지상에는 빨간 고추들이 여기저기 널려 있다. 이것이 가을의 길목에서 나타나는 전형적인 풍광이다. 옛말에도 처서가 "땅에서는 귀뚜라미 등에 업혀오고, 하늘에서는 뭉게구름 타고 온다"고 하였다. "참 계절의 변화는 신기하다 / 그렇게 찌는 듯하던 폭염이 / 소리 소문 없이 가는 가 했더니 / 산하를 오케스트라장으로 / 휘집던 매미소리도 사라지고 / 가을의 전령사 귀뚜라미 소리가 / 정겹게 밤을 노래한다"[김길남, 〈가을을 드립니다〉 중에서]. 이처럼 처서는 무더운 여름이 가고 상쾌한 가을이 오는 징조들이 나타나는 시기인 것이다.

특히 이 무렵에 부쩍 많이 보이는 빨간 고추와 고추잠자리는 그 붉은색 때문에 가을의 길목에서 가장 눈에 잘 띄고 초가을로 접어들고 있음을 알리는 전형적인 가을의 전령사라 할 수 있다. 귀뚜라미가 소리의 전령사라면, 고추와 고추잠자리는 색의 전령사다. 지붕이나 마당이나 길가에 태양초를 만들기 위해 널린 빨갛게 익은 고추들과 함께 빨간 혼인색을 띤 수컷 고추잠자리는 함께 늦여름에서 초가을로 넘어가는 시기의 전형적인 풍광을 연출하며 우리의 감수성을 자극한다. 그래서 시에도 자주 등장한다. "눈이 부시다 / 빨간 고추사이로 가을이 내려온다 / 작은 몸뚱이 가벼워져 / 하늘 속으로 사라진다"[오석만, 〈고추잠자리〉 중에서]. 어쩌면 아침저녁의 선선한 바람이 촉각에 포착된 가을의 전령사인 것처럼, 분홍빛 복숭아와 함께 빨간 고추들 그리고 혼인색의 빨간 고추잠자리들이야말로 우리 시각에 포착된 가장 확실한 가을의 전령사일 것이다.

하지만 "처서 밑에는 까마귀 대가리가 벗어진다"는 속담이 있을 정도로 이 무렵 노염(老炎) 또는 잔서(殘暑)라 부르는 늦더위가 만만치 않은 성깔을 부리기도 한다. 처서는 이 늦더위로 가을의 교절기적 본색을 유감없이 드러내는 것이다. 아침저녁의 선선한 바람에 무더위가 끝났나 보다고 안도하는 마음에 심술이라도 난 듯한 아주 고약한 늦더위의 발악이라 할 수 있다. 초봄에 추위가 쉽게 떠나지 않고 꽃샘추위로 봄을 시샘하듯, 초가을에는 더위가 쉽게 떠나지 않고 늦더위로 가을을 시샘하는 것이다. "처서 지나고 나면 할아버지 / 헛기침 소리에도 누그러질 거라 믿었던 / 초가을 볕은 아직도 / 까마귀 대가리에서 번들거리고"[박종영, 〈처서 무렵 2〉 중에서]. 천체의 운행은 매우 순조롭고 질서정연하지만 기상의 변화는 순조롭지 않고 오히려 무질서한 경우가 허다하기 때문이다.

그러나 아무리 노염이 기승을 부린다 해도 이미 공기에서는 습기가 가시고 아침과 저녁으로는 제법 가을 기운마저 느껴지게 만드는 천체의 운행을 어찌 거스를 수 있겠는가? 처서는 하지로부터 60일이 넘어 어느덧 태양의 복사열도 상당히 줄어든 시점으로 이 무렵부터 일교차가 심해지고 밤에 잘 때는 다시 얇은 이불이나 처네를 덮어야 할 정도의 날씨 변화가 일어난 상태다. "낮 달 선명한 하늘에 / 햇살도 기가 꺾이고 / 느티나무 짙은 그늘에는 / 엷은 한기가 맴돈다."[박인걸, 〈처서 소묘〉 중에서]. 그리고 "처서가 지나면 모기도 입이 비뚤어진다"는 말처럼 이때부터 모기나 파리의 성화도 면하게 된다. 늦더위의 심술에도 계절은 이미 가을의 길목으로 들어서고 있는 것이다. 봄의 꽃샘추위의 위세가 오래 가지 못하듯, 가을 늦더위의 위세도 오래 가지는 못한다.

처서는 대기가 건조해지고 선선한 바람이 불기 시작하므로 장마와 무더위 동안의 높은 습도로 인해 습기가 찬 물건들을 말리기에 적절한 때이기도 하다. 무엇보다 곡식, 이불과 요, 의복, 책 등이 습기로 젖어 있어 그냥 두면 곰팡이가 슬 수도 있기 때문에 잘 말려 두어야 한다. 에어컨과 같은 온도와 습도를 낮추는 냉방 시설이 없던 옛날에는 특히 더 그랬다. 그래서 "장마를 겪었으니 집 안을 돌아보아 / 곡식도 거풍하고 의복도 포쇄하소"라는 《농가월령가》 7월령의 지적처럼, 여름 동안 습기에 젖어 축축해진 곡식에 바람을 쐬는 거풍(擧風)도 그리고 눅눅해진 이부자리나 옷이나 책을 햇볕에 말리는 포쇄(曝曬)나 그늘에서 말리는 음건(陰乾)도 이 무렵에 했다. 오늘날에도 이 무렵에 여름 동안 습기가 밴 두터운 의복이나 이불을 꺼내 잘 말리는 것은 중요한 일이다.

무엇이 한꺼번에 성하거나 사방에서 요란히 나타남을 비유적으로 이르는 "처서에 장벼 패듯"이라는 속담처럼, 여름 내내 정성을 들여 가꾸어 온 벼가 처서 무렵에는 일시에 이삭이 패어 꽃을 피운다. "푸른 논배미 장리 벼는 / 올올이 배부른 이삭 배고 서서 / 스적스적 윤기를 더해 가고"[박종영, 〈처서 무렵 2〉 중에서]. 말할 것도 없이, 이때 비가 오면 벼꽃의 꽃가루받이가 잘 안 되어 벼쭉정이가 많이 생기므로 벼농사에 많은 손실이 생기게 된다. 그래서 "처서에 비가 오면 십리 안 곡식 천 석을 감한다"든가 "처서에 비가 오면 독의 곡식이 준다"는 속담이 생겼을 정도로 농부들은 처서 비를 경계했다. 그만큼 벼의 풍작을 위해서는 벼의 알이 제대로 여물어야 하기에 그 결실기인 처서 무렵에는 비가 오지 않는 쾌청한 날씨에 따가운 햇볕이 절대적이다. 벼뿐만 아니라 다른 곡식과 과일도 제대로 영글기 위해서는 처서 무렵에 뜨거운 햇볕과 맑은 바람이 주어져야 한다. "어머니 같은 마음 / 사랑 듬뿍 쏟아 / 태아의 속살 위해 // 하늘도 사랑 베풀어 / 황금빛 햇살 / 열매 속물이 들 때 // 만삭이 된 들판 / 바람도 조심조심 스쳐 가고 / 어디서 망치 소리 하나 들리지 않는다"[박덕중, 〈처서 무렵〉 중에서]. 그래서 옛날부터 "처서가 잔잔하면 농작물이 풍성해진다"고 했다. 좋은 날씨와 함께 아침저녁으로는 쌀쌀해서 일교차가 커지는 것이 좋다. 그래야 열매들이 더 튼튼하고 맛이 좋게 여물기 때문이다.

처서 무렵은 농사의, 특히 벼농사의 핵심적인 활동의 마지막 작업인 김매기가 다 끝난 시점이다. 그래서 옛날에는 이를 기념하여 마을 단위로 흔히 백중(百中) 또는 중원(中元)으로 불린 음력 7월 보름으로 날을 정해 일꾼들이 하루를 먹고 노는 잔치이자 의례를 벌였다. 이 의례를 호미씻이, 호미걸이 또는 한자어로 세서연(洗鋤宴)이라고 불렀는데 김매기가 다 끝나 김매기 도구인 호미를 씻어두고 논 데서 연유한 것으로 벼농사의 마무리를 알리는 잔치다. 그러나 기계농사가 일반화하면서 이런 풍속은 사라지고 있다. 이때부터 농사일은 추수할 일만 남게 되므로 가을걷이가 시작될 때까지 농촌은 비교적 한가한 때를 맞게 된다. 일종의 준농한기인 셈이다. 그래서 "칠월 신선"이라는 말처럼 이 무렵은 신선처럼 한가하게 지내거나, "어정 칠월, 건들 팔월"이라는 속담처럼 이 무렵은 어정어정 또는 건들건들 하면서 보낼 수 있는 시기라고 할 수 있다. 마땅히 할 일은 안 하고 몹시 엉뚱하고 덤벙대기만 함을 비유적으로 이르는 "어정뜨기는 칠팔월 개구리"라는 속담도 이 무렵의 한가함에서 유래된 말이라고 해야 할 것이다. "어름철 발가벗은 개구쟁이 물수재비 뜨고 / 족대·그물 풀 섶에 대고 물고기 모는 첨부든 소리 / 거추장스런 의관 벗어 버리고 개울물에 몸 담근 채 / 천렵할 불쏘시게 들고 음풍농월(吟風弄月)에 화햇술 한 잔"[신대건, 〈처서〉 중에서]. 그렇다고 이 무렵이 그렇게 한가하기만 한 것도 아니다. 만일 태풍이라도 오게 되면 논에서 물도 빼야 하고, 큰 비가 온 후에는 극성을 부리기 마련인 병충해도 더 철저히 방제를 해야 하기 때문이다.

　처서가 끝날 무렵부터 태양의 고도가 상당히 낮아져 햇볕이 누그러지고 일조량이 적어져서 "처서가 지나면 풀도 울며 돌아간다"는 속담처럼, 대체로 풀들도 더는 잘 자라지 않고 시들기 시작한다. 그래서 우리 선조들은 처서 어간에 논두렁이나 밭두렁의 잡초를 베고, 조상의 묘소를 벌초하였다. 이 무렵부터 나뭇잎의 변색이 시작되고, 길가의 코스모스는 한들거리고, 귀뚜라미 울음소리는 더욱 더 처량해지고, 천지에는 까닭모를 쓸쓸한 기운이 감돌면서 가을 특유의 정서인 우수와 비애의 느낌이 들기 시작한다. 바야흐로 "지사비추"(志士悲秋: 뜻있는 선비도 가을을 슬퍼한다)의 계절에 들어선 것이다. 처서가 끝나가면서부터 자연에 뿐만 아니라 사람들의 마음과 감성에도 가을 기운이 스며드는 것이라고 할 수 있다. 그리하여, 백거이의 시귀처럼, "무릇 사철 언제나 마음은 괴로운 법이지만 / 그중에도 가장 애끊는 때는 가을이구나"(大抵四時心總苦 就中腸斷是秋天)라는 말이 절로 나오게 된다. 이처럼 처서 끝 무렵부터 가을 특유의 풍광에서 비롯된 우수와 비애가 우리의 정서를 지배하는 것이다.

　처서 어간은 옥수수의 수확 철이기도 하다. 아메리카 대륙이 원산지인 옥수수는 아메리카 인디언들에 의해 오랫동안 품종이 개량된 벼과의 곡식 작물로 탐험가들에 의해 유럽으로 전파된 후 세계의 전역에서 재배되고 있다. 우리나라에는 고려 때 원나라에서 들여온 것으로 알려져 있다. 옥수수는 4월 상순에서 5월 상순에 걸쳐 파종하는데 꽃은 7-8월에 핀다. 수확은 쪄먹을 것은 암이삭의 껍질이 아직 푸르고 씨알이 완전히 익기 전인 7월 하순경부터 하고, 곡식이나 사료용으로 쓸 것은 8월 하순부터 9월 중순 어간에 한다. 우리나라에서 옥수수는 주로 간식으로 이용된다. 하지만 생산량이 많은 강원도의 산간지방에서 옥수수는 강냉이밥,

강냉이수제비, 강냉이범벅과 같은 주식으로 뿐만 아니라 옥수수설기, 옥수수보리개떡과 같은 별식 등으로 옥수수를 이용한 다양한 종류의 음식이 발달해 있다. 특히, 옥수수로 만든 올챙이묵은 강원도의 향토음식으로 유명하다. 옥수수의 용도는 이 밖에도 다양하다. 옥수수를 제분하여 빵, 과자, 물엿, 술을 만들며 녹말로는 포도당, 주정, 방직용 풀 등을 만들고, 옥수수로 기름을 짜서 쓰기도 하고 마가린을 만들기도 한다. 옥수수는 팝콘의 원료이기도 하다.

처서는 대체로 복숭아의 제철이기도 하다. 그 가운데에서도 "처서 복숭아, 백로 포도"라는 말이 있듯이, 처서 무렵의 복숭아는, 특히 껍질이 더 잘 벗겨지고 단 즙이 많은 수밀도(水蜜桃)는, 여름의 마지막 길목인 처서 때가 제철로 이때 그 맛이 가장 좋다. "수밀도, 그대를 벗기려다 그만 / 두 손이 함빡 젖었습네다. / 열일곱 계집애 속살이 부끄러운 줄도 모르고, / 입술이 함초롬 가슴이 함초롬."[나태주, 〈수밀도〉]. 복숭아는 활성산소의 생성을 억제하여 노화를 방지하고 피부미용에 좋다고 한다. 그러나 복숭아와 장어는 상극이어서 장어를 먹은 후 복숭아를 먹으면 설사하기 쉽다고 하니 조심해야 한다. 복숭아는 중국에서는 불로장생으로 여기는 귀한 과일이어서 무릉도원(武陵桃源) 또는 도원경(桃源境)이라는 말은 선경(仙境) 또는 별천지를 뜻한다. 그런데 복숭아의 분홍빛은 매우 야릇하고 고혹적이어서, 도색잡지(桃色雜誌)라는 말에서 보듯이, 그 색깔은 매우 색정적이거나 외설적인 것을 지칭한다.

白露 백로, 맑은 이슬이 맺힘

백로절 들어서니 바람결 부드럽고
풀잎에 이슬 맺혀 햇볕에 반짝일 제
하늘은 가없는 대양 파란 빛이 가득타

기분은 상쾌하고 들녘은 풍성한데
추수를 앞두고서 할 일도 별로 없어
농부들 감로주 마시며 신선노름 즐기네

구절초 언덕 위서 하얀 빛 청초하고
벼들은 너른 들녘 노랗게 물들일 때
포도는 알알이 익어 가을빛을 더하네

처서 다음에 오는 **백로**(白露, white dew: 9월 7·8일)는 풀잎에 맑은 이슬이 맺힌다고 하여 붙여진 이름이다. "풀잎을 흠뻑 적시는 아침 이슬은 / 젊음을 잃는 슬픔의 눈물일까"[박인걸, 〈백로〉 중에서]. 이 기간에 밤 동안 기온이 크게 떨어져 대기 중의 수증기가 엉겨서 풀잎에 맑은 이슬로 맺히고, 조석으로는 서늘하고 차가운 기운이 돌 뿐만 아니라 한낮에도 선선한 바람이 불고, 귀뚜라미를 비롯한 풀벌레 소리는 남아 있지만 매미 소리는 나지 않고, 때로 하늘이 구름 한 점 없이 높푸르러지고,

느티나무 잎에서 점점 초록색이 가시면서 노란색이 나타나고 담쟁이덩쿨, 벚나무, 회양목, 화살나무 등의 잎 가운데 붉게 단풍이 든 것이 보이는 등 나뭇잎의 변색이 눈에 띄어 가을의 정취가 완연해진다.

백로는 절기상으로뿐만 아니라 일반 달력상으로도 가을이다. 그렇다고 날씨마저 시원한 가을이 확실히 온 것은 아니다. 북태평양 고기압이 늦게 까지 한반도에 머물 때는 늦더위가 적지 않은 위세를 떨치기 때문이다. 이처럼 백로 절기에는 가을의 교절기적 속성이 유감없이 발휘되기도 하는 것이다. 하지만 그 더위가 오래 가진 못한다. 태양은 이미 가을의 문턱을 넘어선지 한 달이 넘었기에 낮에는 더워도 조석으로는 선선한 바람이 불기 때문이다. 그래서 오래가지 못하는 것을 일컫는 "봄 추위와 노인의 건강"이라는 속담과 같은 뜻의 "가을 더위와 노인의 건강"이라는 속담도 생겼을 것이다. 봄 추위(春寒), 가을 더위(秋熱), 노인 건강(老健)은 오래 가지 못하는 것의 상징이다.

백로 절기는 명실상부하게 가을의 정취가 묻어나는 계절이다. 이 무렵 귀뚜라미의 가냘픈 울음소리가 더 처량하고, 삽상한 산들바람이 불어오고, 그 바람에 길가의 코스모스가 한들한들거리는 모습은 가을의 정취를 한껏 자아낸다. "모레면 이슬이 내린다는 백로 / 길가에 심어진 코스모스들 / 서둘러 꽃을 피워내고 있으니 / 정녕 가을이 곁에 와 있음을 알겠구나"[김기상, 〈귀뚜라미〉 중에서]. 아마 이 무렵이 "달 밝은 하늘 밑 어여쁜 네 얼굴 / 달나라 처녀가 너의 입 맞추고 / 이슬에 목욕해 깨끗한 너의 몸 / 부드런 바람이 너를 껴안도다 / 코스모스 너는 가을의 새아씨 / 외로운 이 밤에 나의 친구로다"라는 가사를 가진 이기순 시 이흥열 곡 〈코스모스를 노래함〉이라는 가곡과 "코스모스 한들한들 피어있는 길 / 향기로운 가을 길을 걸어갑니다"로 시작하는 가수 김상희의 대중가요가 가장 어울리는 철일 것이다. 백로 절기는 달력상 가을로 치는 9월이기도 하지만 촉각과 시각에 나타난 자연의 변화로 가을이 되었음을 실감할 수 있는 때이다. 백로는 달력상으로도 감각적으로도 확실하게 여름이라는 낡은 계절이 가고 가을이라는 새로운 계절이 왔음을 증언하는 절기라고 할 수 있다.

가을을 완숙의 계절이라고 한다면 그에 가장 어울리는 절기는 백로다. 백로는 모든 열매들이 무르익는 시기이기 때문이다. 백로는 맑은 날이 이어지고 기온도 적당해서 오곡백과가 여무는 데 더없이 좋은 때다. 백로 어간에 곡식은 영글고 과일은 단맛을 더하는 것이다. 《농가월령가》 8월령에는 이런 모습을 노래한 구절이 있다. "아침에 안개 끼고 밤이면 이슬 내려 / 백곡을 성실(成實: 열매를 맺음)하고 만물을 재촉하니 / 들 구경 돌아보니 힘들인 일 공생(功生: 공로가 생김)한다 / 백곡이 이삭 패고 여물 들어 고개 숙여 / 서풍에 익은 빛은 황운(黃雲: 노란 구름 즉 노랗게 익은 벼)이 일어난다." 이때 벼와 함께 벼들 속에서 살아가는 메뚜기들도 함께 익는다. 풀벌레들이 대체로 그러하듯이, 메뚜기도 여름에는 보호색으로 녹색을 띤다. 그러나 나락이 익으면서 벼가 노란색으로 변하면 성숙해진 메뚜기도 노란 보호색을 띠게 되는 것이다.

이 무렵부터 무더위가 가시고 삽상한 날씨가 시작되어 기분도 좋아지고 풍성해지는 들판을 보면 충만감을 느낄 수 있는데다 추수를 앞두고 그다지 바쁜 일도 없기에 심적으로도 여유로워진다. 1년 가운데 육체적으로나 정신적으로나 가장 여유롭고 한가한 때라고 할 수 있다. 그래서 "유월 저승을 지나면 팔월 신선이 돌아온다"는 옛 속담이 생겼으리라. 하지만 이때 반드시 한가하기만 한 것은 아니다. 오히려 피뽑기, 논두렁 풀베기, 참깨와 옥수수의 수확, 김장용 무와 배추의 파종, 논밭의 웃거름 주기 등으로 발을 동동 굴려야 할 정도로 바쁠 수도 있는 때이기도 하다. 이 때문에 "어정 칠월, 건들 팔월"이라는 말과 함께 "어정 칠월, 동동 팔월"이라는 말도 있을 것이다.

이즈음에는 건조하고 쾌청한 날씨가 계속되나, 입춘으로부터 210여 일째가 되는 무렵으로 간혹 남쪽에서 불어오는 늦은 태풍이 곡식을 넘어 뜨리고 해일(海溢)을 일으켜 피해를 주는 수가 있다. "백로 안에 벼 안 팬 집에는 가지도 마라"라는 속담이 있을 정도로 백로는 벼의 출수와 수정 이 끝나고 여무는 때로서 벼농사의 성패를 좌우하는 중요한 시점이다. 그래시 이때 수분이 필요하므로 "백로에 비오면 십리 천석을 늘린다"는 속담도 있으나 이는 단기간에 적당량의 비가 오는 경우를 말한 것일 것 이다. 만일 이때 비가 오랫동안 많이 오면 벼나 과수가 일조량 부족으로 제대로 결실을 하지 못하게 된다. 그래서 "백로에 비가 오면 오곡이 겉 여물고 백과에 단물이 빠진다"는 속담도 생겼으리라. 벼의 결실을 위해 서는 이때 뜨거운 햇살이 긴요하다. 그래서 "가을 햇볕 한 줌은 나락 한 섬"이라는 속담도 생겼을 것이다.

초가을인 이때는 가끔 기온이 뚝 떨어지는 조냉(早冷) 현상이 나타나 농작물의 생육과 결실을 방해해 수확의 감소를 가져오기도 한다. 이때 의 햇살과 더위야말로 농작물엔 보약과 다름이 없는 것이다. 여름 장마 에 의해 자라지 못한 벼나 과일들도 백로 무렵의 늦더위에 알이 충실해 지고 과일은 단맛을 더하게 된다. 백로는 알찬 수확을 위해서 더 없이 중요한 시기인 것이다. 이 무렵부터 새떼로부터 곡식을 지키기 위해 허 수아비가 불침번을 선다. "오곡이 영글어서 풍성한 가을 들녘 / 새떼들 달려들어 약탈을 일삼으니 / 너희들 초소에 서서 불침번을 서누나"[이 효성, 〈허수아비〉 중에서]. 포도는 초가을인 백로 무렵이 제 철이어서, 백로부터 추석까지를 포도순절(葡萄旬節)이라고 부른다. 포도는 그 송이 에 많은 포도 알이 달려 있기 때문에 다산(多産)의 상징이 되어서 첫 포 도를 수확하면 사당에 먼저 고한 후 그 집 맏며느리가 한 송이를 통째로 먹는 세시풍속이 있다.

흔히 들국화로 통칭되는 국화과의 식물 가운데 개미취, 벌개미취, 쑥부 쟁이, 금불초(金佛草), 과꽃 등은 여름부터 꽃이 피지만, 구절초(九折草)와

산국(山菊) 그리고 황국(黃菊)으로도 불리는 감국(甘菊)은 백로 무렵부터 피기 시작하여 10월까지 피어나는 온전한 가을꽃이다. 구절초 꽃은 처음에는 담홍색으로 피었다가 차차 흰색으로 바뀌고, 산국과 감국의 꽃은 본래부터 노란색이다. 역시 국화과의 하나인 수리취도 이 무렵부터 시월까지 꽃을 피운다. "산성 돌담길 사이를 비집고 나와 / 여름 가뭄도 이겨내고 파릇이 / 가을꽃으로 마중 나온 들국화"[윤갑수, 〈들국화 III〉중에서]. 줄기를 말리면 질기기 때문에 돗자리나 바구니 등의 수공예품으로 쓰는 왕골도 이 무렵부터 시월까지 줄기 끝에서 우산살 모양으로 10여 개의 가지가 갈라져서 황록색 꽃이 핀다. 메밀꽃은 파종시기에 따라 개화시기도 다르지만 흔히 백로 전후에 만개하는 경우가 많아 메밀꽃축제로 알려진 강원도 평창군 봉평리의 〈효석문화제〉도 대개 이 시기에 열린다.

예전에는 이 무렵에 아녀자들은 손톱이나 발톱에 봉숭아 꽃물을 들였다. 봉숭아꽃과 잎을 백반을 함께 섞어 찧어서 손톱이나 발톱에 얹고 호박잎, 피마자잎, 또는 헝겊으로 싸서 하룻밤을 묶어두면 그곳에 봉숭아 꽃물이 연분홍색으로 곱게 든다. 이 풍속은 붉은색이 벽사력(辟邪力: 귀신을 물리치는 힘)이 있다는 속신에서 유래한 것이다. 그렇게 봉숭아 꽃물이 든 손톱은 날이 가면서 새 손톱이 자라나오는 만큼 잘려져 나가 마지막에는 손톱 끝에 초승달처럼 남아 있다가 결국은 그마저도 남지 않게 된다. 그런데 첫눈이 내릴 때까지 손톱 끝에 봉숭아물이 남아 있으면 첫사랑이 이루어진다는 속설에 따라 소녀들은 손톱에 봉숭아물을 들인 후 가슴을 설레며 어서 첫눈이 오기를 기다렸다. "언제였던가 / 그 겨울, 첫눈 내리던 날. // 뽀얀 얼굴의 널 만났을 때, / 봉숭아 꽃물 들인 손톱이 다 지워지기 전에 / 첫눈이 내렸다며 넌 기뻐했다. // 그 말이 사실이라면 / 우리의 사랑은 분명 이루어져야 한다."[손종일, 〈봉숭아 꽃물이 남아 있을 때〉중에서].

대체로 백로 무렵부터 먹때꽐 또는 먹딸기라고도 불리는 흔한 한해살이풀인 까마중의 녹색 열매가 까맣게 익는다. 그런데 한 줄기에 여러 개가 다닥다닥 달린 까마중 열매는 익으면 달고 맛이 좋아 과거에는 어린아이들이 들에서 놀면서 많이 따먹었다. 까마중은 아주 좋은 약재로도 쓰이는데 감기, 만성기관지염, 신장염, 고혈압, 황달, 종기, 암 등에 좋다고 알려져 있다. 또 백로 어간부터 더덕이 채취된다. 더덕은 인삼처럼 사포닌 성분을 많이 함유하고 있어 사삼(沙參)이라고도 불리고 기관지, 폐, 간을 튼튼하게 하고 고혈압, 산후 조리, 피부 미용, 독소 배출 등 여러 약효와 특유의 향으로 유명하다. 더덕의 연한 어린잎은 쌈으로 먹고, 뿌리는 날것으로 먹거나 구워 먹거나 장아찌로 담아 먹는다. 그러나 더덕의 독특한 향을 제대로 즐기려면 껍질을 벗기고 하얀 속살을 날 것으로 먹는 것이 좋다. "산 더덕의 잎을 뜯어 내음을 맡고 / 크지 않지만 몇 놈을 캤다. / 그것을 발견한 순간 / 그 순간 잠깐 숨이 멎었다. / 진실된 삶의 희열을 맛보았다."[윤용기, 〈산더덕〉 중에서]. 더덕이 많이 나기로 유명한 횡성의 더덕 축제도 백로 어간에 열린다.

　아침저녁으로 서늘한 바람이 부는 백로 무렵부터 버섯의 철이다. 산 속의 죽은 밤나무나 참나무에서 자라는 자연산 표고도 이 무렵부터 채취할 수 있다. 참나무 뿌리에 주로 기생하는 능이라는 버섯은 날씨가 선선해지는 9월부터 10월까지 채취가 가능한데 백로와 추분 어간에 가장 많이 난다. 능이버섯은 맛과 향이 좋아 고급 식재료로 많이 쓰인다. 옛 말에 "일 능이, 이 표고, 삼 송이"라는 말이 있을 정도로 능이버섯은 버섯 가운데 으뜸으로 쳐왔다. 뜨거운 불에 살짝 데쳐서 참기름 소금에 찍어 먹으면 능이의 뛰어난 맛과 향을 느낄 수 있다. "나무도 풀도 아닌 것이 향, 맛, 약성분 골고루 갖춰 / 모양도 갖가지 색깔도 갖가지 예쁘고 귀엽기도 한데 / 너의 생명체를 일컫길 균(菌)이라 하니 어이없구나"[함동진, 〈버섯의 아름다움-2〉 중에서]. 표고와는 달리 인공 재배가 되지 않는 능이는 백로 무렵부터 약 20여 일간만 해발 500미터 이상의 참나무가 많고 배수가 잘 되는 북향의 마사토(磨砂土) 경사면에서 채취할 수 있는데 생산량이 많지 않아 가격이 비싸다. 능이버섯은 단백질 분해 능력이 뛰어나 각종 고기류와 잘 어울린다. 그리고 콜레스테롤 저하, 암세포 억제, 소화기능 강화, 혈액순환 증진, 천식 억제 등의 효능이 있어 오래 전부터 한약재로 쓰인다.

백로 어간부터 참게의 제철이다. 참게는 한국과 중국의 바다와 가까운 하천 유역에 많이 서식하며 개울가나 논둑에 구멍을 파고 살기도 한다. 봄에 바다에서 하천 유역으로 올라와 자란 참게는 백로 무렵부터 산란을 위해 자기가 살던 하천 유역이나 논둑을 벗어나 바닷물과 강물이 섞여서 염분이 적은 기수역(汽水域)으로 내려가는데 그 길목이나 하구에서 흔히 통발을 쳐서 잡는다. "봄 여름내 논을 매던 참게 떼 / 산란을 위한 행렬 / 바다로의 긴 여행길 염탐하다가 / 접질린 집게발에 걸려든 달빛 그림자 / 빈 통발은 하얀 나신을 드러내 놓고 / 수줍은 듯 물때를 기다리네"[나상국, 〈참게 서리〉 중에서]. 이때의 참게는 살이 올라 더 먹음직스럽다. 참게는 섬진강, 금강, 임진강 등의 하류에 많이 서식했으나 근래에는 농약 살포와 환경의 오염 그리고 하굿둑의 설치 등으로 서식처와 개체 수가 많이 줄어들어 대부분을 양식으로 생산하거나 중국에서 수입한다. 참게는 폐디스토마의 중간숙주이므로 익혀서 먹여야 한다. 참게는 장, 젓, 구이, 찜, 탕으로 먹거나 다른 민물고기와 함께 매운탕으로 먹는다. 특히 참게장의 맛이 유명하다. 참게장을 담으려면 해감을 한 참게에게 소고기를 잘게 썰어 먹인 다음 깨끗이 씻어 항아리에 넣고 간장을 부은 후 3일 뒤 그 장국을 따라 달인 다음 식혀서 다시 붓되, 이후 며칠 씩 늘려가며 이 일을 서너 번 더 반복해야 한다.

秋分
추분, 밤낮이 같은 한가을

추분이 되었으니 한가을 이미 왔네
더위는 가셔가고 대기는 삽상하니
더 없이 상쾌한 기분 비할 데가 없다네

바람은 선선하고 햇볕은 자상하니
높푸른 하늘 아래 말들은 살이 찌고
들녘의 오곡백과는 알차게도 영그네

인간이 수고하고 자연이 베풀어서
풍성한 수확물을 얻을 수 있게 되니
추수는 힘들다 해도 감사하게 거두네

백로 다음에는 춘분처럼 밤낮의 길이가 같은 추분(秋分, autumnal equinox: 9월 23· 24일)이 온다. 추분은 따가운 햇살 아래 날씨는 청명하고 바람은 선선한 전형적인 가을 날씨가 펼쳐지는 한가을 가을의 기절기다. 이때부터 맑은 대기에 서늘함이 묻어나고, 하늘은 더욱 높푸르러지고, 풀벌레 울음소리는 한층 더 처량하게 들리고, 가을 특유의 정서인 까닭모를 우수와 비애의 느낌이 완연하게 마음을 적신다. "추분이 되면 선선한 초가을 바람으로 / 막막해지는 가슴은 무엇이냐? /.../ 구차하게 흔들리는 억새꽃 비웃음이 / 절로 나를 슬프게 한다."[박종영, 〈언제부터 외로운가〉 중에서].

하지 때 천구의 북회귀선(북위 23.5도)까지 올라갔던 태양이 그 후부터 남하하여 추분에 적도 위에 위치하게 됨으로써 다시 밤과 낮의 길이가 같아진다. 그러나 이는 이론적인 것이고 실제로는, 춘분 절기에서 이미 지적한, 몇 가지 이유로 춘추분이 드는 날에는 낮의 길이가 좀 더 길다. 예컨대, 2017년 추분일인 9월 23일 일출은 06시 20분 35초, 일몰은 18시 28분 36초로 낮 길이는 12시간 8분이나 밤 길이는 11시간 52분으로 낮이 밤보다 약 16분이 더 길다. 실제로 밤낮의 길이가 비슷해지는 날은 추분일로부터 3-4일 후로 해가 좀 더 늦게 뜨는 때다. 그래서 9월 26일의 낮 길이는 12시간 0분 49초, 밤 길이는 11시간 59분 11초로 밤낮의 길이에 큰 차이가 없다.

추분점에서 태양의 위치는 천구상의 황도와 적도가 만나는 지점으로 황경 0도인 춘분으로부터 시계 반대 방향으로 180도 돈 지점이다. 그래서 추분일은 춘분일로부터 황도를 정확하게 반을 돈 지점이나 날수로는 1년 365일의 정확한 반인 182.5일 후가 아니라 186일 후다. 이는 이 하절기 구간에서 지구의 공전 속도가 느려 더 많은 시간이 걸리기 때문이다. 반대로 추분에서 춘분까지의 동절기 구간에서 지구의 공전 속도가 상대적으로 빨라 황경 180도를 도는 시간이 179일밖에 걸리지 않는다. 추분이나 춘분은 똑같이 태양이 황위 0도인 적도에 위치하는 때이나 추분은 여름에서 겨울로 가는 길목이고, 춘분은 겨울에서 여름으로 가는 길목이기 때문에 추분 때의 기온이 춘분 때보다 약 10도 정도 더 높다. 이날 해는 춘분 때와 마찬가지로 정 동쪽에서 떠서 정 서쪽으로 진다. 추분 이후부터 해는 점점 더 남동쪽에서 떴다가 남서쪽으로 지는데 동지 때 가장 남동쪽에서 뜨고 가장 남서쪽으로 진다.

추분 때 천구의 적도 위에 있던 태양은 이후 남반부로 내려가 동지 때 남회귀선(남위 23.5도)에까지 이르렀다가 다시 북상하여 춘분 때 다시 적도에 다다르게 된다. 그래서 추분부터 동지까지 밤이 점점 더 길어지고 낮이 점점 더 짧아졌다가 동지부터 다시 낮이 점점 길어지고 밤이 점점 더 짧아져 춘분에 다시 밤낮이 같아진다. 추분부터 낮보다 밤이 더 긴 어둠의 시절이 시작되어 춘분까지 계속되는 셈이다. 날씨는 밤이 길어지는 만큼씩 차가워지고 날씨가 차가워지는 만큼씩 나뭇잎이 변색해간다. "차가운 날이 시작되고 / 새들의 목발질 소리, / 허공의 두꺼운 웃음소리 / 들으며 조금씩 흔들리고 / 조금씩 젖으며 / 약속하지 않은 곳으로 간다"[류외향, 〈추분을 지나는 낙엽은〉 중에서]. 일반 달력에서는 9월부터 11월까지를 가을로 치고, 절기력에서는 입추부터 입동 전날까지를 가을로 치지만, 천문학에서는 추분부터 동지 전날까지를 가을로 친다.

추분 무렵부터 햇볕은 내려 쪼이나 작열하지는 않아 뜨겁지 않고 따사로울 뿐이어서 더 이상 늦더위도 없게 된다. "그냥 집안에만 앉아 있기에는 / 가을 햇살이 너무나 풍성하고 아름답다 / 절기로는 가을이 드는 추분, 주말이다"[오정방, 〈가을맞이〉 중에서]. 이때의 햇볕은 따갑지만 살갗을 태우지는 않는다. "가을볕에는 딸을 쪼이고, 봄볕에는 며느리를 쪼인다"는 속담은 이때의 피부를 그을리지 않는 부드러운 햇볕을 두고 한 말일 것이다. 백로 무렵부터 이어지는 청량한 대기와 따사로운 햇볕으로 오곡백과가 오달지게 여물어간다. 이 어간에 밤송이가 벌어지고 도토리가 떨어진다. "백로가 지나서는 논에 가볼 필요가 없다"는 속담처럼, 이 무렵은 벼꽃의 수정도 다 끝나고 따사로운 가을볕에 벼가 영그는 일만 남아 있어 벼를 더 이상 돌볼 일도 없는 때다. 이 무렵에는 오곡백과가 무르익어 추수가 시작되며 가을볕에 말려온 호박고지, 박고지 등을 거두어들이고, 산나물을 말려 묵은 나물을 준비하고, 익은 고추, 호박순, 고구마순, 깻잎, 콩잎 등을 채취하고, 참깨, 콩, 땅콩, 고구마 등을 수확한다.

백로 무렵부터 나타나기 시작한 구름 한 점 없는 높고 푸른 하늘이 추분에는 더욱더 높고 푸르러진다. 그래서 이런 의문도 들 수 있을 것이다. "푸르다! 저 하늘! / 하늘은 얼마나 구름 한 점 없이 푸를 수 있는가! / 그것은 나무들 위로 얼마나 높게 뻗칠 수 있는가!"[바바라 에스벤슨(Barbara J. Esbensen), 〈구월의 질문들(Questions for September)〉 중에서]. 게다가 바람은 더 선선하고 삽상하며, 대기는 더욱 건조하여 땅 위의 물이 마르고, 풀벌레 소리는 점점 더 약해지고, 조석으로는 찬 기운이 스미게 된다. "낮과 밤 / 미물들의 소리와 / 꽃과 여름(實)의 / 가름길에 들면 // 저녁 어스름 / 문득 내민 손길의 / 차고 해맑음."[주정애, 〈추분 뒤에〉 중에서]. 추분 무렵부터 높고 맑은 하늘 아래 말이 살찐다는 천고마비(天高馬肥)의 계절이 시작되는 것이다.

　이 무렵은 연중 날씨가 가장 청명하고 기분이 상쾌한 때라고 할 수 있다. 이때는 들판 어디서나 맑디맑고 푸르디푸른 하늘을 배경으로 선선한 바람을 느낄 수 있고, 무르익은 오곡백과와 들국화의 은은한 향기를 맡을 수 있고, 귀뚜라미가 울어대는 처량한 소리와 콩깍지가 건조한 바람에 말라 툭툭 터지는 청량한 소리를 들을 수 있고, 이른 아침이라면 풀잎에 맺혀 있는 맑은 이슬들을 많이 볼 수 있다. 이때의 가을은 맑은 이슬, 높푸른 하늘, 처량한 벌레 소리, 선선한 바람, 은은한 향기 등의 청명함으로 우리의 온 몸을 자극하는 것이다. "호르 호르르 호르르르 / 가을 아침 / 취어진 청명을 마시며 거닐면 / 수풀이 호르르 벌레가 호르르르 / 청명은 내 머리속 가슴속을 젖어들어 / 발끝 손끝으로 새여 나가나니"[김영랑, 〈청명〉 중에서]. 정인섭 시 현재명 곡의 가곡 〈산들바람〉의 "산들바람이 산들 분다"는 노랫말은 이 무렵에 가장 어울리는 표현일 것이다.

　일조량이 줄어들고 아침저녁으로 쌀쌀해지면서 활엽수 나뭇잎의 변색이 전반적으로 나타나지만, 느티나무, 담쟁이덩쿨, 칠엽수, 벚나무,

회양목 등을 비롯해서 단풍이 일찍 드는 나뭇잎들은 추분 절기 중에 상당한 변색을 한다. 그리고 이 무렵부터 여름내 짙푸르기만 하던 들이 하루가 다르게 누렇게 익어 가는 벼로 인해 바람이 불면 황금빛 물결로 일렁이는 모습도 볼 수 있다. "찰떡같던 햇볕 / 추분이 다가오자 / 서름서름 미끄러져 / 구조조성으로 술렁이는 산골짝 // 이미 생명수 꼭지는 잠갔을 테고 / 바람마저 하루가 다르게 / 밥맛없이 굴어 / 이파리들이 우두망찰하고 있다 // 허공을 힘차게 가르던 / 말매미들 사랑 타령도 / 벼들의 황금빛 묵념으로 / 볼 장 다본지 오래"[권오범, 〈가을 단상〉 중에서]. 이 무렵의 들녘에서는 따사로운 햇볕에 익어가는 벼들의 구수한 냄새를 맡을 수 있다. 그래서 향기의 '향(香)' 자는 벼 '화(禾)' 자에 날 '일(日)' 자가 합쳐진 글자로 되어 있다. 이때 들녘에서는 맑은 공기와 따뜻한 햇볕으로 벼뿐만 아니라 수수, 조 등의 볏과 곡식들이 여물어 고개를 숙이고 은은한 향기를 풍기게 되는데 더 잘 여물수록 고개를 더 숙이게 되므로 그 모습이 성숙한 인간의 내면의 향기와 겸손한 자세로 비유되기도 한다. 고추밭에서는 고추가 붉게 익어가고, 과수원에서는 과일들이 단맛을 더해간다. 이때 한반도에는 높푸른 하늘과 오곡백과가 익어가는 풍성한 들판으로 수놓아진 전형적인 가을 풍광이 펼쳐진다.

추분 무렵에 대지는 자연의 선물과 인간의 노력의 산물로 가득 차고, 그것들의 수확이 가능해져 농촌은 햇곡식과 햇과일로 풍성해진다. 이 얼마나 가슴 벅찬 일인가! 추분은 작물의 수확이 시작되어 풍요로워지므로 그에 감사하는 마음도 생기는 계절이기도 하다. 그래서 동서고금에 추분은 봄부터 시작한 농사로 가능해진 수확에 대하여 감사하는 추수감사제가 있는 때다. 우리의 추수감사제라 할 수 있는 추석(음력 8월 15일)도 흔히 추분 절기 기간에 있다. 추수는 인간이 봄에 씨 뿌리고 가꾸는 등 농사에 들인 노력으로 가능하게 된 것이지만 인간의 노력 이외의 것 즉 토지나 기후와 같은 자연에도 크게 좌우되고 무엇보다 자연이 있기에 농사도 가능한 것이다. 그래서 추수감사제는 자연에 또는 자연을 지배하는 섭리에 감사하는 것이기도 하다. 추수감사제는 인간이 자신의 노력을 위로하는 자축의 마음과 그 노력이 결실을 맺을 수 있는 터전이 되어준 자연에 대해 감사하는 경건한 마음이 어우러진, 자연과 인간이 하나가 되고 인간이 자연과 조화를 이루어 살아야 됨을 일깨우는, 최고의 의식이다. "씨 뿌려 열매 맺고 / 때 되면 거두나니 // 누구의 은혜인가 / 누구의 은총인가"[오정방, 〈그 한 분께만-추수감사절을 보내며〉 중에서]. 그러나 산업화로 인하여 자연을 조화의 대상이 아니라 착취의 대상으로 보는 사고방식이 지배하게 된 것은 인류의 생존을 위해서도 불행한 일이다.

  서양에서는 추분이 있는 9월을 "포도의 달"(the Wine Moon)로 불렀는데 이때 포도를 수확하여 포도주를 만든다. 그리고 추분의 별명인 마본(Mabon)이, 오늘날의 추수감사절과 마찬가지로, 본래 한 해의 행운을 축하하고 다가올 긴 겨울을 준비하면서 잔치하는 날이었다고 한다. 그러나 기독교가 이 축제일을 9월 29일의 대천사 미카엘축일(Michaelmas)로 대체해버렸다. 하지만 추수축제의 흔적은 남아 이날까지 추수를 마쳐야 했고, 특별히 만든 큰 빵과 살찐 거위로 이 날을 축하했으며, 이 날 이후부터 새로운 농사의 주기가 시작되었다고 한다. 그러나 서양에는 추분과 관계없는 추수감사절도 있다. 예컨대, 캐나다에서는 시월의 두 번째 월요일, 미국에서는 11월 넷째 목요일이 추수감사절인데, 이들은 추분과는 무관하게 정해진 추수감사절로 각자의 역사적, 문화적 전통에 따라 추수감사를 위한 국경일로 정부가 선포한 것이다. 이들 추수감사절에 캐나다인이나 미국인들도 가족이 함께 모여 풍성한 음식으로 추수를 가능케 한 신에 대해 감사하는 날이다. "봄의 꽃들이 / 성숙의 열매로 자라 돌아오고 / 여름의 땀이 / 풍성한 결실로 익어 돌아오고 / 거리를 방황하던 / 실속 없는 영혼들도 / 비인 마음으로 되돌아와 /

추수감사절 / 기쁨의 식탁에 둘러앉은 / 만남의 계절 / 회귀의 달입니다."[정용진, 〈11월은 돌아오는 달〉 중에서].

추수감사제로서 추석은 그 해의 수확을 감사하는 축제다. 그 감사는 새로 거두어들인 그 해의 수확물을 먼저 신위(神位)에 바치는 천신(薦新: 새것을 바침)으로 표현된다. 그런데 추석은 음력 명절이라서 추분보다 상당히 앞에 드는 경우도 적지 않다. 이처럼 계절과 잘 맞지 않는 것이 음력의 약점이다. 어쨌든 추석이 너무 일러 햇곡식이나 햇과일이 제대로 익지 않는 경우가 있는 것이다. 이 경우 과일은 좀 덜 익어도 큰 문제가 되지 않는다. 그러나 벼가 제대로 익지 않으면 벼를 수확할 수 없어 쌀을 얻을 수 없고 따라서 차례 상에 올릴 햅쌀밥도 지을 수 없게 된다. 그래서 우리 조상들은 아직 채 여물지 않은 풋벼를 훑어내어 솥에 찐 다음 말려서 방아를 찧어 만든 노르스름하고 약간 무른 찐쌀로 밥을 해서 차례 상에 올리는 슬기를 발휘했다. 이 찐쌀을 전라도 지방에서는 "올게쌀" 또는 "올기쌀"이라고도 부르는데 "올벼쌀"이라는 말이 변형된 것으로 추정된다. 찐쌀로 밥을 지으면 그 밥이 매우 고소하다. 찐쌀은 또 무르고 고소해서 그냥 씹어 군것질로 먹기도 좋다. 그래서 군입정으로 먹기 위해 찐쌀을 만들기도 한다. "궁하면 통한다고 조상들 지혜롭기도 하시지 / 과자가 귀했던 그 시절 찐쌀을 다 생각해 내시다니 / 덜 여문 벼를 쪄서 잘 말려 적당히 찧은 햅쌀을 / 한 입 가득 채워 한껏 불려 씹던 그 구수함이란"[오정방, 〈찐쌀〉 중에서].

올벼는 본래 "철 이르게 여무는 벼"를 뜻한다. 그리고 그해에 지은 올벼의 쌀을 처음 맛봄 또는 그 풍속을 "올벼신미(新味)"라고 한다. 그런데 이 말이 변형된 것으로 보이는 "올게심니"는 추석을 전후하여 벼, 수수, 조 따위의 이삭 가운데 그 알곡이 가장 잘 여문 것들을 골라서 베어다가 묶어서 집의 기둥이나 벽이나 방문 위에 걸어 두는 풍습 또는 그 물건을 말한다. 이날 햅쌀로 떡을 해서 이웃과 나누기도 한다. 올게심니를 하는 것은 그 곡식들이 이듬해에 풍년이 든다는 믿음 때문이기도 하지만 그 튼실한 이삭을 잘 말려서 이듬에 좋은 씨앗으로 쓰기 위한 목적이 더 크다고 해야 할 것이다. 그러나, 앞에서도 지적했듯이, 추석은 음력으로 정한 날이어서 날짜가 일정하지 않고 경우에 따라서는 너무 이르게 와 이삭이 제대로 영글지 않은 때일 수도 있기에 올게심니를 제대로 하려면 날짜가 고정된 추분을 기준으로 하는 것이 바람직하다.

이 무렵에 벼의 추수를 위해서 논에서 물을 완전히 빼야 한다. 그래야 논이 말라서 추수 작업을 원활히 할 수 있고 미질(米質)이 좋아지기 때문이다. 논에서 물을 빼기 위해서는 논배미가 수로나 도랑을 끼고 있으면 그쪽으로, 아니면 아랫배미 쪽으로, 그냥 물꼬를 터주면 된다. 경우에 따라서는 물을 좀 더 빨리 그리고 확실히 빼려고 논배미의 가장자리에 작은 도랑을 치는 이른바 도구(稻溝)치기라는 것을 하고 물꼬를 터주기도 한다. 이때 도구치기를 한 경우에는 말할 것도 없고 그냥 물꼬만 튼 경우에도 그 물꼬 밑에 용수나 어레미를 대어두면 봄에 모내기를 위해 논에 물을 댄 이후부터 논에서 자란 자잘한 붕어, 미꾸라지, 민물새우 등의 민물고기들이 물에 떠밀려 상당량이 잡힌다. 그리고 좀 더 커서 물에 떠밀리지 않고 벼 포기들 사이의 패인 곳에 갇힌 것들은 논에 들어가 손으로 건져낸다. 이때 미꾸라지나 붕어가 발바닥에 밟혀 꿈틀대면 그 촉감은 무어라 형언할 수 없고 그것들을 잡아 올리는 포획의 희열도 대단하다. 이렇게 해서 잡힌 미꾸라지로는 추어탕을 끓여 먹기도 하고, 붕어나 새우 등은 말린 고구마 줄기나 시래기와 함께 매운탕을 끓여먹는다. 이것은 논농사가 덤으로 주는 기쁨이다. 그러나 이는 논에 농약을 치지 않는 경우에만 해당하는 이야기다.

추분 어간은 송이(松栮)와, 앞의 백로 절기에서 이미 언급한, 능이버섯의 제철이다. 소나무의 뿌리에서 그 균사가 자란다고 해서 송이로 불리게 된 이 버섯은 대개의 버섯처럼 항암효과도 좋지만 무엇보다 그 독특한 향과 맛으로 특히 유명하다. 송이는 한반도의 전역에 걸쳐 소나무(적송)가 있는 숲에서 자라지만 그러나 숲이 우거지지 않고 낙엽이 쌓이고 바람이 잘 통하고 배수가 잘 되는 경사면의 축축한 마사토(磨砂土: 화강암이 풍화된 토양) 지역에서 잘 자란다. "뒷산 솔숲 / 등굽은 / 할아버지 소나무 / 아래 / 낙엽 머리에 이고 / 줄지어 서있는 / 송이 칠 형제"[이문조, 〈송이버섯〉 중에서]. 이런 까다로운 습성 때문에 송이는 아직까지는 인공재배가 되지 않아 비싸다. 그래서 송이와 인공재배가 가능한 표고를 교배하여 만들어진 '송고' 또는 '송이향 버섯'이라는 교배종이 재배되어 값싸게 판매되는데 날로 먹으면 송이 향을 즐길 수 있다. 그러나 표고에 알레르기가 있는 사람은 송고에도 알레르기가 있으므로 날 것으로 먹지 않도록 주의해야 한다. 송이는 6월의 망종 어간에도 나지만 주로 가을, 특히 추분 절기에 많이 채취된다고 한다. 그래서 강원도 양양과 경상북도 봉화 등의 송이축제도 추분 무렵에 열린다.

추분일 전후로 남해안과 서해안에서, 특히 하구의 바닷물과 민물이 만나는 기수역(汽水域)이나 내만(內灣)에서, 주로 잡히는 생선 가운데 전어(錢魚)가 있다. 전어는 작은 생선이지만 맛이 좋아서 사는데 돈을 아끼지 않는다 하여 돈 전자를 쓰게 되었다고 하는데, "봄 도다리, 가을 전어"라는 말처럼 전어는 가을이 제철이다. "가을 전어 대가리엔 참깨가 서 말" 또는 "전어 굽는 냄새에 나가던 며느리 다시 돌아온다"는 속담이 있을 정도로 전어는 특히 가을철에 살이 오르고 기름기가 많아 그 맛이 가장 고소하고 먹음직스럽다. "사람들도 저렇게 / 고소하다면 / 등 돌리고 떠나가는 사람도 / 되돌아오련만 / 전어는 어시장에 / 지천으로 널려 있는데 / 전어처럼 고소한 사람은 / 찾아보기 힘드네."[유응교, 〈전어〉 중에서]. 전어는 대체로 날 것을 뼈째 썰어 된장에 찍어 먹거나 석쇠에 구어서 먹는다. 전어는 맛이 좋을 뿐만 아니라 숙취 제거, 피부 미용, 기억력 향상에도 효과가 좋다고 한다. 추분일 전후 무렵에 전남 보성에서는 해마다 전어 축제가 그리고 서해안 곳곳에서는 대하(大蝦)와 전어 축제가 열린다.

寒露 한로, 찬 이슬이 맺힘

이슬이 방울지니 한로절 되었구나
이제는 한낮에도 더위가 사라져서
밖에서 활동하기에 가장 좋은 철이네

일조량 적어지고 한기가 강해져서
풀벌레 울지 않고 여름새 떠나가니
시절의 변화무상을 새삼스레 깨닫네

화려한 여름 꽃들 서서히 사라지니
소박한 들국화가 그 자리 대신하고
변색한 나뭇잎들이 새 세상을 펼치네

추분 다음에 오는 절기는 찬이슬이 맺힌다는 **한로**(寒露, cold dew: 10월 8·9일)다. "가을 가는데 저 난꽃 어쩌지 / 오늘은 한로 // 마음 놓고 벗어 던신 / 푸른 봄 적시는 / 은빛 이슬"[홍해리, 〈한로〉 중에서]. 이 어간은 이슬이 찬 공기를 만나 서리가 되기 직전의 시기라 할 수 있는데, 다음 절기인 상강에는 기온이 더 차져 이슬이 서리로 변한다. 한로에는 북서계절풍이 불기 시작하여 추분보다 기온이 더 떨어지고 무더위는 완전히 가시는 데다 날씨는 더 청명하고 대기는 더 삽상하여 나들이나 야외

활동에 가장 적당한 철이고 실제로 운동회, 야유회, 등산, 여행 등이 연중 가장 많은 철이기도 하다. 이때에 하늘은 더 높푸르고 추수철이라서 먹을 것도 많아 말을 비롯하여 가축도 더 살찐다. 백로부터의 쾌청한 날씨와 천고마비의 계절이 추분을 거쳐 한로로 계속 이어지는 것이다.

옛날에는 이 어간에 드는 음력 9월 9일을 중양절(重陽節) 또는 중구절(重九日)이라고 불렀는데 명절의 하나였다. 이 날은 양수이자 길수인 홀수가 겹친 날이어서 기수민속(奇數民俗)에 의해 1월 1일(설날), 3월 3일(삼짇날), 5월 5일(단오), 7월 7일(칠석)과 함께 명절이 된 것이다. 이 날 우리 선조들은 국화를 감상하거나 국화로 전을 해먹거나 술을 담갔는데 이는 국화의 모양과 색이 태양을 상징하기 때문이었고, 산수유 열매를 머리에 꽂거나 그 열매를 담은 주머니를 차고 산에 올라 시를 지으며 하루를 즐겼는데 이를 등고(登高)라 하였다. 산수유를 가지고 등고한 것은 잡귀를 쫓기 위함이었는데 이는 수유의 붉은 색이 벽사력(辟邪力: 귀신을 물리치는 힘)이 있다는 믿음 때문이었다. 또 추석 때 햇곡식으로 차례를 드리지 못한 집에서는 이날 차례를 드리기도 했다. 《농가월령가》 구월령은 "구월구일 가절이라 화전(花煎) 천신(薦新)하세 / 질서를 따라가며 추원보본(追遠報本: 조상의 덕을 추모해서 제사에 정성을 다하고 자기가 태어난 근본을 잊지 않고 은혜를 갚음) 잊지마소"라고 말하고 있다.

세상사가 다 그렇듯이, 계절도 무상해서 꽃 피던 따뜻한 철이 어느 덧 꽃 지는 차가운 철로 바뀐 것이다. 그와 함께 철새는 교체되고, 풀벌레는 자취를 감추기 시작하고, 나뭇잎도 조락하기 시작한다. 한로 무렵부터 가을은 소멸의 철이기도 한 것이다. 그리고 소멸은 비애감을 자아낸다. 이 무렵은 한기의 숙살지기(肅殺之氣: 쌀쌀하고 매서운 기운)로 인해 한편으로는 제비 등 여름새가 날아가는 대신 기러기 등 겨울새가 날아오는 시기다. 그리고 다른 한편으로는 귀뚜라미를 비롯한 풀벌레들도 생기를 잃고 울음소리가 약해져 더욱 처량하게 들리는 시기이기도 하다.

사실 풀벌레들은 이제 거의 울지도 못한다고 해야 할 것이다. "바람은 한로의 / 음절을 밟고 지나간다. / 귀뚜리는 나를 보아도 / 이젠 두려워하지 않는다. / 차운 돌에 수염을 착 붙이고 / 멀리 무슨 신호를 보내고 있다."[신동집, 〈추일유정〉 중에서]. 한로가 지나면 야외에서 벌레들의 울음소리는 듣기 어렵게 된다. 대신 야유회나 운동회 등으로 사람들의 말소리나 웃음소리가 커진다.

이 시기가 농촌에서는 벼, 조, 수수, 콩 등 여름 곡식의 수확과 타작이 한창이어서 가장 바쁜 시기이기도 하다. 서리태라는 콩을 제외하고 곡식들은 서리를 맞으면 맛도 떨어지고 저장도 힘들어지기 때문에 서리가 오기 전에 수확을 마쳐야 한다. 게다가 "한로 상강에 겉보리 간다"는 말처럼, 한로에 보리나 밀의 파종을 해야 하며 늦어도 상강 전에는 파종을 마쳐야 한다. "가을에는 부지깽이도 덤빈다"거나 "가을에는 대부인 마누라도 나무신짝 가지고 나온다"는 속담은 이때의 알곡 추수와 보리나 밀의 파종 등으로 눈코 뜰 새 없이 바쁜 농촌의 사정을 두고 한 말일 것이다. 농촌에서는 초여름 망종 때와 그 4개월 뒤인 한가을 한로 때가 가장 바쁜 철이다. 그런데 이 두 시기의 바쁨은 모두 보리나 밀의 탓이 크다고도 할 수 있다. 왜냐하면, 망종 때는 이들의 추수가, 한로 때는 이들의 파종이 있기 때문이다. 오늘날은 과거처럼 보리나 밀을 많이 심지 않기 때문에 이 두 시기에 농가가 과거보다는 덜 바쁘다고 할 수 있을 것이다.

이제 꽃 세상은 주로 소박하고 어쩐지 처량한 국화과의 꽃들에 의해 그 명맥이 유지된다. 들에는 국화를 비롯하여 구절초, 쑥부쟁이, 벌개미취, 산국, 감국 등 국화과 식물의 향기가 그윽하다. 그래서 이 무렵은 "흰 구름이 떠도는 가을 언덕에 / 한 떨기 들국화가 피고 있는데 / 그 누구를 남몰래 사모하기에 / 오늘도 가련하게 구름만 돈다"는 노랫말을 가진 장수철 시 김대현 곡의 〈들국화〉라는 가곡이 심금을 울리는 때이기도 하다. 이 무렵 잎 진 감나무에는 무르익은 수많은 감들이 주렁주렁 매달려 서로 누가 더 붉은 지를 겨누기라도 하는 듯하다. 잎도 없는 가지에 붉은 감이 주렁주렁한 모습이 한반도의 전형적인 가을 풍경의 하나라고 할 수 있다. 그리고 그 감나무들의 몇몇의 우듬지에 달린 감들은 일부러 따지 않고 까치밥으로 남겨놓아 낙목한천(落木寒天)에 더 붉게 빛나게 된다.

위의 〈들국화〉와 함께 이 무렵의 시절에 아주 잘 어울리는 애조 띤 노래들이 많다. 예컨대, "가을이라 가을바람 솔솔 불어오니 / 푸른 잎은 붉은 치마 갈아입고서 / 남쪽 나라 찾아가는 제비 불러 모아 / 봄이 오면 다시 오라 부탁하노라"라는 노랫말을 가진 현제명 곡의 〈가을〉이라는 동요, 그리고 "기러기 울어 예는 하늘 구만리 / 바람이 싸늘 불어 가을은 깊었네 / 아아 너도 가고 나도 가야지"라는 가사를 가진 박목월 시 김성태 곡의 〈이별의 노래〉와 "깊어가는 가을밤에 고향 그리워 / 맑은 하늘 쳐다보며 눈물 집니다 / 시냇물은 소리 높여 좔좔 흐르고 / 처량하게 기러기는 울며 나는데"로 시작하는 만향 시 이흥열 곡의 〈고향 그리워〉라는 가곡을 들 수 있다.

이 무렵 화려한 많은 꽃들이 사라진 대신 그 보상이라도 하듯 북녘의 산정에서부터 형형색색의 가을 단풍이 짙어지기 시작하여 산야를 오색으로 물들여간다. 하루 최저기온이 5℃ 이하로 떨어지기 시작하면 단풍이 들기 시작하는데 산정은 계곡이나 평지보다 온도가 낮기에 먼저 단풍이 든다. 산에서는 단풍나무, 복자기, 신나무 등의 단풍나무과 나무와 옻나무, 개옻나무, 붉나무 등의 옻나무과 나무들의 붉은색이 그리고 가로에서는 은행나무의 황금색이 화려하고 눈에 띄어 단풍을 주도한다. "남으로 남으로 내려오는 / 북의 여인들 / 연지 찍고 곤지 찍고 / 금빛으로 타는 / 산등성이에 서서 / 소리소리 지르며 / 몸 버리고 있네"[홍해리, 〈단풍을 보며〉 중에서]. 사월 초순에 시작되는 청명 절기에는 꽃들에 의해 그리고 정확히 그 반년 뒤인 시월 초순에 시작되는 한로 절기에는 단풍에 의해 산야는 울긋불긋한 색 잔치를 벌이게 되는 것이다. 특히 설악산, 지리산 등의 높은 산들의 산정의 단풍은 한로 무렵이 그 절정이다. 이때는 이슬이 찬 공기를 만나 서리로 변하기 직전으로 기온은 하루가 다르게 떨어지고, 그로 인해 나뭇잎들은 변색하여 단풍으로 물들었다가 시들어 가랑잎이 되어 낙엽으로 지기 시작한다. 어쩌면 단풍은 나뭇잎의 "백조의 노래"(swan song: 백조는 평생 울지 않다가 죽기 직전에 단 한 번 아름다운 소리로 운다는 속설이 있음) 같은 것이라 할 수 있다. "흰 서리 이마에 차다 / 무릎 덮는 낙엽길 / 구름 비킨 새벽달만 높아라"[이희숙, 〈가을 기러기-한로에〉 중에서].

추분 무렵부터 피기 시작한 갈대꽃과 억새꽃이 이 무렵에 절정을 이룬다. 갈대는 줄기 끝에 가지가 여럿 갈려 여기에 솜털이 많은 자주색 꽃들이 피어 전체적으로 원뿔 모양의 긴 꽃 이삭을 만든다. 억새는 줄기 끝에서 갈라지는 십여 개의 가지마다 자주색 꽃이 촘촘히 달리는데 열매가 익으면 씨에 붙은 털이 부풀어 꽃 이삭이 하얀 털 뭉치처럼 피어난다. 갈대나 억새는 흔히 집단으로 자라는데 이들이 함께 꽃을 피워 높이 솟은 꽃 이삭들이 갈대는 잿빛으로 억새는 흰빛으로 바람에 한들거리는 모습은 장관을 연출하고 가을 특유의 풍경을 만든다. "잘 가라 잘 가라 손 흔들고 섰는 억새 / 때로는 억새처럼 손 흔들며 살고 싶은 것이다. / 가을 저녁 그대가 흔드는 작별의 흰 손수건에 / 내 생애 가장 깨끗한 눈물 적시고 싶은 것이다"[정일근, 〈가을 억새〉 중에서]. 그런데 이들이 자아내는 비애어린 가을의 정취는 아무래도 가을이 좀 더 깊어져야 최고조에 달한다고 할 수 있다. 그래서 그런지 전남 순천만의 갈대축제, 서울 상암동 하늘공원의 억새축제, 강원도 정선 민둥산의 억새축제, 경기도 포천 명성산의 억새축제, 전북 익산시 용안면 금강 생태 하천의 억새축제 등 전국의 주요 갈대 및 억새의 축제가 대체로 한로 후반에서 상강 초에 열린다.

한로 무렵은 인삼 철이기도 하다. 두릅나무과의 다년생 초본식물인 인삼은 사포닌 배당체 등에 의해 생체가 가지고 있는 비특이적(非特異的)인 저항력을 증대시켜 줌으로써 병적인 상태를 정상화시켜 주는 약리작용을 하는 것으로 자리매김 되고 있다. 이러한 약리작용은 특히 한반도에서 생산되는 것이 뛰어난 것으로 널리 인정되고 있다. "몸에 그리도 좋다는 / 백두산 인삼 꿀물을 마시며 / 내 목젖은 왜 이리 떨리는 것일까"[문정희, 〈인삼 꿀물을 마시며〉 중에서]. 인삼은 자연산인 산삼과 재배삼으로 나뉘는데 산삼의 채취 시기는 대체로 5월부터 10월까지지만, 일반적으로 거래되는 인삼인 재배삼의 채취는 8월부터 10월까지 사이에 행해진다. 그래서 금산, 영주·풍기, 파주 등 전국의 유명 인삼 생산지에서의 인삼축제는 대체로 추분에서 한로 사이에 열린다.

가을이 제철인 생선 가운데 연어는 모천(母川)에서 봄에 북태평양으로 나가 3-5년 동안 성숙한 후 9월부터 11월 사이에 모천이나 강으로 거슬러 올라와 하천 바닥을 파서 산란을 하고 죽는다. 남한에서는 동해안의 강으로 산란하기 위해 회귀하는데 오늘날은 강원도 양양의 남대천이나 경상북도 울산의 태화강으로 온다. 특히 남대천에서는 치어방류 사업을 대규모로 벌이고 있어 상당수의 연어들이 회귀한다. 연어는 그 모천회귀성과 죽음을 감수하는 산란으로 인하여 모성애나 인내와 도전의 환유로 활용된다. "태평양에 섞인 남대천 한 방울 물 향기 따라 / 길잡이 별빛 따라 / 바다로 이어진 강 거슬러 오르는 / 바닷바람에 그을린 아침 연어들 / 풀무가 없어도 온몸 핏빛으로 달구며 / 자갈밭에 터 닦아 알 숭어리 숭어리 낳아 / 씨 남긴 천명 다한 까닭으로 / 연어는 오년 만에 돌아와 / 숨을 멎는다 / 고향에 뼈를 묻는다."[조영욱, 〈연어는 돌아와〉 중에서]. 연어의 모천회귀를 늘리기 위해 산란하러 하천에 올라온 연어를 포획하여 알을 짜서 수정하여 치어를 기른 다음 2-4월에 하천에 방류한다. 연어는 생선 특유의 비린내가 거의 나지 않고, 단백질,

오메가-3, 비타민, 핵산 등의 영양소가 풍부함에도 칼로리는 적은 건강 식품으로 유명하다. 연어의 살은 주로 훈제, 스테이크, 회, 초밥, 샐러드, 통조림으로 그리고 알은 소금 절임 등으로 먹는다. 산란하러 오는 연어들을 일부 가두어서 맨손으로 잡는 연어잡이축제가 한가을인 한로 절기 중에 양양군 양양읍 남문리 남대천 하구에서 열린다.

  이 무렵의 시식으로는 누렇게 살이 찐 미꾸라지로 끓인 추어탕이 있다. 벼농사에 농약을 쓰지 않던 과거에는 벼의 추수를 위해 논에서 마지막 물을 뺄 때 논바닥에 들어난 미꾸라지들을 손으로 잡거나 빠지는 물에 딸려온 것을 물꼬에 용수를 대서 잡아서 추어탕을 끓였다. 그리고 "봄 조개, 가을 낙지" 또는 "봄 도다리, 가을 낙지"라는 말이 있듯이, 낙지도 가을이 제철이다. 5-6월에 부화하여 여름 동안 자란 새로운 세대의 낙지들이 겨울을 나기 위한 양분을 비축하려고 찬바람이 불면 갯벌로 올라와서 활발한 먹이 활동을 벌이게 된다. 이 가을철의 성장한 새 세대 낙지는 연하고 부드러워 맛도 좋고 어민들의 수입에도 도움이 된다 하여 꽃낙지로 불리기도 한다. "낙지 잡는 재미에 푹 빠져부러가지고 / 밀물이 드는 줄도 몰랐당께 그 연놈들이 / 낙지 구멍만 파고 또 파다가 그만 그놈의 / 뻘수렁에 깊이깊이 빠져부렀당께"[김학산, 〈봉삼이 같은 놈〉 중에서]. 한로 어간에 전남 무안과 충남 서산에서 낙지축제가 열린다.

霜降   상강, 서리가 내림

낮에는 선선하나 밤 되면 차가워져
무서리 내려앉고 얼음이 얼어오니
어느 새 상강이구나 겨울 채비 하여라

북녘의 산정에서 시작된 단풍 물결
아래로 내려오고 남으로 밀려오니
반도엔 오색 향연이 화려하게 열리네

화려한 나뭇잎들 시들어 떨어져서
바람에 흩날리다 흔적 없이 사라지니
가을은 소멸의 계절 비애감이 어리네

가을의 마지막 절기는 서리가 내린다는 **상강**(霜降, frost descent: 10월 23·24일)이다. "겨울은 남하 중이었고 / 그녀는 간 곳이 없었다 / 오랜 상심의 끝자락에선 / 밤새 첫서리가 내렸고 / 단풍은 서럽도록 붉었다"[양승준, 〈상강〉]. 서리는 공기 중의 수증기가 얼어붙은 것으로, 맑고 바람이 없는 날 밤의 기온이 빙점 이하로 떨어질 때 생긴다. 그런데 이 시기는 낮에는 맑고 상쾌한 날씨가 계속되나 일교차가 커서 밤에는 기운이 뚝 떨어져 빙점 이하가 되면서 풀잎이나 낙엽이나 나뭇가지 등에

서리가 내리는 것이다. 이것이 늦가을에 처음 오는 묽은 서리라고 해서 무서리로 불린다. 한반도에서 첫서리가 가장 먼저 내리는 곳은 개마고원의 삼수와 갑산 지역으로 평균 9월 10일이고, 중부이남 지역에서는 평균 시월 10일 경이며, 해안 지방은 같은 위도의 내륙 지방보다 10-20일이 더 늦다. 무서리와 함께 상강 절기 중에 첫얼음이 어는 경우가 많다. 상강 절기의 마지막 날이 가을의 마지막 날인 가을 절분이다.

중부 지방에서 서리는 보통 한로 전후부터 내리기 시작하여 이듬해 곡우 무렵까지 약 6개월 넘게 내리는데 농작물 특히 여름작물들에게는 큰 피해를 주기 때문에 농사에는 매우 경계하고 피해야 할 대상이다. 생육기간이 길고 고온다습과 긴 일조량을 좋아하는 벼과 식물에게는 서리가 더욱더 치명적이다. 그래서 한반도에서는 벼농사가 전통적으로 일기작만 가능했다. 최근에는 벼 조생종의 품종개량으로 중부 이남에서는 이기작도 가능해졌지만 개량 조생종이 아니면 중부 이남에서도 일기작만 가능하다. 대신 벼를 벤 다음에 서리와 추위에 강한 가을보리나 밀을 재배하는 식으로 이모작을 해왔다. 그러나 오늘날은 벼를 수확하고 그 자리에 가을보리나 밀을 심는 이모작을 거의 하지 않는다. 보리나 밀의 상업성이 떨어지기 때문이다.

서리는 과채류에게도 치명적이다. 하지만 다행히 과채류는 생육기간이 짧아서 서리로부터 안전하기 위해 곡우 이후에 파종해도 여름 동안에 수확하므로 큰 문제가 되지는 않는다. 그러나 어떠한 경우에도 서리가 내리기 전에는 수확을 마치도록 해야 한다. 서리가 내린다는 것은 기온이 빙점 이하로 내려가는 것이므로 식물 세포 안에 있는 물이 얼어 팽창하면 세포가 파괴되어 식물이 죽게 되기 때문이다. "태풍이 와도 / 눈 한 번 깜짝이지 않고 / 좀처럼 / 허리 숙일 줄도 모르더니 / 간밤에 무슨 일이라도 / 있었는지 / 그렇게도 기세등등하더니 / 발기했다 사정한 고추처럼 / 모두가 다 / 축 늘어져 / 맥을 못 추네"[나상국, 〈서리 1〉 중에서].

이처럼 과채류는 서리에 너무 약해 서리를 맞히면 절대 안 된다.

상강 어간은 마늘을 심고 양파 모종을 이식하는 적기이기도 하다. 소화효소인 디아스타제가 많고 단백질 흡수를 촉진하고 위장을 보호하는 뮤신이 풍부하여 식전에 섭취하면 배탈을 예방하고 소화를 돕는다는 마의 덩이뿌리를 이 무렵부터 대설까지 수확한다. 또, 아직껏 하지 못한 경우, 조와 수수를 수확하고, 고구마를 캐고, 콩을 타작하고, 호박, 밤, 감을 따고, 서리 맞기 전에 고추와 깻잎도 따야 하는 등으로 무척 바쁜 때다. 과거 이모작 시절에는 이 시기에 벼를 베어 타작하고, 벼를 베어 낸 논에는 다시 가을보리를 파종한다. "한로 상강에 겉보리 간다", "보리는 입동 전에 묻어라", "입동 전 가위보리다"라는 속담이 생겼을 만큼, 이때는 가을보리 파종의 적기다. 보리파종이 늦어져서 입동 전에 보리 잎이 가위처럼 두 개로 갈라져 나오지 않으면 서리에 의해 동해(凍害)를 입을 염려도 있고, 이듬해 보리 숙기(熟期: 여무는 때)가 늦어져 보리 베기가 지연되고, 보리 베기가 지연되면 모내기가 늦어지는 악순환이 계속되기 때문에 실기하지 않아야 한다.

과거에는 상강 어간도 바쁘기는 했지만 그래도 어느 정도 정신적, 시간적 여유와 함께 수확에 의한 물질적 여유까지 생기게 되어 바쁜 와중에도 같이 일을 했던 이웃들과 심지어는 길손까지 청해서 나누며 즐기고 농우도 푸짐히 먹였다. 그래서 《농가월령가》 9월령의 다음 구절은 한로 절기에도 해당하지만 상강 어간에 더 적절해 보인다. "한가을 흔한 적에 과객도 청하나니 / 한 동네 이웃하여 한 들에 농사하니 / 수고도 나눠하고 없는 것도 서로 도와 / 이때를 만났으니 즐기기도 같이 하세 / 아무리 다사하나 농우를 보살펴라 / 핏대에 살을 찌워 제 공을 갚을지라." 우리 조상들의 마음 씀씀이가 이러했다. 이처럼 상강 끝 무렵이면 가을걷이와 가을보리 파종을 끝으로 봄부터 바빴던 한 해의 농사일이 대체로 마무리되고 상강이 지나면 다음해 농사에 대비하는 잔손질만이 남게 된다. 하지만 이것도 과거의 이야기라 할 수 있다. 오늘날은 가을걷이에 농기계를 많이 활용하고 농사 기술도 훨씬 발달하여 모든 일들이 과거보다 거의 한 절기 더 빨리 마무리된다. 그래서 오늘날 농촌은 비닐하우스 재배 농사를 하지 않는 경우에는 대체로 상강 어간부터 긴 농한기를 맞게 된다.

상강 무렵은 한반도에서 최고의 단풍철이다. 한로 전후로 북녘의 산정에서부터 시작한 나뭇잎들의 아름다운 오색단장이 이 무렵에는 산 아래까지 내려오고 점점 남하하여 상강 절기 중에 남부지방에까지 이르기 때문이다. 그리하여 한반도는 말 그대로 천자만홍(千紫萬紅)의 울긋불긋한 단풍 천지가 된다. "개마고원에 단풍 물들면 / 노고단에서도 함께 물든다 / 분계선 철조망 / 녹슬거나 말거나 / 삼천리강산에 가을 물든다"[류근삼, 〈단풍〉]. 한반도 단풍의 마지막 절정은 상강 절기의 끝 부분인 11월 초순의 화려한 내장산 단풍이라고 할 수 있다. 《농가월령가》는 이 무렵의 모습을 "만산풍엽은 연지로 물들이고 / 울밑에 황국화는 추광을 자랑한다"고 묘사하고 있다. 상강 절기의 단풍의 화려함을 두고 만당(晚唐)의 시인 두목(杜牧)은 "서리 맞은 나뭇잎이 이월(양력 3월)의 꽃보다 붉구나(霜葉紅於二月花)"라고 읊었다.

우리 속담의 "서리를 기다리는 늦가을 초목"이라는 말처럼, 이때부터 겨울 맞을 준비를 위해 나무들은 서리 맞아 시든 잎사귀들을 땅에 떨구고, 동면(冬眠)하는 벌레들은 모두 땅 속으로 숨는다. 이 무렵에 대부분의 초목의 잎은 변색하여 화려함을 뽐내기도 하지만 이내 시들어 져버린다. 그래서 당장 보기에는 좋아도 얼마 가지 않아 흉하게 됨을 이르는 "구시월의 세단풍(細丹楓)"이라는 속담이 생겼으리라. 나뭇잎은 이제 조락하여 낙엽으로 땅에 쌓이거나 바람에 이리저리 날리면서 사람들을 우수에 젖게 한다. 바람에 우수수 지거나 이리저리 날리다 사라지는 낙엽에서 사람들은 고독, 이별, 상실, 소멸, 죽음을 느끼기 때문이다. 이러한 낙엽 또는 고엽이야말로 가장 가을다운 물상이다. 그리고 낙엽이 일깨우는 생명체의 상실과 소멸에 대한 인식은 가장 가을다운 인식이다. 또한 그 인식이 자아내는 우수야말로 가장 가을다운 정조일 것이다. 이처럼 늦가을은 조락한 나뭇잎 즉 낙엽이나 고엽에서 우리 자신을 포함하여 모든 산 것의 상실과 소멸을 보고, 비애를 느끼는 우수의 계절인 것이다.

그래서 늦가을은 낙엽들이 나뒹구는 모습을 보며 떠난 연인을 그리워하는, "낙엽들이 창문가에 쌓이네 / 붉은 빛과 금빛의 가을 잎들이"라는 노랫말로 시작되는 〈고엽(枯葉)〉이라는 우수어린 노래가 심금을 울리는 계절이다. 특히 감미로운 목소리로 부르는 흑인 가수 냇 킹 콜(Nat King Cole)의 〈Autumn Leaves〉라는 영어 노래나 애잔한 목소리로 부르는 이브 몽땅(Yves Montand)의 〈Les Feuilles Mortes〉라는 낭송이 있는 불어 노래가 더 그렇다. 이 노래는 본래 프랑스 작곡가 조제프 꼬스마(Joseph Kosma)가 만든 곡에 이브 몽땅의 친구이자 시인인 자크 프레베르(Jacques Prevert)가 가사를 붙여 몽땅이 불러 유명해진 샹송이었다. 이 샹송을 1950년 자니 머서(Johnny Mercer)가 낭송 부분을 없애고 노래 부분만 영어로 번안하여 처음에는 〈빙 크로스비(Bing Crosby)의 노래로 녹음되었으나, 1956년 상연된 동명(同名)의 영화에서 냇 킹 콜이 주제가로 불러 큰 인기를 얻게 되었다.

그밖에도 엘비스 프레슬리(Elvis Prestley)의 원곡을 번안한 차중락의 〈낙엽 따라 가버린 사랑〉도 "아아아 그 옛날이 너무도 그리워라 / 낙엽이 지면 꿈도 따라 가는 줄 왜 몰랐던가 / 사랑하는 이 마음을 어찌 하오 어찌 하오 / 너와 나의 사랑의 꿈 낙엽 따라 가버렸으니"라는 구절과 함께, 그리고 박인환의 시에 이진섭이 곡을 부치고 박인희가 불러 유명해진 〈세월이 가면〉도 "그 벤치 위에 나뭇잎은 떨어지고 / 나뭇잎은 흙이 되고 / 나뭇잎에 덮여서 / 우리들 사랑이 사라진다 해도 / 내 서늘한 가슴에 있네"라는 구절과 함께 이별과 상실을 주제로 하고 있어 사람들에게 우수를 자아내는 늦가을에 어울리고 또 실제로 많이 들리기도 하는 노래들이다.

늦가을에 우수 어린 정경을 가장 특징적으로 연출하는 사물은 무리지어 자리는 갈대와 억새일 것이다. 늦가을 물가에서 긴 줄기 끝에 갈색 솜털로 뒤덮인 갈대의 꽃 이삭과, 텅 빈 들녘에서 보푸라기로 하얗게 된 억새의 꽃 이삭이, 하늘로 곧게 뻗쳐 바람에 흔들거리는 모습은 까닭 모를 가을 특유의 비애감을 자아내기 때문이다. "상강. / 서릿발 차가운 칼날 앞에서 / 꽃은 꽃끼리, 잎은 잎끼리 / 맨땅에 / 스스로 목숨을 던지지만 / 갈대는 호올로 빈 하늘을 우러러 / 시대를 통곡한다."[오세영, 〈11월〉 중에서]. 그러나 그림, 영상, 가요 등의 대중적인 작품들에서 가을의 상징으로는 갈대보다는 억새가 더 많이 등장하고 더 잘 어울린다. 낮은 습지에서 자라는 우중충한 갈색 꽃의 갈대보다는 물이 없는 언덕이나 산에서 자라는 흰색 꽃의 억새가 눈에 더 잘 띄고 더 외롭고 처량한 느낌을 주기 때문일 것이다.

장미꽃은 11월까지 피어 있기도 하지만, 일반적으로 보통의 꽃들은 서리에 약해서 상강 무렵 무서리가 내리면 거의 모두 져버리고 만다. 그러나 추국(秋菊) 즉 가을국화는 9월부터 11월까지 피는데, 다른 꽃들이 지는 상강 이후의 서릿발 속에서도 홀로 의연히 피어나기 때문에 옛 선비들은 가을국화를 일러 서리 속에서도 굴하지 않고 외로이 지키는 절개라는 뜻의 오상고절(傲霜孤節)이라는 말로 칭송하기도 했다. 예컨대, 조선 후기의 문신 이정보의 시조에 "국화야, 니는 어이 삼월 동풍 다 지내고 / 낙목한천(落木寒天)에 네 홀로 피었나니 / 아마도 오상고절(傲霜孤節)은 너뿐인가 하노라"라고 읊은 것이 있다. 이런 추국의 정취도 상강 무렵이 절정이라서 전북 익산 그리고 전남의 영암과 함평 등의 국화축제도 대체로 상강 절기에 열린다.

겨울의 절기들

입동
소설
대설
동지
소한
대한

겨울의 절기들

 가을이 깊어지면 차가운 날씨가 눈이 오고 얼음이 어는 추운 날씨로 변하며 겨울이 찾아온다. 가을이 깊어질수록 태양의 고도가 더 낮아지고 낮이 더 짧아지며 북서계절풍이 더욱더 차가워지기 때문이다. 겨울은 햇볕이 약해 복사열이 적고 차디찬 삭풍이 불어오며 물이 얼고 비 대신 눈이 내리는 엄동설한의 추운 계절이다. 겨울은 밤이 길고 낮아 짧아 햇빛이 비치는 시간도 짧고 따라서 복사열이 적어 기온이 가장 낮아지는 철인 것이다. 그래서 연못이나 내는 말할 것도 없고 호수나 강 심지어는 바다까지도 얼어붙는다. 사실 겨울은 물 뿐만 아니라 세상만사가 거의 다 얼어붙는 철이라고 해야 할 것이다. 그런데 가을에서 겨울로의 이행은 기온이 더 내려가는 것에 불과하지만, 우리의 눈에 비치는 풍광은 헐벗은 나무 그리고 눈과 얼음에 의해서 크게 바뀌어버린다. 물상과 경물에서 가을과 겨울에 가장 극적인 변화가 일어나는 것이다.

 이처럼 겨울은 찬바람이 불고 얼음이 얼고 눈이 내려 쌓이는 혹한이 지배하는 시절로 생명체에게는 목숨마저 위험한 시련과 인고의 계절이다. 그래서 거의 모든 생명체는 겨울을 나기 위해 철저한 월동 대책을 마련했다가 너무 추워지기 전에 실행하게 된다. 식물, 특히 풀은 씨나 뿌리로 연명하는데 뿌리는 땅 속에서 안전하게 겨울을 나고, 씨 또한 땅에 묻혀 가사(假死) 상태로 겨울을 난다. 나무는 잎을 떨구고 양분을 뿌리와 줄기로 제한한 채 성장을 멈춘다. 개미나 벌은 여름과 가을에 미리 모아놓은 먹이로 겨울을 나지만, 대부분의 곤충은 알이나 굼벵이나 번데기로 겨울을 나고, 철새는 따뜻한 곳으로 날아가고, 개구리, 뱀, 도마뱀, 거북 등과 같은 변온동물은 겨울에는 추워 활동할 수 없게 되므로 얼어 죽지 않기 위해 땅속에서 겨울잠을 자고, 그리고 다람쥐, 박쥐, 들쥐, 두더지, 고슴도치, 곰 등과 같은 상당수의 짐승들은 겨울에는 먹이가 부족하므로 굶어죽지 않기 위해 굴속에서 겨울잠을 자거나 칩거하며 에너지 소비를 최소한으로 줄인다. 그럼에도 많은 동물들이 겨울을 나지 못하고 목숨을 잃는다. 그만큼 겨울은 칩거 속에서 목숨을 부지하며 시련을 견뎌야만 하는 인내의 계절이기도 하고, 그 인내 속에서 소생의 봄을 기다리는 갈망의 계절이기도 하다.

　겨울잠을 자지 않는 인간도 목숨을 부지하기 위해서는 겨울의 추위에 잘 대비해야만 한다. 추위를 견디기 위해서는 무엇보다 난방이 중요하다. 그래서 집은 남향으로 지어 방안으로 햇빛이 깊숙이 들어오게 하고 하루 종일 방안을 따뜻한 상태로 데울 수 있는 난방시설을 갖추어야 한다. 그리고 가급적이면 따뜻한 방안에 머물러 있어야 한다. 한겨울에는 일을 하더라도 방안에서 주로 하게 된다. 말하자면, 사람은 동면을 하는 동물은 아니지만 그래도 겨울에는 주로 방안에 칩거하게 된다. 그래서 우리말의 '겨울'은 집에 있다 또는 머물다는 뜻을 가진 '겻다'에서 왔다고 한다. '겻다'의 어미 변형어 '겻을'이 '겨슬'을 거쳐 '겨울'이 되었다는 것이다. '겻다'의 어근 '겨'는 집에 있는 여자를 뜻하는 '겨집'의 '겨'와 같은 어근이기도 하다. 겨울이라는 우리말은 결국 추위를 견디기 위해 따뜻한 집에 머무는 데서 유래된 말이라 할 수 있는 것이다.

　겨울을 뜻하는 한자어 동(冬)은 마지막 계절로 얼어붙는 추운 때를 뜻하며 동시에 겨울을 나다 또는 동면하다의 뜻도 지니고 있다. 한자어 동(冬)은 겨울은 추운 철이므로 잘 나야 함을 나타내는 말이라고 할 수 있다. 겨울에 해당하는 영어는 winter인데 이는 어원학적으로 물이라는 말에서 유래했다고 한다. 겨울에는 물이 얼음이나 눈으로 변하기 때문일 것이다. winter라는 말은 겨울이라는 뜻 외에도 비활동기 또는 쇠퇴기라는 뜻도 가지고 있다. 겨울에는 많은 생명체들이 침거하고 활동을 줄이기 때문일 것이다. winter는 또 형용사로서 "겨울작물의" 즉 보리나 밀처럼 "겨울에 씨를 뿌리고 이듬해 봄이나 여름에 거두는" 작물임을 뜻하기도 하는데 이때 작물들은 혹한을 견뎌야 한다는 점에서 겨울은 잘 견뎌내야 하는 시련의 계절임을 암시하고 있다.

24절기 가운데 겨울이 시작되는 절기는 입동이다. 황도 상에서 입동은 한가을인 추분과 한겨울인 동지의 한 가운데로 황경 225도의 지점이다. 이처럼 입동은 한가을과 한겨울의 중간 지점이기에 천문학적으로만 본다면 이 지점에서 가을과 겨울이 갈린다고 할 수 있다. 천문학적으로 입동은 가을이 끝나고 겨울이 시작되는 시점인 것이다. 입동부터 소설(황경 240도), 대설(255도), 동지(270도), 소한(285도), 대한(300도)까지 6개의 절기가 각각 15도 간격으로 나뉘지만 구간마다 태양의 운행 속도가 다르기 때문에 운행에 걸리는 시일은 절기마다 조금씩 다르다. 그런데 이들 겨울의 절기들은 태양의 운행 속도가 가장 빠른 근일점(1월 3일)을 한가운데에 끼고 있기 때문에 이들 겨울의 절기들의 길이는 다른 계절의 절기들의 길이에 비해 전체적으로 가장 짧다. 말하자면, 겨울이 다른 계절보다 날수에서 가장 적고, 따라서 가장 짧은 철이라는 뜻이다. 흔히 "긴 겨울"이라고 말하지만, 실제로는 다른 계절에 비해 상대적으로 "짧은 겨울"이라 할 수 있다.

이들 겨울의 절기를 간단히 설명해보자. 입동(立冬)은 겨울이 일어선다는 뜻으로 겨울의 문턱에 들어선다는 절기이고, 소설(小雪)은 작은 눈이라는 뜻으로 눈발이 뿌려지면서 점점 겨울 기분이 나기 시작하는 절기이고, 대설(大雪)은 큰 눈이라는 뜻으로 눈이 많이 오고 본격적인 겨울 기분이 나는 절기이고, 동지(冬至)는 겨울에 이르렀다는 뜻으로 낮이 가장 짧고 밤이 가장 긴 시점부터 시작하는 한겨울의 절기이고, 소한(小寒)은 작은 추위라는 뜻으로 겨울이 한고비에 접어들어 혹한이 시작되는 절기이고, 대한(大寒)은 큰 추위라는 뜻으로 연중 추위가 최고조에 달하는 절기다. 겨울의 절기 명칭 가운데에는 눈과 관련된 것이 소설과 대설의 두 개, 그리고 추위와 관련된 것이 소한과 대한의 두 개다. 모두 네 개의 명칭이 기상학적 현상과 관련이 있다. 그만큼 겨울은 눈과 추위로 특징지어지는 철이기 때문일 것이다. 절기의 명칭은 천문학적 현상이나 기상학적 현상을 반영하는데 겨울의 명칭 가운데 위의 네 개는 기상학적 현상을 그리고 나머지 입동과 동지 두 개는 천문학적 현상을 나타낸 것이다.

음력으로 입동과 소설은 초겨울 또는 맹동(孟冬)이라고도 부르는 시월에, 대설과 동지는 한겨울 또는 중동(仲冬)이라고도 부르는 동짓달에, 소한과 대한은 늦겨울 또는 계동(季冬)이라고도 부르는 섣달에 있다. 《농가월령가》의 10·11·12월령의 첫 부분을 소개하면 다음과 같다. "시월은 맹동(孟冬)이라 입동 소설 절기로다 / 나뭇잎 떨어지고 고니 소리 높이 난다 / 듣거라 아이들아 농공을 필하여도 / 남은 일 생각하여 집안일 마저 하세 /.../ 십일월은 중동(仲冬)이라 대설 동지 절기로다 / 바람불고 서리치고 눈 오고 얼음 언다 / 가을에 거둔 곡식 얼마나 하였든고 /.../ 십이월은 계동(季冬)이라 소한 대한 절기로다 / 설중(雪中)의 봉만(峰巒: 산봉우리)들은 해 저문 빛이로다 / 세전(歲前: 새해 앞)에 남은 날이 얼마나 걸렸는고."

立冬
입동, 겨울의 길목

찬바람 불어오고 된서리 뒤덮이니
어느 새 겨울 문턱 입동에 들었구나
이제는 월동 준비에 나서야만 한다네

미물은 칩거 위해 은신처 마련하고
초목은 동면 위해 잎 말려 떨궈내니
모두들 겨우살이에 대비하고 있구나

굶주릴 새들 위해 남겨진 붉은 감들
아직은 쪼이잖고 가지 끝 매달린 채
쓸쓸한 낙목한천에 홍등으로 빛나네

겨울의 첫 번째 절기는 시절이 겨울의 문턱에 들어섬을 알리는 **입동**(立冬, start of winter: 11월 7·8일)이다. 이때부터 가을이 물러가고 겨울이 다가온다. "늦가을 끝자락에 / 입동이 찾아드니 // 가을은 떠날 채비 / 분주히 서두르고"[오정방, 〈입동 아침〉 중에서]. 이때 황도 상의 태양의 위치는 추분과 동지의 중간 지점이다. 이후 태양이 동지 쪽으로 나아가기 때문에 이론적으로 보면 입동은 겨울이 시작되는 시점이라고 할 수 있다. 그래서 절기력으로는 입동일부터 입춘 전날까지가 겨울이다.

그러나 천문학에서는 동지부터 춘분 전날까지를 겨울로 보고, 일반 달력에서는 12월부터 2월까지를 겨울로 친다.

입동은 달력상으로는 늦가을이나 절기상으로는 겨울이 시작되는 시점으로 비가 진눈깨비로 변하는 때다. 입동은 가을에 이별을 고하고 겨울을 맞이하는 계절의 이행기인 셈이다. 그래서 한 시인은 입동을 "바람에 흔들리며 고뇌하는 가을 / 이별 무대의 뒤안길"[나상국, 〈입동〉 중에서]로 묘사했다. 이 무렵부터 처음에는 높은 지대에서 그리고 나중에는 평지에서도 이른 아침에는 나무나 풀이나 벼 그루터기 등이, 가루눈에 덮인 듯, 상고대라고도 부르는 된서리로 뽀얗게 뒤덮인 모습을 볼 수 있다. "어젯밤 된서리에 / 꽃잎처럼 찍어놓은 까치 발자국 / 아침을 물어 나르는 / 발끝이 시렸나보다"[박금숙, 〈입동〉 중에서]. 이 어간에 몰아치기 시작하는 찬바람과 추위는 가을도 이제 끝나가고 겨울이 다가오고 있음을 예고한다. 된서리와 삭풍은 겨울의 전령사인 것이다.

입동은 거의 모든 생명체가 월동에 대비하는 시점이다. 생명체들은 대체로 추위에 약해서 이때 월동에 임하지 못하면 조만간 너무 추워져 경우에 따라서는 목숨을 잃게 된다. 식물이든 동물이든 미리부터 월동을 준비했다가 늦어도 이 무렵에는 월동에 들어간다. 겨울잠을 자는 동물들은 가을 동안 벌여온 왕성한 먹이 활동으로 겨울을 날 수 있는 영양분을 체내에 축적한 뒤 굴이나 땅속이나 나무뿌리 밑으로 들어가 동면을 시작한다. 개미, 벌, 다람쥐, 들쥐 등을 포함하여 동물들 가운데 일부는 겨울에 먹을 식량을 비축한 뒤 은신처에서 칩거에 들어간다. 벌레들은 대체로 알이나 굼벵이나 번데기로 겨울을 나지만, 일부는 성체로 땅속에서 겨울잠을 자기도 한다. 풀은 잎을 고사시켜버리고 뿌리나 씨앗으로 겨울에 대비한다. 나무는 지금까지 해오던 성장 활동을 거의 멈추어 양분의 소모를 줄이고, 겨울에 얼지 않기 위해 수분을 잎에 공급하지 않음으로써 잎을 조락시킨다. 나무의 그런 모습을 한 시인은 "화촉동방

(華燭洞房) 꿈을 꾸던 초야의 새색시가 / 서리꽃이 만발한 갈참나무 숲속에서 / 연지곤지 다 지우고 적멸(寂滅)에 든다"[이형우, 〈입동과 소설 사이〉]고 비유했고, 또 다른 시인은 "짊어지고 오던 / 무거운 짐 다 내려놓고 / 단단한 마음으로 몸을 털며 / 겨울을 기다리는 나무들이 당당하다."[유창섭, 〈입동〉 중에서]라고 표현했다.

　인간도 월동 대책에서 예외가 아니다. 사람에게도 이 무렵은 가을걷이가 끝나 바쁜 일손을 털고 한숨 돌리면서 겨울을 앞두고 한 해의 마무리와 함께 월동을 준비하는 시기다. 겨울에 먹을 식량을 준비하는 추수를 제외한다면, 한국인의 월동 준비 가운데 가장 중요한 것은 역시 김장이다. 오늘날은 제품으로 만들어 파는 김치를 사먹는 가정이 적지 않지만, 아직도 김장은 많은 가정에서 월동을 위한 중요한 준비라고 할 수 있다. 말할 것도 없이, 과거에는 김장은 모든 가정의 필수적인 월동준비였다. 오죽하면 "김장하니 삼동 걱정 덜었다"고 했겠는가! 《농가월령가》 시월령은 농사일을 다 마쳤어도 월동준비라는 중요한 일이 남아 있음을 일깨우면서 가장 먼저 김장을 언급하고 있다. "듣거라 아이들아 농공(農功)을 필하여도 / 남은 일 생각하여 집안 일 마저 하세 / 무 배추 캐어 들여 김장을 하오리라 / 앞 냇물에 정히 씻어 염담(鹽淡)을 맞게 하소 / 고추 마늘 생강 파에 젓국지 장아찌라 / 독 곁에 중도리요 바탕이 항아리라." 옛날에는 입동 전후 1주일간이 김장철로 알려져 있었다. 이때 김장을 해야 김치의 상큼한 맛이 제대로 나고, 배추와 무를 비롯한 싱싱한 재료가 풍부하고, 날씨도 김장하기에 적당했기 때문이다. 그래서 이때를 놓치지 않기 위해 여러 집의 아낙들이 품앗이로 이집 저집 놀아가며 왁자지껄하게 떠들며 함께 김장들을 하였다. 그러나 요즘은 온난화 현상으로 김장시기가 늦어져 가고 있다.

　과거에는 딤채라고도 불리던 김치는 겨울을 대비한 우리 민족의 고유한 저장음식이다. 김치는 배추, 무, 열무, 갓, 고들빼기, 파, 오이 등과 같은 채소를 소금에 절이고 고추, 파, 마늘, 생강 등 여러 가지 양념을 버무려 담근 채소의 염장 발효 식품으로 다른 염장 식품에 비해 국물이 많은 것이 특징이다. "별빛에 영글은 생강을 갈고 / 달 품은 마늘은 곱게 다지고 / 마디 없는 대쪽 파 마디마디 끊어 / 끼끗하게 알 배인 절군 배추에 / 허벅지 미끈한 무우는 채 치고 / 푸른 갓 헹구어 쓰고 / 붉은 고추로 입술 칠하고 / 새우젓 가슴 내어 간을 맞추니 / 입동 지나 휑하던 마음에 짭짤한 온기가 돈다"[김해인, 〈김장〉 중에서]. 사람은 비타민이나 무기질이 풍부한 채소의 섭취가 필요하나 채소는 곡물과 달라서 저장하기가 어려워 소금에 절이거나 장, 초, 향신료 등과 섞어서 새로운 맛과 향기를 생성시키면서 저장하는 방법을 개발하여 만들어진 것이 김치다. 장기간 저장이 가능한 김치는 온 천하가 얼어붙어 싱싱한 야채를 구하기 어려운 겨울철에 그것을 대용할 수 있게 해주는 아주 훌륭한 발효식품이다. 또 한겨울에 먹는 동치미는 그 자체로서 요깃거리가 되고, 굽거나 삶은 고구마와 같은 간식거리와 함께 먹는 잘 삭은 동치미의 국물은 정말 훌륭한 자연의 탄산음료라 할 수 있다.

입동이 끝날 때쯤이면 가을걷이도 완전히 끝나게 되어 들판은 텅 비고 나뭇잎이 져 숲은 훤히 드러나서 천지는 그야말로 공허하게 된다. 그리고 차디찬 된서리가 내려 아침 지붕은 하얗고, 앙상한 감나무 끝에 까치밥으로 남겨진 우듬지의 붉은 감들만이 외로이 붉게 빛난다. "까치밥 하나 덩그마니 남기고 / 마을이 조용해졌다 /.../ 홀쭉해진 산 / 휘어진 나무들의 두 팔."[송영희, 〈입동〉 중에서]. 입동 끝 무렵부터 활엽수는 월동 준비가 끝나 대체로 잎이 다 떨어져 빈 가지들만 앙상하고, 훤한 숲이나 가로수 길에는 낙엽들이 수북이 쌓이고, 대지에는 불어오는 북풍과 함께 찬 기운이 스며들어 날씨가 쌀쌀해진다. "가을 들판이 다 비었다. / 바람만 찬란히 올 것이다."[이성선, 〈입동 이후〉 중에서]. 이때부터 나무는 잎 하나 없이 헐벗고 쓸쓸한 채로 차가운 날씨를 견디는 그야말로 낙목한천

(落木寒天)의 풍경이 전개된다. 이제 생명체들은 새로운 소생의 봄을 기다리며 얼음과 눈에 갇힌 채로 긴 동면이나 칩거에 들어가고, 동면하지 않는 인간들은 그 모습을 지켜보며 봄을 기다리게 될 것이다. "봄을 기다릴 줄 아는 사람들만이 / 눈 속에 갇혀 외롭게 우는 산새 소리를 들을 것이며 / 눈에 덮여서 더욱 싱싱하게 자라나는 보리밭의 보리싹들을 / 눈물 겨운 눈으로 바라볼 것입니다"[나태주, 〈겨울 농부〉 중에서].

입동 무렵부터 1월까지 포항 구룡포를 비롯하여 동해안의 포구에서는 과메기 철이 시작된다. 과메기는 본래는 청어를 재료로 했으나 오늘날은 청어가 귀해져 주로 꽁치를 재료로 하는데 청어 과메기보다 역한 냄새가 덜해 사람에 따라서는 꽁치 과메기를 더 선호하기도 한다. 이들 등푸른 생선을 바닷바람 속에서 자연건조한 과메기는 밤에 얼고 낮에 녹기를 반복하면서 맛이 든다. "한겨울 배 째고 / 병 주고 약 주듯 얼었다 녹았다 / 때 아닌 유격훈련 / 죽어서도 혹사당해 / 오글오글 말라비틀어진 채 / 몸속 깊숙이 고이 간직해 오던 / 질 좋은 고단백질의 상념들"[나상국, 〈과메기〉 중에서]. 껍질을 벗기고 잘 손질한 과메기를 초고추장에 푹 찍어 쪽파, 마늘, 고추 등과 함께 김과 생미역이나 생다시마에 싸서 먹으면 비린내도 거의 나지 않고 맛도 좋고 영양소도 풍부하다. 요즘은 껍질을 벗겨 먹기 좋게 손질한 과메기를 야채와 함께 팔기 때문에 쉽게 즐길 수 있다.

입동 어간부터 겨울 동안 꼬막이 제철이다. 참꼬막, 새꼬막, 피꼬막(피조개)으로 분류되는 꼬막은 서해안과 남해안의 갯벌에 서식하는데, 특히 빌교의 갯벌에서 많이 채취된다. "꼬막 줍는 거친 손 / 검은 건반 주무르면 / 파도가 노래하고 / 햇빛 조명 받은 갈매기 춤을 춘다"[김귀녀, 〈개펄 교향곡〉 중에서]. 꼬막은 생선도 아니면서 임금님 수라상에 올리기 위해 진상되었다고 하며, 전라도 지방에서는 조상의 제사상에 반드시 오르는 음식의 하나다. 꼬막은 고단백 저지방의 알칼리 식품으로 무기질, 필수 아미노산, 칼슘, 비타민 등의 성분이 고루 함유되어 있어 성장기 어린이나 회복기 환자에게 좋다. 꼬막은 또 철분과 헤모글로빈이 풍부해서 빈혈의 예방에 좋고, 베타인과 타우린 성분이 풍부해서 간의 해독작용을 돕는다고 한다. 꼬막은 삶는 기술에 따라 맛이 달라지는데, 꼬막 표면에 붙은 이물질이 완전히 제거되도록 찬물에 깨끗이 씻어 소금물에 1시간 정도 해감을 한 뒤 물이 끓기 전 기포가 조금씩 올라올 때에 꼬막을 넣고 한쪽 방향으로 저어가며 삶다가 그 가운데 몇 개가 입을 벌리면 재빨리 불을 끄고 건져내야 육질이 부드럽고 영양가와 맛도 보존된다. 굴, 홍합, 가리비 등의 조개류도 입동 무렵부터 동지 어간까지가 제철이다.

과거에는 향약(鄕約: 권선징악을 취지로 한 향촌의 자치 규약)에 의해 '치계미(雉鷄米)'라는 것을 겨울에 노인들을 위해 출연하는 풍속이 있었다. 특히 입동, 동지 그리고 제석(除夕: 섣달 그믐날 밤)에 일정한 나이 이상의 노인들에게 치계미로 선물을 드리는 것이 관례였다. 이를 위해 집집마다 출연을 했는데 여기에는 아주 가난한 집도 한 해에 한 차례 이상은 참여했다고 한다. 그마저도 어려운 사람은 겨울잠을 자기 위해 도랑에 숨은 살찐 미꾸라지를 잡아 추어탕을 끓여 노인들을 대접했는데 이를 '도랑탕 잔치' 또는 '상치(尙齒: 노인을 존경함) 마당'이라고 불렀다. "그 벌건, 그 걸쭉한, 그 땀 벅벅 나는, 그 입에 쩍쩍 붙는 추어탕으로 상치 마당이 열렸는데, 세상에, 원 세상에, 그 허리가 평생 엎드렸던 논두렁으로 휜 샛터집 영감도, 그 무릎이 자갈밭에 삽날 부딪는 소리를 내는 대추나무집 할매도,...한 그릇 두 양푼씩을 거침없이 비워내니"[고재종, 〈한바탕 잘 끓인 추어탕으로〉 중에서]. 치계미라는 말은 글자 그대로는 '꿩과 닭을 사기 위한 쌀' 정도의 의미인데 본래 사또 밥상에 오를 찬값이라는 미명의 뇌물을 뜻하는 부정적인 말이었던 것이 나중에는 노인을 돕기 위한 출연물(出捐物)을 뜻하는 긍정적인 말로 바뀐 것이다. 노인 대접을 위한 치계미는 노인들을 사또처럼 모시기 위한 것이라고나 할까? 세태의 변화로 오늘날은 사라져버렸지만 치계미는 노인들이 가장 허약해지기 쉬운 겨울을 잘 나라는 우리의 경로사상에서 비롯된 미풍양속의 하나였다.

小雪 소설, 첫눈이 내림

소설을 맞았으니 첫눈이 내리겠지
설레는 마음으로 서설을 기대할 때
적지만 하얀 눈 내려 반가움에 들뜨네

나무는 잎 떨구어 가지만 앙상하고
숲속은 나목들로 훤하게 비었는데
들마저 추수가 끝나 허허로운 세상아

가을일 다 마치고 월동 준비 완료하여
한겨울 걱정 없이 지낼 수 있게 되니
사람들 상달이라며 고사지내 감사하네

겨울의 두 번째 절기는 적은 양의 눈이 온다는 **소설**(小雪, minor snow: 11월 22·23일)이다. 중부지방에서는 입동 끝 무렵이나 소설 첫 무렵에 흔히 초설(初雪) 즉 첫눈이 내리는데 그 양이 적기 때문에 소설이라 했다. 그러나 그것은 과거의 이야기이고 요즘은 온난화와 난동(暖冬) 현상으로 첫눈이 자꾸 늦어지는 경향이 있다. "절기는 소설 / 이름값이라도 하려면 / 잔눈이라도 내려야 할 텐데 / 대륙으로부터는 / 소식이 없다."[정재영, 〈서시 농무(濃霧)〉 중에서]. 근래에는 소설 절기가 다 지나도록 눈이 아예 오지 않는 경우도 적지 않다. "소설에 제대로 한번 / 눈가루 비친 적 있던가 / 들숨 크게 권한 적 있었나"[임영준, 〈소설 유감〉 중에서]. 물론 소설 절기 중에 적은 양이지만 첫눈이 오는 경우도 아주 없지는 않지만 대체로 오지 않는 경우가 더 흔하다. 물론, 절기 이름이 소설이라고 해서 이때 반드시 첫눈이 내려야 하는 것은 아니다. 절기의 명칭이 기후나 자연 현상을 나타낸 경우는 그 개연성을 표현한 것이지 필연성을 말한 것은 아니기 때문이다.

그런데 서설(瑞雪)이라는 말이 있듯이, 눈은 흔히 상서로운 것으로 말해진다. 그래서 첫눈 위에 넘어지면 1년 내내 재수가 좋다는 속신도, 결혼 전날 밤에 오는 눈은 축하의 눈이라는 믿음도, 장례 때에 오는 눈은 명복을 비는 눈이라는 해석도 생겼을 것이다. 그래서 그런지 사람들은 눈이, 특히 첫눈이, 오는 것을 반긴다. "첫눈이 내린다 / 우와- 함성이 들린다 // 펑펑 쏟아져라 / 서설이 되어 / 더럽고 추한 대지위에 // 마구 퍼부어 / 은세계를 만들어 주려무나 / 첫눈이여!"[김덕성, 〈첫눈에게〉 중에서]. 감히 단언컨대, 동서고금을 막론하고 비를 반기지 않는 사람은 있어도 눈을 반기지 않는 사람은 거의 없는 듯하다. "지금 첫눈이 내린다 / 어두운 회색 하늘로부터 큰 흰 별 같은 눈송이로 / 얼음은 내를 덮어 그 급한 흐름을 멈추게 하고 / 까마귀의 날카로운 울음소리도 더 이상 들리지 않는다. / 저녁 기도처럼, 깨끗하고 조용한 평화가 우리 집을 감싼다 / 첫눈이 와서 나는 기쁘다."[루시 클랩(Lucy M. Clapp), 〈창가의 농부 아내(A Farm Wife at Her Window)〉 중에서]. 한반도는 겨울에 강수량이 적어 식수조차 부족하다. 그런데 동지섣달의 눈은 인간을 포함하여 수분을 필요로 하는 모든 생명체에게 수분을 공급하고, 갈보리의 어린 싹과 땅속에서 겨울을 나는 생명들과 인간들이 살고 있는 집을 이불처럼 덮어 차디찬 삭풍으로부터 보호해주기에, 실제적인 면에서도, 매우 필요한 존재이기도 하다. 이처럼 눈은 주로 겨울에 내리고,

사람들이 반가워하고, 실제로 필요하기도 한, 겨울의 가장 대표적인 물상이다.

　게다가 눈은 사람들의 마음을 설레게 하고, 아련한 그리움을 자아내고, 감상에 젖게 하는 매우 신비하고 정서적인 사물이기도 하다. 김광균 시인의 표현을 빌면, "머언 곳에 여인이 옷 벗는 소리"로 내리는 눈은 "어느 잃어진 추억의 조각"[〈설야〉 중에서]이다. 아마 눈만큼 사람들의 감성을 자극하는 물상도 흔치 않다고 해야 할 것이다. 첫눈은 특히 더 감성을 자극한다. "하늘 높이 구름과 떠돌다가 / 그 얼마나 그리움의 소식인가 / 올해도 첫날 내려온 은빛 선녀의 무희 / 섬섬옥수가 저리도 부드러울까 / 지상에 한 잎 한 잎 내려질 때마다 / 추억에 가슴이 무너져 내리고"[이종철, 〈첫눈 오는 날〉중에서]. 그래서 사람들은 눈이 오는 것을 반기고 소설 절기가 되면 은근히 진눈깨비가 아니라 제대로 된 첫눈을 기대하게 되는 것이리라. 이런 기대에 부응이라도 하듯, 흔치는 않지만 소설에도 상당한 양의 제대로 된 눈이 내려 사람들을 기쁘게 하는 경우도 아주 없는 것은 아니다. 그런데 요즈음은 눈이 잘 오지 않는 것도 아쉬운 일이지만, 그 보다는 실업(失業)과 지나친 경쟁과 과중한 업무에 시달리는 각박한 세상이 되어버려 눈이 와도 도무지 옛날처럼 추억에 잠기거나 설레는 마음을 갖기 어려운 세태가 더 아쉽다고 해야 할 것이다.

　이 무렵부터 평균 기온이 5도 이하로 내려가고 추위가 매서워져 본격적인 겨울 기분이 나타나기 시작한다. 이때 흔히 차고 강한 바람이 부는데 그 바람을 '손돌바람', 그 추위를 '손돌추위'라고 부르기도 한다. 이 이름은 강화지역의 전설에서 유래하였다. 그 전설은 이렇다. 고려시대에 '손돌'이라는 뱃사공이 있었다. 그가 몽고와의 전란으로 강화로 파천하던 고려의 왕을 배에 태우고 가던 중 갑작스런 풍랑이 일었다. 이에 손돌은 일단 안전한 곳에서 쉬었다 가자고 제의했으나 신경이 날카롭던

왕은 오히려 그를 의심하여 반역죄로 참살해버렸다. 그러자 갑자기 광풍이 불어 왕의 일행이 매우 위태롭게 되었다. 이에 왕이 자신의 잘못을 깨닫고 자기 말의 목을 베어 손돌의 넋을 달랬다. 그랬더니 그제야 바다가 잔잔해져 무사히 강화에 도착할 수 있었다고 한다.

　이 무렵 가끔 강한 북풍이 휘몰아쳐 헐벗은 나무를 흔들어 얼마 남지 않은 가랑잎들마저 떨어뜨리고 땅에 쌓인 낙엽들을 이리저리 휩쓸어가 스산한 늦가을과 초겨울의 정경을 연출한다. 이 무렵의 전형적인 풍광은 찬바람에 낙엽이 이리저리 휩쓸리는 모습이다. "달력이 소설이라고 귀띔하자마자 / 기다렸다는 듯 / 겨울 끄나풀들이 득달같이 달려들어 / 가로수 은행잎들을 마구 수거해가고 있다"[권오범, 〈동장군 횡포〉 중에서]. 영국 시인 셸리(P. B. Shelley)의 "오 거센 서풍, 너 가을의 숨결이여, / 너라는 눈에 보이지 않는 존재로부터 죽은 잎사귀들은 / 마치 마법사에게서 도망치는 유령들처럼 쫓겨 다니누나."라는 〈서풍부(Ode the West Wind)〉의 첫 연(聯)은 이때의 풍광에 가장 어울리는 묘사일 것이다. 이때쯤이면 낙엽이 잘 지지 않는 양버즘나무, 버드나무, 느티나무, 참나무, 단풍나무, 모과나무, 철쭉, 낙엽송 등 몇몇 나무의 잎을 제외하고는 거의 모든 활엽수가 나뭇잎들을 다 떨군 채로 앙상하게 서 있다. 그래도 낮에는 아직 따뜻하고 아늑함이 남아 있어 소설이 있는 음력 시월을 소춘(小春)이라고 부르기도 한다. "소설을 누군가는 소춘이라고 했다. / 아직은 가을 시샘이 남아서 // 겨울을 더디게 만드는데 / 내일 첫 눈이 온다는 설레는 뉴스 담는다."[신성수, 〈소설〉 중에서]. '소춘'은 겨울의 교절기로서 소실의 모습을 잘 나타내는 말이라 할 수 있다.

　하지만 "소설엔 초순의 홑바지가 하순의 솜바지로 변한다"거나 "소설 추위는 빚내서라도 한다"고 했듯이, 소설부터 가장 전형적인 겨울의 물상인 얼음이 얼고, 눈이 내리고, 강하고 매서운 삭풍이 불면서 날씨가 차가워지고, 본격적인 추위가 시작된다. 따라서 과거 농촌에서는 이 무렵부터 문풍지도 다시 바르는 등 겨울의 찬 외풍을 막기 위한 집안 보수작업을 하고, 겨울동안의 땔감을 준비하고, 시래기를 엮어 달고 무말랭이, 호박고지 등을 말려 겨울 찬거리를 마련하는 등으로 월동 준비의 마무리에 들어갔다. 지금보다 더 추웠고 게다가 지금과 같은 난방시설이 없었던 과거에는 겨울채비를 더욱더 단단히 해야 했다. 그래서 《농가월령가》 시월령에는 김장을 비롯한 겨울 먹을거리 마련에 이어 그 밖의 겨울채비를 계속 노래하고 있다. "방고래 구두질과 바람벽 맥질하기 / 창호도 발라놓고 쥐구멍도 막으리라 / 수숫대로 덧울 하고 외양간에 떼적 치고 / 깍짓동 묶어 세고 과동시(過冬柴: 월동용 땔감나무) 쌓아두소 / 우리집 부녀들아 겨울 옷 지었느냐." 이처럼 과거에는 먹을거리와 땔감을 준비하고 외풍을 막고 온돌을 따뜻하게 손보고 솜옷을 짓는 등 월동 준비가 겨울을 앞둔 모든 집의 가장 중요한 일이었다. 그러나 오늘날은 주택과 난방 시설과 의류 제품이 발달하여 월동 준비라고 할 것도 거의 없다고 할 수 있다. 특히 아파트와 같은 집단 거주 시설에 사는 경우에는 더욱더 그렇다. 그러나 오늘날에도 시골이나 도시의 단독 주택은 소설 무렵쯤에는 나름대로 월동 준비를 해야 한다.

일단 월동 준비만 제대로 마치면 그때부터 사람들은 별로 할 일이 없게 된다. 그 시점이 음력으로 시월 중하순 무렵이고 절기로는 소설 어간이다. 말하자면, 과거에 음력 시월은, 특히 소설 무렵은, 농사를 마무리하는 달로서 추수와 월동 준비를 다 마치는 때인 것이다. 따라서 사람들은 큰 걱정 없이 겨울을 맞을 수 있고 특별히 할 일도 없어 한가하게 놀 수 있는 때이기도 하다. 그래서 과거에는 음력 시월을 햇곡식을 신에게 드리기 가장 좋은 달이라 하여 '상달'이라고도 했고, 일하지 않고 놀고먹을 수 있는 공짜 달이라 하여 '공달'이라고도 했다. 이때 흔히 집집마다 길일을 잡아 고사를 지냈다. 햇곡식으로 시루떡을 만들어서 집안의 신들에게 바쳐 치성을 드린 후 농사에 수고한 소에게도 주고 이웃과 나누어 먹었다.

이러한 상달의 고사는 일종의 추수감사제라 할 수 있다. 농가월령가 시월령에는 다음과 같은 구절이 있다. "술 빚고 떡하여라 강신날 갓가왔다 / 꿀 꺾어 단자하고 메밀 앗아 국수 하소 / 소 잡고 돝(돼지) 잡으니 음식이 풍비(푸짐)하다 / 들 마당에 차일 치고 동네 모아 자리 포진 / 노소 차례 틀릴 세라 남녀분별 각각 하소 / 풍물패 불러오니 광대가 흥겨워라 / 북 치고 소래하니 여민락(與民樂: 아악의 하나)이 제법이라." 위의 가사에서 강신(降神)날은 음력 10월에 새로 거둔 곡식과 과일로 추수 감사의 뜻으로 의례를 행하는 날 즉 상달 고사를 지내는 날을 말한다. 고사는 한 해의 노고를 위로하고 집안의 무사함에 감사드리며 이웃과의 일체감도 다지는 지연 중심의 의례로서 신령에 기원을 하거나 죽은 이를 추모하는 혈연 위주의 의례인 제사와는 차이가 있다는 주장도 있다. 한가위 제례나 상달 고사나 둘 다 추수감사제의 성격이 있지만 한가위는 추수 전에 풍작을 맞게 한 데 대해 감사하는 의례이고, 상달은 추수 후에 농사와 추수를 잘 마칠 수 있게 한 데 대해 감사하는 의례라는 점에서 차이가 있다.

소설 무렵은 한국인들이 좋아하는 곶감이라는 말린 과일을 만드는 때다. 과거 설탕이 없던 시절 한 겨울에 당분을 보충할 수 있는 좋은 먹을거리는 곶감이었다. 우리의 전래동화에는 과자나 엿으로 달래지지 않는 우는 아이를 곶감으로 달래는 매우 해학적인 〈곶감과 호랑이〉라는 얘기가 있을 정도다. 옛날에 곶감은 그 만큼 달고 맛있는 군입정이었던 것이다. 사실 곶감은 오늘날에도 좋은 간식거리라고 할 수 있다. 곶감은 완전히 익기 전의 생감을 따서 껍질을 벗기고 타래에 엮어 처마 밑처럼 바람이 잘 통하는 곳에서 건조시키는데 오늘날은 기계와 건조시설에 의해 대량으로 생산되는 경우가 많다. 곶감으로 유명한 곳은 대체로 지리산 자락의 상주, 산청, 함안, 영동 등인데 늦가을에 이곳에 가면 덕장에 걸린 주황색의 감 타래들이 진풍경을 연출한다. 한 시인은 건조를 위해 껍질이 벗겨진 채 타래에 매달려 있는 곶감을 이렇게 묘사했다. "조상이 물려준 떫은 성깔 덕에 / 손 타지 않고 / 건강하게 자라 / 농염해진 몸 // 남녀노소 감칠맛 나게 유혹하려면 / 서둘러 발가벗고 허공에 매달려 / 안달 난 바람 햇볕 애무 다소곳이 받는 / 비싼 대가를 치러야 한다"[권오범, 〈곶감 엘레지〉 중에서].

大雪
대설, 큰 눈이 내림

대설에 들어서자 함박눈 펑펑 내려
모든 것 덮고 나니 신천지 펼쳐지네
세상을 일신하는 건 작디작은 파편들

눈송이 내려앉아 나무에 꽃이 피니
신비한 백색 정원 끝없이 펼쳐지네
삭막한 겨울이기에 배가되는 황홀감

어린 싹 얼지 말고 한파를 견디라고
쌓인 눈 이불처럼 논밭을 덮어주네
그 은혜 갚으려는 듯 튼실해진 청보리

겨울의 세 번째 절기는 많은 양의 눈이 온다는 **대설**(大雪, major snow: 12월 7·8일)이다. 대설 즉 많은 양의 큰 눈이 되기 위해서는 흔히 함박눈이라고 부르는 큰 송이의 눈이 상당한 시간 동안 내려 쌓여야 한다. "너무나 / 하얀 것이 부끄러워 / 소리 없이 / 사뿐사뿐 // 무엇을 / 그렇게 감춰 두려고 / 세상 가득 / 소복소복 // 얼마나 / 급한 사연 있기에 / 밤을 새워 / 차곡차곡"[정태현, 〈대설〉]. 아직 덜 추운 소설의 절기에는 눈이 어쩌다 찔끔 내리지만, 날씨가 훨씬 더 추워지는 대설의 절기에는 본격적으로 큰 눈이 한 번쯤은 내린다는 뜻에서 이런 이름을 붙였을 것이다. 실제로 흔히 소설과 동지 사이에 온 세상을 덮는 함박눈으로 눈다운 눈이 한번쯤 내리기도 한다. "오늘은 대설 / 절기 따라 눈이 내린다. / 온 마을과 마을 / 부드럽게 감싸며 / 토닥이며 덮어 내리는 눈"[엄원용, 〈대설〉 중에서]. 그러나 대설 절기에만 큰 눈이 오는 것은 아니다. 오히려 그 이후 더 추워지는 때에 큰 눈이 내리는 경우가 많다.

눈이 펑펑 쏟아져 내리면, 사람들은 아련한 추억을 떠올리고 까닭모를 그리움에 빠져든다. 쌓인 눈으로 삼라만상이 덮이면, 사람들은 깨끗하고 평화로운 마음을 갖게 된다. 특히 한 밤중 잠자는 사이에 함박눈이 내려 쌓인 후 아침에 일어나 새하얀 눈으로 덮인 세상을 바라보면, 사람들은 하룻밤 사이에 완전히 바뀐 경물에 찬탄하며 신선함과 평화로움에 젖어들게 된다. 그때 뜰 안의 나무 우듬지에 까치라도 한 마리 앉아 울면 반가운 손님이라도 오려나 하는 기대감에 부푼다. 이처럼 눈은 그리움을 자아내고 감정을 순화시킨다. 그래서 사람들은 큰 눈이 오는 것을 대체로 다 좋아하고 환영한다. "밖에는 / 눈 퍼붓는데 /…/ 세상잡사 하루쯤 / 저만큼 밀어두고 // 나는 시방 / 눈 맞고 싶은 것이다 / 너 보고 싶은 것이다"[고재종, 〈대설〉 중에서]. 특히 어린 아이들에게 큰 눈은 그저 반갑기만 한 존재다. 큰 눈이 오면 눈싸움, 눈사진 찍기, 눈사람 만들기, 눈썰매 타기 등의 눈 놀이를 마음껏 즐길 수 있기 때문이다.

그러나 큰 눈이 언제나 환영을 받는 것은 물론 아니다. 큰 눈은 때로 폭설로서 재앙이 되기도 하고, 재앙은 아니더라도 온갖 곤란을 야기하기 때문이다. 큰 눈이 들이나 산에 쌓이면 풍경이 멋있게 변하기는 하지만 차가 다니는 도로 위에도 쌓여서 교통을 두절시키거나 교통사고를 일으키기도 하고, 산간 오지 마을을 고립시키기도 하고, 약한 건축물이나 비닐하우스를 무너뜨리기도 한다. 무엇보다 큰 눈은 야생동물들로 하여금 먹이를 구할 수 없게 만들기에 그들에게는 그야말로 대재앙이다.

그래서 "꿈에 눈 덮힌 산야를 보면 주위에 초상이 난다"는 말이 생겼는 지도 모른다. 특히 대도시에서의 큰 눈은 큰 골칫거리다. 큰 눈이 내려 쌓이기 시작하는 순간부터 도시의 곳곳에서 교통이 막히고, 교통사고가 일어나고, 눈을 치워 한쪽에 쌓아두거나 눈이 녹거나 하면 거리를 지저분하게 만들어 도시의 미관을 크게 해치기 때문이다. 그래서 눈이 많이 오는 대도시에서는 겨울에 눈 치우는 일이 시 당국의 가장 큰 업무가 되기도 한다. 이처럼 눈이 오는 것을 반기고 눈이 만들어낸 풍광을 즐기기는커녕 눈을 교통과 미관을 해치는 방해물로밖에 여길 수 없어 눈이 오는 즉시 치워버려야 하는 오늘날의 도시생활은 현대문명의 어두운 면이기도 하다.

한반도에서는 동서의 양 해안지대에서 하늘이 가물가물하게 함박눈이 펑펑 쏟아져서 큰 눈이 많이 내리는 경우가 적지 않다. 그 모습을 한 시인은 이렇게 묘사했다. "외딴 두메마을 길 끊어놓을 듯 / 은하수가 펑펑 쏟아져 날아오듯 덤벼드는 눈, / 다투어 몰려오는 힘찬 눈보라의 군단, / 눈보라가 내리는 백색의 계엄령."[최승호, 〈대설주의보〉 중에서]. 서해안에서는 겨울철 시베리아에서 고기압이 확장하면서 한파가 몰려올 때 매우 찬 공기가 서해상의 따뜻한 해수면 위를 지나면서 낮은 눈구름들이 발달하여 북서풍을 따라 충남과 전남북의 서해안으로 밀려와 이곳에 지속적인 눈이 내리게 된다. 동해안에서는 주로 1, 2월에 남저북고(南低北高)의 기압배치에서 찬 공기와 해수온도 차에 의해 만들어진 눈구름이 북동류에 의해 운반되어 평균해발 고도 900m가 넘는 태백산맥에 부닛쳐 강세 상승되는 까닭에 많은 눈이 내린다. 한반도의 전형적인 겨울 풍광의 하나는 눈으로 뒤덮인 산천의 모습이다. 조선조 후기의 방랑시인 김삿갓은 산과 그 나무가 눈으로 하얗게 뒤덮인 모습을 "수많은 나무의 푸른 산이 모두 소복을 입었다(萬樹青山皆被服)"고 묘사했다.

자연의 물상으로서 인간의 생명의 유지에 필수적인 것 가운데 하나가

물이다. 물은 우리가 매일 마시기도 해야 하지만 우리의 먹거리를 생산하는 농사에도 필수적인 요소다. 그런 물이 봄과 여름에는 주로 비로 내리고, 가을에는 흔히 이슬과 서리로 내리고, 겨울에는 많은 부분이 눈으로 내린다. 그래서 24절기의 명칭에도 비는 봄의 절기 가운데 우수와 곡우, 이슬은 가을의 절기 가운데 백로와 한로, 눈은 겨울의 절기 가운데 소설과 대설로 각각 두 번씩 나타난다. 가을 절기의 하나인 상강의 서리까지 치면 물은 24개의 절기 가운데 무려 7번이나 등장하는 셈이다. 그만큼 물이라는 것이 인간의 삶에 중요하고 따라서 눈에 잘 띄고 사시사철 그 모양을 바꾸어 내리므로 그 형상에 따라 절기를 판단하는 주요한 기준으로 쓰이는 것이리라. "너 오는 날 미리 알고 / 선조들이 // 달력에 기록해놓은 이유를 // 오늘 네가 / 가는 길을 막아서니 알겠구나"[오보영, 〈대설〉 중에서].

대설이라고 해서 해마다 이 무렵에만 많은 눈이 오고 그 밖의 겨울의 절기에는 적은 눈만 오는 것은 아니다. 동지를 비롯해서 겨울의 다른 절기에 더 큰 눈이 오는 경우도 많다. 특히 절기 이름은 대륙성기후지대인 중국 화북지방의 기상(氣象)을 기준으로 삼았기 때문에 해양성기후의 영향이 큰 한국에서도 이 시기에 반드시 적설량이 많다고 볼 수는 없다. 더구나 오늘날은 온난화와 난동(暖冬) 현상으로 과거와는 판이하게 대설 절기에도, 영동 산간지역을 제외하고는, 대설다운 눈은 보기 어려운 해도 적지 않다. "올 해 소설, 대설 다 지났으나 / 하늘의 유쾌한 백색가루 흰 눈을 / 아직은 만나보지 못했다"[오정방, 〈겨울햇살〉 중에서]. 그러나 과거에는 영동지역과 호남지역 그리고 중부 이북 지역에는 대설 절기인 12월 중하순에 큰 눈이 오는 경우도 많았던 것이 사실이다.

그런데 눈이 많이 오면 춥고 동해(凍害)도 클 것 같지만, 꼭 그런 것은 아니다. 오히려 "눈은 보리의 이불이다"라는 속담이 있듯이, 눈이 많이 내리면 날씨도 비교적 포근하고 눈이 보리를 덮어 보온 역할을 하므로 오히려 동해가 적고 보리가 더 잘 자라서 보리 풍년이 든다. "지난밤에 / 눈이 소오복이 왔네 / 지붕이랑 / 길이랑 밭이랑 / 추워한다고 / 덮어주는 이불인가봐"[윤동주, 〈눈〉 중에서]. 실제로 눈은 보리에게 이불로 작용한다. 그래서 "대설에 눈이 많이 오면 풍년이 들고 포근한 겨울을 닌다"는 속설이 생겼을 것이다. 그러나 대설에 실제로 눈이 많이 오는 경우는 그리 흔치 않다고 해야 할 것이다. 그래서 과거에는 나라에서 음력 동짓달과 섣달에, 그때까지도 눈이 많이 오지 않으면, 기우제처럼 기설제(祈雪祭)를 더러 지냈다고 한다. 강원도 산간 지대를 제외하고는 남한 지역에서 겨울에 많은 양의 눈이 내려 오랫동안 쌓여 있는 경우는 별로 없지만 실은 그래야 더 좋은 것이다. 눈에 덮이지 않은 채로 강추위가 오면 보리가 얼어 죽기 때문에 보리 풍작을 기대할 수 없게 된다. 그나마 다행인 것은 본격적인 강추위는 대개 동지 이후에 시작되는데 그때까지는 큰 눈이 한 번쯤은 와서 쌓이게 될 기회가 그만큼 더 많다는 점이다.

늦가을에 서리를 맞으면 모든 꽃이 시들어 져버리지만 거의 유일하게 국화만은 서리를 견딘다. 이 때문에 과거에 선비들은 국화를 지칭하여 오상고절(傲霜孤節: 서릿발에도 굴하지 않는 외로운 절개)로 불렀다. 그래서 국화는 문인들이 즐겨 그리는 사군자(四君子: 고결함이 군자와 같은 네 가지)인 매란국죽(梅蘭菊竹: 매화, 난초, 국화, 대나무)의 하나로 꼽힌다. 그런데 국화 품종 가운데 겨울에 꽃을 피우는 것을 추운 때에 꽃을 피운다 하여 '한국(寒菊)'이라는 부르는 원예 품종이 있다. 그 품종 가운데 11월에 꽃을 피우는 것도 있지만 12-1월에 꽃을 피우는 것도 있다. 이쯤 되면 이 품종의 국화는 오상고절이 아니라 오한고절(傲寒孤節: 추위에도 굴하지 않는 외로운 절개) 또는 대나무나 소나무처럼 세한고절(歲寒孤節: 정초 혹한 속의 외로운 절개)로 불러야 마땅할 듯하다.

대설 무렵은 농사일과 겨울 채비가 모두 끝나 본격적인 농한기가 시작되는 때다. 농한기라고 해서 아무 것도 하지 않는 것이 아니라 한해를 마무리하면서 새해를 맞이할 일들을 하게 된다. 그 가운데 하나가 메주를 띄우는 일이었다. 옛날에는 한가해지는 이 무렵에 가정마다 누런 콩을 쑤어 메주를 만들어 띄웠다. "추수 끝나 한가한 날 / 어머니 정성 빚어 콩을 쑤면 / 구수한 토종향 돌담을 넘어 / 골목이 술렁인다 // 안방 윗목에 잠재워 둔 메주 / 아버지와 실컷 코골고 나면 / 온 몸이 누릇푸릇 숙성되어 깨어난다"[이춘우, 〈어머니의 손맛〉 중에서]. 메주를 잘 띄워야 한 해 반찬의 밑바탕이 되는 간장과 된장의 맛이 제대로 나기에 옛 사람들은 메주 띄우기에 갖은 정성을 기울였다. 《농가월령가》 십일월령에도 "부녀야 네 할 일이 메주 쑬 일 남았구나 / 익게 삶고 매우 찧어 띄워서 재워두소"라는 구절이 있다. 이런 구절이 있을 정도로 예부터 메주 띄우기는 이 무렵 부녀자가 반드시 해야 할 중요한 집안일이었다. 그러나 오늘날과 같이 시간에 쫓기는 세태에는 콩을 쑤어 메주를 만들고 띄우는 것은 너무나 번거롭고 품이 많이 드는 일어어서 일반 가정에서는 하기 힘들게 되었다. 그래서 이제는 거개의 집들이 산업제품으로 나온 간장과 된장을 사서 먹기 때문에 메주를 띄우는 집은 별로 없게 되었다. 세태에 따른 풍속의 변화다.

전갱이과의 해안성 회유어로 성어는 1m가 넘는 비교적 큰 생선에 속하는 방어는 캄차가 반도 남부에서부터 대만 연해에 이르기까지 널리 분포하며 일반적으로 가을과 겨울에는 남하하고 봄과 여름에는 북상한다. 따라서 방어는 동해나 남해의 어디에나 언제나 있지만 특히 난류인 쓰시마 해류의 영향권에 있는 제주도 근해 남부 연안에서 많이 잡히는데 지방이 많아 부드럽고 고소하여 회로 많이 먹는 고급어종으로 산란기 직전인 12월과 1월에 기름기가 많아 가장 맛이 좋고 여름에는 기름기가 없어 맛이 없다. 방어에는 불포화 지방산이 많고 비타민 D도 풍부해 고혈압, 동맥경화, 심근경색, 뇌졸중 등의 순환기계 질환의 예방

그리고 골다공증과 노화의 예방에 좋다고 한다. 방어는 잡아서 활어(活魚)로 바로 먹기보다는 냉장고에서 한나절에서 하루쯤 숙성시켜 선어(鮮魚)로 먹으면 더 부드럽고 달착지근한 감칠맛이 난다. 제주도 모슬포 항에서는 해마다 방어축제를 개최하는데 한겨울인 동지 어간에 하는 것이 마땅하지만 이때는 축제를 하기에는 너무 춥기에 추위가 오기 전인 입동 끝 무렵 즉 11월 중순경에 개최한다.

冬至
동지, 밤이 가장 긴 한겨울

갈수록 낮게 뜨고 서둘러 져버리니
저러다 사라질까 모두들 염려할 때
동짓날 기준 삼아서 복원하는 햇님아

가던 태양 다시 와서 새봄이 잉태되니
작은 설 선포하여 그 일을 축하하네
탄생일 아직은 머나 기다리는 마음아

낮 길이 짧아져서 일조량 적은데다
한파를 몰아치며 삭풍이 불어오니
이제는 엄동설한을 견뎌야한 한다네

대설 다음의 절기는 글자 그대로 겨울에 이르렀다는 뜻의 **동지**(冬至, winter solstice: 12월 21·22일)로 한겨울이 시작되는 겨울의 기절기다. 이 무렵부터 본격적인 추위가 시작되고 그래서 사람들은 벌써 따뜻한 봄을 갈망하게 된다. "꽁꽁 얼어붙은 길고 긴 이 밤 / 봄을 기다리는 마음 / 우리의 미래에 호화로운 삶보다 / 소박한 꿈을 키우고 싶어요"[김옥자, 〈동지〉 중에서]. 동지(황경 270도)는 지구가 공전 궤도상에서 하지(황경 90도) 때보다 180도를 더 돈 지점에 위치한 때이다. 황도상의 태양의 위치로 말하면, 북반구에서 동지는 하지 때 북회귀선(北回歸線)에 이르렀던 태양이 계속 남하하여 갈 수 있는 황도 상의 가장 남쪽인 남회귀선(南回歸線)까지 내려간 때다. 동지 때는 지구의 자전축이 태양을 등지고 있어서 태양에서 가장 멀어진 때이기도 하다. 이날 태양은 남회귀선 위에서 직각으로 내려쬐고, 남극권에서는 하루 종일 해가 지지 않으나, 북극권에서는 하루 종일 해가 지평선 위로 나타나지 않는다.

동지는 절기 상 한겨울이지만 천문학적으로는 겨울의 시작이다. 동짓날 해는 연중 가장 남동쪽에서 떠서 가장 남서쪽으로 지며 따라서 이 날 해의 남중고도가 연중 가장 낮다. 이 날 서울에서의 남중고도는 약 29도로 약 76도인 하지 때보다 무려 47도나 더 낮다. 이는 그만큼 햇빛이 정남향의 창으로 하루 종일 방안으로 더 깊숙이 들어온다는 뜻이다. 난방시설이 부족했던 옛적에 우리 선조들이 정남향 집을 짓고 남쪽으로 방문이나 큰 창을 낸 이유이기도 하다. 동지 때 태양의 복사 에너지는 하지 때 복사 에너지의 약 49%에 불과한데 남향집은 햇빛이 방안 깊숙이 들어오기에 그나마 방안을 좀 따뜻하게 할 수 있는 것이다. 2017년 동짓날인 12월 22일 일출 07시 43분 34초, 일몰 17시 17분 33초로 낮 시간은 9시간 33분 58초이나 밤 시간은 14시간 26분 2초로 밤이 낮보다 무려 4시간 52분 4초나 더 길다. 말하자면, 동짓날이 1년 가운데 밤이 가장 길고 낮이 가장 짧으며 그림자가 가장 길고 태양의 복사 에너지가 가장 적은 날이다.

동지가 있는 달을 동짓달(음력 11월, 양력 12월)이라고 부르는데 황진이의 저 유명한 "동짓달 기나긴 밤을 한 허리를 베어내어 / 춘풍 니불 아래 서리서리 너헛다가 / 어론 님 오신 날 밤이여든 구뷔구뷔 펴리라"라는 시조에서 보듯이, 동짓날을 가지고 있는 동짓달이 연중 밤이 가장 긴 때다. "당신 오지 않고 잊어야지 잊어야지 돌아 눕는 그 다짐 비집고 들어오는 베갯머리 젖는 그리움 어쩌면 당신 지울 수 있을까요. 내 절망 같은 사랑, 동짓밤 참 길고도 깊은"[박남준, 〈동짓밤〉 중에서]. 하지만 동짓날부터 해는 다시 조금씩 북상하여 하짓날에 가장 북쪽까지 온다. 동지부터 하지까지 하루에 평균 약 1분 43초 정도씩 낮은 조금씩 더 길어지고 밤은 그 만큼 더 짧아지면서 복사 에너지도 조금씩 더 많아진다. 그래서 "동지가 지나면 해가 노루 꼬리만큼씩 길어진다"는 속담도 생겼을 것이다. 동지 때 낮이 가장 짧았다 다시 길어진다는 점에서 동지 전날로 한 해가 끝나고 동짓날부터는 새해와 새봄이 시작한다고 볼 수도 있다. "첫봄 잉태하는 동짓날 자시 / 거칠게 흩어지는 육신 속에서 / 샘물 소리 들려라 / 귀 기울여도 / 들리지 않는 샘물 소리 들려라"[김지하, 〈동짓날〉 중에서].

　이처럼 동지는 북반구에서 볼 때 태양이 가장 멀어졌다 다시 점점 가까워지는, 또는 가장 낮아졌다 다시 점점 높아지는, 천문학적 전환의 시기다. 이는 동지가 역법(曆法)의 기산점(起算點)이 된다는 뜻이기도 하다. 그래서 절기 가운데 동지의 중요성이 더 크고, 고대에는 24절기 중 동지를 가장 큰 명절로 즐겼으며, 동지는 직접적인 풍습도 가장 많은 절기였다. 동짓날이 지나면서 낮 길이가 길어지는데 옛 사람들은 태양이 기운을 회복하는 것이라고 생각하여 이를 축하하고, 중국의 주(周) 나라에서 보듯이, 동지를 설날 즉 새해의 첫날로 삼기도 하였다. 그러나 설날이 동지 후 둘째 달(오늘날 음력 정월) 초하루로 정착되면서 대신 동지는 "아세(亞歲: 제2의 설)"라고 부르게 되었고, 우리나라에서는 "작은설", "아찬설", "아치설", "까치설" 등으로 불려왔다. "21세기가 코앞에 온 / 한반도 서울의 한복판 / 천 원짜리 단팥죽을 / 자판기에서 뽑아 먹고 / 동짓날 퇴근길 버스에 오르면 / 유난히 한강대교는 막히고 / 내 생애의 길도 자꾸 어두워진다 / 까치설 까맣게 잊은 사람들이 / 까마귀같이 길을 가득 메운다"[오탁번, 〈까치설〉 중에서].

　고대 서양에서도 동지 이후부터 태양이 북으로 올라오므로 이를 태양이 복원(復元)한다 하여 동짓날을 축일로 삼았다. 특히 태양신을 숭상하던 페르시아의 미트라교(Mithraism)에서는 태양의 복원이 확인된 12월 25일을 태양 탄생일로 정해서 태양의 부활을 축하했다. 이 미트라교의 동지제가 고대 로마로 넘어가 '불멸의 태양(sol invicta)' 즉 햇빛의 복원과 새해의 도래를 기리는 태양 숭배의 축제가 되었고, 이것이 율리우스력으로 12월 17일부터 23일까지 7일 동안 농경의 신 사투르누스 축제(Saturnalia)인 로마 본래의 농경 축제와 혼합되어 크게 유행하였다. 그러나 4세기경부터 강성해진 기독교가 이들 풍속을 이용하여 12월 25일을 불명확한 예수 탄생일 즉 크리스마스로 대체하면서 축제의 대상도 태양의 복원에서 예수의 탄생으로 바뀌었다. 그러나 날짜를 12월 25일로 했다는 점이나 로마의 사투르누스 축제 때의 선물을 하는 풍습이 이어져오고 있다는 점에서 크리스마스는 로마의 동지 축제의 연장이라 할 수 있다. 로마의 지배하에 있던 서유럽이나 중근동 지방에서 그레고리력이 제정된 1582년 전까지는 동지 이후 첫 합삭이 설날이었으므로 동지가 설날의 기준이었다.

　우리 선조들도 동지를 새로운 시작의 날로 중시했다. 고려시대에는 "동짓날은 만물이 회생하는 날"이라고 하여 고기잡이와 사냥을 금했다고 한다. 조선시대에는 동짓날 관상감(觀象監)에서 새해의 달력을 만들어 조정에 바치면 여기에 동문지보(同文之寶: 조선 시대 서적을 배포할 때 사용한 어보)라는 어새를 찍어 관원들에게 나누어 주었는데 이것을 단오에 주고받는 부채와 함께 하선동력(夏扇冬曆: 본래는 여름 부채 겨울 달력이라는 뜻이나 오늘날은 철에 맞는 선물이라는 뜻으로도 씀)이라고 불렀다.《농가월령가》십일월령에는 이런 구절이 있다. "동지는 명일(名日)이라 일양(一陽: 약간의 햇볕)이 생(生)하도다 / 시식으로 팥죽을 쑤어 인리(隣里, 이웃)와 즐기리라 / 새 책력 반포하니 내년 절후 어떠한고 / 해 짧아 덧이 없고 밤 길어 지루하다." 동짓날에 백성들은 모든 빚을 청산하고, 일가친척이나 이웃 간에 맺힌 일은 서로 마음을 열고 풀어 화합함으로써 새로운 마음으로 홀가분하게 하루를 즐겼다고 한다. 연말에 불우 이웃을 돕는 우리의 전통이 여기에서 비롯되었다는 주장도 있다. "날이면 / 날마다 새날이지만 / 내일부터는 진정 새 날이겠다 / 실은, 절기로 치면 동지 지나 / 낮 시간이 길어지는 첫날 / 바로 내일이 새해 첫날이 아닐까 싶다"[최홍윤, 〈동짓날 아침〉 중에서]. 천문학적으로는 동지부터 새해가 시작되기에 우리 조상들은 동지를 한 해를 마감하고 새로운 해를 시작하는 날로 여기는 세시풍속을 갖게 되었다고 할 수 있다.

동지는 생명체에게 가장 소중한 햇볕을 주는 태양이 복원되는 시점이지만 대지와 대기가 차져서 이때부터 본격적인 추위가 시작되는 때이기도 하다. 그래서 이 무렵에 흔히 "동지한파"라는 강추위가 오고 평균 기온이 영도 이하로 내려간다. 옛적에는 이러한 때에 딸기 같은 것이 있을 수 없다. 그런 까닭에 "동지 때 개딸기"란 속담은 철이 지나 도저히 얻을 수 없는 것을 바란다는 말로 쓰이게 되었을 것이다. "아무래도 / 본때를 보여주어야 할까보다! // 때가 되면 올 테니 / 미리 준비해놓고 기다리라고 // 그리도 간곡히 일러줬건만 // 예정대로 찾아온 날 반겨주기는커녕 // 서둘러 왔다고 / 너무 세게 몰아 부친다고 // 움츠러든 몸으로 // 원망만 하고 있으니"[오보영, 〈기습한파〉]. 그래서 방안을 덥히고 몸을 따뜻하게 보호하는 일이 쉽지 않았던 과거에는 오늘날보다 훨씬 더 절실하게 봄이 어서 오기를 기다리고 갈망했을 것이다. 영국 시인 셸리(P. B. Shelley)는 "겨울이 오면, 봄이 멀 수 있으랴?(If Winter comes, can Spring be far behind?)"라고 역설적으로 말했지만, 사실 이때부터 춥고 지루한, 긴 터널 같은, 엄동설한이 기다리고 있다. "긴 터널을 지나는 중입니다 / 저 끝에는 / 늘 푸른 바다에서 빨간 태양이 / 솟아오르고 있을까요 / 투명한 하늘이 기다리고 있을까요"[유창섭, 〈동지〉 중에서].

이처럼 동지 무렵부터 혹한이 시작되는 동북아에서 봄을 갈망하는 마음은 겨우내 '구구가(九九歌)'를 부르고 '구구소한도(九九消寒圖)'를 그리는 풍속을 낳았다. 여기서 숫자 구구(九九)는, 홀수를 양(陽)의 수라 하여 좋아하는 기수민속(奇數民俗)적 표현으로, 아흐레가 아홉 번 즉 81일과 같다. 이는 동짓날로부터 81일째를 가리키는데 양력 3월 12일이나 13일로 경칩 한 중간이며 양기가 완전히 피어나 화창한 봄이 온 것으로 간주된 때인 것이다. 이 무렵은 매화가 피고 농부들은 농사일을 준비하는 때다. 구구가는 동짓날로부터 9일씩 나누어 차례로 일구, 이구, 삼구 등으로 구구단의 구단을 거꾸로 세며 각각에 그 시기의 특징적인 경물을 묘사한 일종의 노래였다. 구구가는 다음과 같다. "일구이구 불출수(一九二九 不出手: 첫째둘째 9일에는 손을 밖으로 내지 않음) / 삼구사구 빙상도(三九四九 氷上徒: 셋째넷째 9일에는 얼음 위를 다님), 오구육구 연하간류(五九六九 沿河看柳: 다섯째여섯째 9일에는 강둑에 버들이 보임) / 칠구 하개(七九 河開: 일곱째 9일에는 강이 풀림), 팔구 안[연]래(八九 雁[燕]來: 여덟째 9일에는 기러기[제비]가 날아옴), **구구 소한**(九九 消寒: 아홉째 9일에는 추위가 가심) / **구구가 일구 경우편지도**(九九加一九 耕牛遍地道: 구구에 일구를 더하면, 즉 열 번째 9일에는 밭갈이 소들이 도처에 다님)."

구구소한도는 흰 종이에 그린 그림으로서 여러 가지 유형이 있었다고 한다. 예컨대, 매화 81송이를 그린 것, 매화 꽃잎을 81개 그린 것, 매화의 꽃잎은 본래 5개이지만 꽃잎이 9개인 매화 송이를 9개 그린 것, 가로 세로 세 개씩의 9개의 칸을 그리고 각 칸 속에 9개씩 작은 원을 그려 넣은 것, "정전수류진중대춘풍(庭前垂柳珍重待春風: 뜰 앞의 수양버들은 진중히 봄바람을 기다린다)"과 같이 한 글자에 9획으로 된 한자 9개를 써놓은 것 등이 있다. 사람들은, 특히 선비들은, 이런 그림의 하나를 동짓날 방안의 벽이나 창문에 붙여놓고 그 다음날부터 81개의 꽃송이나, 꽃잎이나, 원이나, 글자 획수에 하루에 하나씩 색칠을 해서 81개가 전부 다 칠해지는 날 방문을 활짝 열고 봄을 맞았다. 운치 있는 봄맞이라 할 수 있다.

이처럼 봄을 갈망하고 기다리는 심정의 표현법은 제대를 앞둔 병사들이 하루 지날 때마다, 운치는 좀 떨어지지만, 달력의 그날 날짜에 X표를 해 나가는 것과 같다고 할 수 있을 것이다.

동지한파가 닥치기 전부터 갈보리를 심은 경우에는 보리밟기를 해야 한다. 보리밟기는 싹이 나면서부터 대개 입춘 무렵까지 하게 되는데 너무 추워 서릿발로 인해 보리 뿌리가 떠올라 말라 죽는 것을 막거나 너무 따뜻해 보리가 웃자라서 얼어 죽는 것을 방지하려는 것이다. "칠흑 같은 동지섣달 긴긴 어둠을 / 두견새 피울음으로 이겨온 밭고랑에서 / 못 먹어 부황 든 보릴 밟는다 / 시퍼러이 일어서라 누런 보리밭 / 꼭꼭 밟는다 밟고 또 밟는다."[홍해리, 〈보리밟기〉 중에서]. 갈보리는 그렇게 밟아주어야 오히려 더 살이 오르고 강인해져서 언 땅을 헤집고 솟아오를 수 있게 된다. 보리가 밟히면 상처로 월동 전에 웃자라는 것이 억제되는 대신 마디에서 가지 나오기가 촉진되고, 상처로 수분이 배출되어 세포액의 농도가 높아지는데다 뿌리의 발달이 재촉되어 생리적으로 추위를 더 잘 견딜 수 있게 되기 때문이다.

우리나라에서는 동짓날에 절식으로 나이 수대로 새알심을 넣은 팥죽을 먹는 풍습이 있는데 시원한 동치미와 동태국을 곁들이기도 한다. "동지가 낼인데 / 죽이나 쑤렴 /…/ 땅버들 냉기엔 까치가 짖는데 / 새색씨 똬리엔 어럼이 엘린다 / 볏낱가리 높구 우물 깊은 동네 / 눈 덮인 초가집 굴뚝에서는 / 동지죽 쑤는 연기가 쿠울쿨 / 자꾸 올라간다."[양명문, 〈동지(冬至)〉 중에서]. 동짓날 팥죽을 쑤어 집 곳곳에 뿌리거나 방, 마루, 광, 헛간, 우물, 장독대 등에 한 그릇씩 떠놓고 가족과 이웃 간에 나누어 먹는 풍습은 귀신과 액운을 쫓는다는 토속신앙에서 비롯된 것이다. 그런데 팥죽은 매우 상징적인 음식이기도 하다. 검붉은 색의 팥죽은 밤을, 그리고 하얀색의 새알심은 해를, 상징하는데 새알심을 하나 먹는 것은 새로운 해를 맞는 것이기도 하고 한 살을 더 먹는 것이기도 함을 상징하기 때문이다. 게다가 팥죽의 붉은색은 양(陽)의 색으로써 겨울의 음귀(陰鬼)를 쫓는다는 속신을 나타낸다. 어쩌면 절식으로서 팥죽은 따뜻한 색인 팥죽의 붉은 색으로 햇볕이 가장 약한 날에 색으로나마 따뜻함을 느껴 보려는 마음도 있었을지 모른다. 그러나 동짓날이 음력 11월 초순에 들면 애동지(兒冬至)라 부르는데 애동지에는 팥죽을 먹으면 아이에게 좋지 않다는 속설이 있어 팥죽은 하지 않고 대신 팥을 고물로 한 시루떡을 해 먹는다. 이 속설에 따라 동지가 음력 11월 중순에 드는 중동지(中冬至)와 하순에 드는 노동지(老冬至)에만 팥죽을 먹는다.

겨울의 제철 생선으로는 한류성 회유어족인 명태와 대구 그리고 온대성 어류인 방어를 꼽을 수 있다. 동해 수온의 상승으로 지금은 어떤지 알 수 없지만, 과거에는 "감푸른 바다 바닷밑에서 / 줄지어 떼지어 찬물을 호흡하고 / 길이나 대구리가 클 대로 컸을 때 // 내 사랑하는 짝들과 노상 / 꼬리치고 춤추며 밀려다니다가"[양명문, 〈명태〉 중에서] 동지 전후 특히 동짓달 보름께에 북쪽으로부터 함경도 앞바다로 몰려드는 명태의 떼를 "동지받이"라고 불렀는데 볼이 붉고 등이 넓으며 알배기가 많았다고 한다. 명태는 가장 서민적인 생선으로, 봄철 남서해안에서 잡히는 조기에 비견되는데, 싱싱한 것으로는 생태 탕을, 얼린 것으로는 동태 탕을 끓여 먹고, 명태를 바닷바람에 바싹 말린 북어나 산정에서 겨우내 얼고 녹고를 반복하며 말린 황태는 술안주나 해장국으로 먹고, 내장을 제거하고 꾸들꾸들하게 반쯤만 건조시킨 코다리는 찜이나 조림으로 먹고, 명태의 알로는 명란젓을 담가 먹는다. 겨울에 강원도 인제군 용대리나 평창군 대관령의 황태덕장에 가면 수백만 마리에서 수천만 마리에 이르는 명태들이 황태로 건조되는 진풍경을 볼 수 있다. "살기등등한 혹한의 추위는 / 환골탈태를 위한 수련이었다 / 뼛속까지 파고드는 바람을 아느냐 / 세포가 얼어붙는 고통을 아느냐 / 휑한 덕장에 명태로 걸리던 날 / 나팔처럼 들려오던 뱃고동소리 / 응원하듯 쏟아지던 함박눈을 /

내 평생 잊지 않을 것이다"[공석진, 〈황태가 나가신다〉 중에서].

겨울에 남해의 대표적 고급어종으로 대구가 있다. 대구는 명태와 함께 대구과에 속하기 때문에 명태와 비슷한 모양이나 훨씬 더 크고 통통하다. 대구는 동지를 전후로 알을 낳기 위해 북쪽에서 남해로 회유해 오기 때문에 이 무렵부터 거제도와 통영 앞바다에서 많이 잡힌다. 대구는 어느 한 부위도 버릴 것이 없는 알찬 생선이기도 하다. 대구는 매운탕으로 끓여먹어도 좋지만, 싱싱한 경우에는 멸치와 다시마를 우린 국물에 대구와 무를 넣고 한참 끓인 후에 애호박, 미나리, 팽이버섯, 대파, 청양고추, 콩나물, 쑥갓 등을 넣고 맑은 국으로 끓여 먹으면 깊은 맛을 음미할 수 있다. 대구를 꾸들꾸들하게 말린 대구포는 고급 안주로 먹는다. "시골 우리 집 좁은 마당에 가덕 대구들이 빨래처럼 널려 있다…무지무지 큼직큼직한 대구들이 아가리를 쩌억 벌리고 저승사자처럼 둥근, 밥상으로 올라오는 날에는 시골에서도 최고로 치는 잔칫날이다 어머니의 슬픈 생대구국 추억 속에는 날마다 술로서 이승의 아픔과 한을 풀어 헤치며 나가시는 아버지의 찡한 눈물이 빈 꽃병처럼 녹아 있다"[권태원, 〈어머니의 슬픈 생대구국〉 중에서]. 생선을 잘 먹지 않는 서양인들도 북대서양에서 많이 잡히는 연어, 청어와 함께 대구는 비교적 많이 먹는 편이다. 영국의 대표적인 토종 음식이라 할 수 있는 '피시 앤 칩스(fish and chips)'의 피시가 바로 대구의 살이다.

小寒
소한, 혹한의 시작

해마다 정초에는 한파가 밀려와서
세상은 얼어붙고 사람들 덜덜 떠니
연중에 가장 추운 때 소한절기 되었네

춥다고 웅크리면 하루도 지루하나
삭풍에 연 날리고 얼음에 썰매 타며
즐겁게 놀이를 하니 긴 겨울도 막 가네

새하얀 눈가루로 대지를 단장하고
화사한 눈꽃으로 나무를 장식하니
혹한은 최고 마술사 삼라만상 바꾸네

　동지 다음에 오는 절기는 '작은 추위'라는 뜻의 **소한**(小寒, minor cold: 1월 5·6일)이다. 그러나 이때부터 본격적인 혹한이 시작된다. 소한과 대한은 겨울의 극설기로서의 면모를 혹한에 의해 유감없이 발휘한다. 소한은 양력으로는 해가 바뀌고 처음 나타나는 절기지만, 음력으로는 한 해의 마지막 달인 12월에 있다. 음력 12월은 설(정월 초하루)이 있는 정월의 윗달 즉 "설윗달"이며 이것이 줄어서 "섣달"이 되었다. 섣달은 소한과 대한이 있는 연중 가장 추운 달이다. "매운 한겨울 얼음 강을 건너 /

빙판길을 조심조심 걸어가도 / 꽃 피고 새 우는 봄날은 아직 멀어서 / 내일 추워질 거라는 일기예보를 듣는다."[김행숙, 〈소한과 대한 사이〉 중에서].

흔히 '동지섣달'이라는 말을 많이 쓰는데 이는 동지가 있는 동짓달인 음력 11월(양력 12월)과 소한이 있는 섣달인 음력 12(양력 1월)월을 아울러 이르는 말로서 "동지섣달 긴긴 밤"이라는 말에서 보듯이 밤이 긴 때이고, "동지섣달 꽃 본 듯이 날좀 보소"라는 밀양아리랑의 한 구절처럼, 추워서 꽃이 피지 못하기에 꽃이 귀한 때이기도 하다. 그렇다고 이 시기에 꽃이 아예 없는 것은 아니다. 제주도나 남녘에서 동백(冬柏)은 동지섣달에도 꽃을 피운다. 그래서 동백꽃을 추운 겨울에도 반갑게 만날 수 있는 친구라 하여 세한지우(歲寒之友: 설 추위를 이기는 친구)라고도 부른다. 동백꽃은 나뭇잎들 속에서 피는데 그 빛깔은 하양도 더러 있지만 주로 선홍색으로 노란 꽃밥과 대조를 이룬다. 그래서 유치환은 시인은 동백꽃을 "내 청춘의 피꽃"이라고 했다. 다른 한 시인은 그 붉은색을 흰 눈과 대조시킨다. "백설이 눈부신 / 하늘 한 모서리 // 다홍으로 / 불이 붙는다. // 차가울사록 / 사모치는 정화 // 그 뉘를 사모하기에 / 이 깊은 겨울에 애태워 피는가."[정훈, 〈동백〉]. 동백꽃은 색깔이 화려한 대신 향기는 없고 한겨울에 피기에 곤충을 대신하여 동박새가 꽃가루받이를 시키는 대표적인 조매화(鳥媒花)다. 동백꽃은 시들지 않아 멀쩡한 것이 떨기 채로 무참하게 떨어진다. 꽃말은 다양해서 지극한 사랑, 겸손, 침착, 기다림, 청렴과 절조 등이 있다.

소한은 양력으로 정월 초순에 들기에 이른바 "정초 한파"라 불리는 강추위가 몰려오는 때이기도 하다. "소한 땜"이니 "소한 추위는 꾸어다가라도 한다"는 말에서도 짐작할 수 있듯이, 이때 흔히 영하 10도 이하의 강추위가 닥치는데 이때는 전국이 연중 최저기온을 나타내는 그야말로 엄동설한(嚴冬雪寒) 또는 줄여서 엄한(嚴寒)인 경우가 많다. 중국에서는 혹한을 일컬어 삼구엄한(三九嚴寒) 또는 삼구한천(三九寒天)이라는 말을 쓰기도 하는데 이 말들에서 삼구는 동지 후 세 번째 9일 즉 양력 1월 18-19일로 소한의 끝 무렵이다. 절후의 이름으로 보아 대한 때가 가장 추울 것 같으나 한반도에서는 실은 소한 때가 1년 가운데 가장 추워 강도 얼어붙는 최고의 혹한기인 경우가 많다. "작은 고추가 맵다는… / 생각나니? / 살얼음의 무늬가 잘 잡혀야 / 얼어붙는 강 / 가장자리로부터 서서히 피돌기를 끊고 / 중심은 맨 나중에 꽁꽁 마무리한다"[이수영, 〈소한을 생각한다〉 중에서].

옛날 농가에서는 소한부터 날이 풀리는 입춘 전까지 약 한 달 간 혹한과 강풍과 폭설에 대비해 만반의 준비를 해야 했다. 겨울이 시작된 이후로 계속 차가워진 대기는 겨울의 극절기인 소한과 대한이 되면 가장 차게 된다. 게다가 한겨울의 바람은 그 속도가 빠를 뿐만 아니라 공기가 차기 때문에 그 밀도가 높아 더 세게 몰아친다. 그래서 한겨울의 바람은 한여름의 바람보다 같은 속도에서 약 25%가 더 세다고 한다. 이 때문에 한겨울의 바람은 옷깃으로 파고들고 외풍이 되어 방안으로 틈입한다. 그리고 강원도 산간지방처럼 특히 눈이 많이 내리는 지방에서는 문 밖 출입이 어려워지고, 출입을 하는 경우에는 설피를 신어야 하고, 경우에 따라서는 집집마다 완전히 고립되므로 땔감과 먹을 것을 집안에 충분히 비치하지 않으면 안 된다. 오늘날에도 강원도 산간지역에서는 겨울에 눈이 많이 오면 고립되는 마을이나 집들이 적지 않다. 그렇게 되면 "세상 밖으로 / 옷길 아랫길 다 끊어지는 소리 / 켜켜이 천지의 / 적막 부러지는 소리"[김경, 〈소한(小寒)〉 중에서]만이 감돌뿐이다.

절기 명칭은 기원전에 지금의 황하 유역인 중국의 화북 지방을 기준으로 명명된 것이다. 황하 유역은 한반도와 위도는 비슷하나 내륙에 있어서 대륙성 기후의 영향이 크다. 그래서 중국의 기상학자들은 소한이 지난 다음에 연중 가장 추운 시기에 진입한다고 말한다. 반면에 한반도는 삼면이 바다여서 해양성 기후 영향이 강하다. 그래서 황하 유역을 중심으로 명명된 절기 명칭이 한반도에서는 적절하지 않은 것도 있는데 그 가운데 소한과 대한이 대표적인 예라 할 수 있다. 그래서 "소한에 얼어 죽은 사람은 있어도 대한에 얼어 죽은 사람은 없다"든가 "소한이 대한의 집에 몸 녹이러 간다"든가 "대한이 소한의 집에 가서 얼어 죽는다"든가 "소한의 얼음 대한에 녹는다"든가 하는 속담이 생겼다. "이름값 하려니 / 어쩔 수 없다 치자 / 허나 서슬 퍼런 그대 입김으로 인해 / 주눅 들어버린 세상은 어쩌란 말이냐"[권오범, 〈소한에게〉 중에서]. 그러나 실제로는 소한이 언제나 대한보다 더 추운 것은 아니다. 기상청의 자료에 따르면, 대한의 평균 온도가 소한의 평균 온도보다 낮은 경우도 적지 않기 때문이다. 따라서 소한이 대한보다 더 춥다는 말은 실제로 언제나 그렇다는 뜻으로가 아니라 소한임에도 그 추위는 대한 못지않거나 대한보다 더 추운 경우도 많다는 정도로 이해하는 것이 적절하다고 할 수 있다.

소한은 북풍한설(北風寒雪)로 인한 혹한기이기에 사람들의 행동에 많은 제약이 따른다고 할 수 있다. 강원도 산간지역에서는 폭설로 길이 끊기는 경우도 많아 어쩔 수 없이 집안에 칩거할 수밖에 없는 경우도 있을 것이다. 다른 지역에서는 눈으로 길이 끊기는 일은 거의 없지만, 그러나 너무나 춥기 때문에 대개 집안에 머무르게 될 것이다. 그렇다고 모두가 다 그런 것은 아니다. 소한 어간은 가장 추운 때이지만 그 탓에 얼음이 꽁꽁 얼고 눈이 와서 쌓여도 잘 녹지 않기에 눈썰매를 타거나 눈싸움 놀이를 하거나 얼음지치기를 하거나 하는 등으로 겨울놀이에 가장 좋은 때이기도 하다. "만약 연못물이 얼지 않으면 / 겨울은 얼마나 쓸쓸할까요? / 밤사이 물이 꽁꽁 얼어붙은 날 / 털목도리 두르고 털신을 신고 / 얼음 위로 스케이트 타는 기쁨!"[엄기원, 〈겨울은 좋아〉 중에서]. 또 이때는 삭풍이 많이 불어 연날리기에도 가장 안성맞춤인 때다. 특히 아이들에게 이때는 겨울놀이로 신나는 계절이다. 소한은 혹한기이기에 다른 때 할 수 없는 놀이를 할 수 있는 것이다. 혹한에 따르는 자연의 보상이다.

소한 어간에는 춥기에 눈이 많이 오기도 하지만 상고대도 많이 내린다. 특히 찬바람이 많이 부는 높은 곳에서 상고대가 많이 내린다. 그런데 눈이 내려 붙은 나뭇가지에 다시 상고대가 내리면 나무의 눈꽃이 더 하얗고 더 화사해진다. 그래서 소한 어간은 높은 산등성이에서는 눈꽃이 가장 화려하게 피는 시기이기도 하다. 그러나 아쉽게도 해가 떠서 비추기 시작하면 화사한 눈꽃은 이내 사라지고 만다. 값진 것은 쉽게 얻을 수 없는 이치를 입증이라도 하듯, 가장 추울 때 아주 춥고 높은 산등성이에서 그것도 해가 뜨기 전 이른 아침에만 잠깐 가장 화려한 겨울의 장관이 펼쳐지기에 이를 보려면 단단히 무장하고 꼭두새벽에 높은 산을 올라야 하는 큰 수고를 아끼지 않아야 한다. 태백산, 대관령, 덕유산, 평창, 양주 등의 눈꽃축제도 대체로 소한 어간에 열리고 눈꽃여행도 이 무렵에 가장 많이 이루어진다. "천재단 정상 가는 길 / 끝없는 눈꽃 터널 펼쳐져 / 이대로 실종이 된다 해도 / 나는 말할 수 있다 / 그 눈꽃, 눈꽃 때문이라고"[김영월, 〈태백산의 눈꽃〉 중에서]. 이 또한 혹한의 보상이다.

한겨울에 가장 맛이 좋은 채소로 미나리를 들 수 있다. 미나리는 보통 9월 미나리꽝에 미나리 자른 것을 뿌리면 10월부터 이듬해 4월까지 수확을 할 수 있는데 한겨울 얼음 밑에서 수확을 한 것이 부드럽고 미나리 특유의 향과 맛도 가장 좋다. "얼음장을 들치고 / 얼음장 밑에서 자란 미나리를 / 캐 올린다 / 동상 걸린 손끝에서 / 시퍼렇게 살아서 푸들푸들 떠는 미나리가 / 겨울바람을 멈춘다"[정군수, 〈겨울 미나리〉 중에서]. 해독, 숙취, 변비, 고혈압 등에 좋은 미나리는 나물, 쌈, 전, 김치 등으로 또는 복어 탕을 비롯한 생선탕에 넣어 다양하게 먹을 수 있다.

한겨울이 제철인 음식으로 서해에서 나는 새조개로 불리는 조개가 있는데 그 속살이 새의 부리 모양과 닮아 그런 이름으로 불리며 단백질, 철분, 타우린이 풍부하고 맛과 향이 좋다. "참새의 털 같은 무늬 참새

빛깔에다 / 조갯살이 새처럼 생겨서 이름 붙여진 / 쫀득한 육질의 맛도 닭고기와 비슷한 / 물을 뿜으며 새처럼 이동하는 새조개"[손병흥, 〈새조개〉 중에서]. 새조개는 12월에서 이듬해 2월 사이에 잡히는 것이, 특히 천수만에서 잡히는 것이, 가장 맛이 좋다고 하는데 이에 맞추어 충남 홍성군 남당 항에서 소한 어간에 새조개 축제가 열린다. 혹한으로 강이나 호수가 꽁꽁 얼어붙은 곳에서 얼음을 깨고 하는 얼음낚시도 소한 어간에 많이 하고 그래서 인제, 양평, 강화 등의 빙어축제, 화천의 산천어축제, 평창의 송어축제, 동강 겨울축제 등도 대체로 이 무렵에 열린다.

보리나 밀은 봄에 파종하는 것보다 가을에 파종하는 것이 소출이 더 많고 맛도 더 좋다고 한다. 그래서 과거 우리 선조들은 가을보리나 가을밀을 많이 심었다. 그런데 동짓달과 섣달에 눈이 많이 오면, "눈은 보리 이불이다", "함박눈 내리면 풍년 든다"는 말에서 보듯이, 농부들은 겨울 농사의 중심인 보리나 밀이 풍년이 든다고 믿어 눈을 반겼다. 눈이 오면 보리나 밀의 어린 싹을 덮어주어 이들이 차디찬 북서계절풍인 삭풍으로 얼어붙는 것을 막아서 혹한을 이기는데 도움을 주기 때문이다. 이처럼 보리나 밀은 소한과 대한이라는 엄동설한을 겪고서 결실을 맺는다. "혹한을 겪으며 / 찬란한 성장의 꿈을 뿌리에 갖고 / 태연이 살아나는 천성 / 그 살려는 투지를 닮고 싶다 / 그리고 / 이 세상을 포기하는 사람에게 주고 싶다"[조남명, 〈보리〉 중에서].

이처럼 가을보리나 가을밀은 그 진화과정에서 추위에 완벽히 적응을 했다. 그래서 이들의 씨는 겨울 동안에 따뜻한 곳에 보관한 것을 그냥 봄에 심으면 열매를 제대로 맺지 못한다. 이들 씨앗을 봄에 심을 때는 겨울을 나듯 반드시 추운 곳에 일정 기간 동안 보관한 후에 파종을 해야 제대로 꽃을 피워 결실을 한다. 이처럼 가을에 심는 품종의 씨앗을 봄에 심을 때는 일정한 기간 동안 저온 상태에 두었다가 심어야 정상적으로 꽃이 피고 열매가 맺게 되는 것을 춘화현상(春花現狀, vernalization)

이라고 부른다. 보리나 밀 외에도 튤립, 히아신스, 백합, 동백, 진달래, 개나리, 목련, 철쭉, 수수꽃다리 등이 춘화현상을 보인다고 한다. 사실 대부분의 온대 식물의 봄꽃은 겨울을 나지 않으면 꽃을 피우지 못한다고 한다. 이들 식물은 찬 공기에 노출되어야 꽃 분화가 일어나기 때문이다. 당 나라의 황벽(黃壁)이라는 선사(禪師)는 "뼛속까지 사무치는 추위 한 번 겪지 않고 / 어찌 매화가 코를 찌르는 향기를 얻겠는가(不時一番寒徹骨 爭得梅花撲鼻香)"라고 말했는데 이 말은 선에 대한 은유이지만 실제로도 그렇다. 이 춘화현상에서 우리는 인생도 겨울이라는 시련을 겪은 뒤에야 화려하게 꽃피고 좋은 열매를 맺을 수 있다는 교훈을 배운다. 문명란 시인의 지적처럼, "시련 없이 성취는 오지 않고 / 단련 없이 명검은 날이 서지 않는다"[〈희망가〉 중에서]고나 할까? 생명체는 시련을 겪어야 단련이 되어 더 훌륭하게 성숙하는 것이 세상의 한 이치라고 해야 할 것이다.

大寒 대한, 혹한의 절정

대한 절기 시작되니 추위는 절정이나
정상에 오른 순간 내리막 시작되니
드디어 혹한의 서슬도 무뎌질 날 왔구나

추위와 농한기로 할 일이 없는지라
배불리 먹는 대신 죽으로 풀칠하며
일 않곤 먹지도 말란 가르침을 따랐네

가는 해 최후 절기 마침내 끝이 나고
오는 해 최초 절기 이윽고 시작되니
묵은 것 떠난 자리에 새로운 것 오누나

겨울의 마지막 절기이면서 동시에 음력으로 한 해의 마지막 절기는 '큰 추위'라는 뜻의 **대한**(大寒, major cold: 1월 20·21일)이다. 대한은 겨울의 극절기로서 추위가 극에 달하는 때라고 할 수 있다. 복사열이 가장 적은 때는 동지지만 그 동안 추위에 의해 대지가 그만큼 더 식었기 때문에 대한에 추위가 최고조에 달하는 것이다. "대한추위에 맞선 강이 / 쩡 쩡 소리를 내며 / 얼어터지고 있었다."[권달웅, 〈겨울 양수리에 가서〉 중에서]. 대한 절기의 마지막 날이 겨울의 마지막 날인 겨울 절분(節分: 입춘,

입하, 입추, 입동의 전날 즉 춘하추동의 최종일을 뜻함)이다. 겨울철 추위는 입동에서 시작하여 대체로 대한 초반까지 그 강도가 더 세어지다가 그 이후부터 누그러지기 시작한다. 그래서 한반도에서 살을 에는 듯한 북풍한설이 몰려와 폐부를 찌르는 가장 추운 때는 흔히 동지 끝 무렵부터 대한 어간까지라고 할 수 있다. "삭풍(朔風)의 벼랑에 서서 / 가슴 깊숙이 / 푸른 비수(匕首)를 안고 쓰러지면 / 그대는 고운 눈꽃 몇 잎으로 다가와 / 내 사랑도 함께 묻어 주리라[양승준, 〈대한〉].

대한 끝 무렵에 이르면 동지로부터 45일이 되는 때여서 해의 고도도 상당히 높아져 양지에는 햇볕이 꽤나 따스하게 내리쬔다. 그리하여 "소대한 지나면 얼어 죽을 잡놈 없다"거나 "대한 끝에 양춘(陽春) 있다"거나 "춥지 않은 소한 없고 포근하지 않은 대한 없다"는 속담이 있을 정도로 매서운 추위가 가시고 날씨가 조금씩 풀리는 것이 보통이다. 대개 사물이나 현상은 그 절정의 순간부터 그 쇠퇴가 시작되는 이치대로 추위도 그 절정의 순간부터 그 매서움이 누그러지고 따라서 추운 겨울도 그 절정의 순간부터 끝나가고 이어서 따뜻한 봄이라는 새로운 계절이 시작되는 것이다. 이 절정의 순간의 매서운 추위를 대륙적 기질을 가진 우리의 한 시인은 "매운 계절의 채쭉에 갈겨 / 마츰내 북방으로 휩쓸려오다 // 하늘도 그만 지쳐 끝난 고원 / 서리빨 칼날진 그 우에 서다 // 어데다 무릎을 꿇어야 하나 / 한발 재겨 디딜 곳조차 없다 // 이러매 눈 감아 생각해볼밖에 / 겨울은 강철로 된 무지갠가 보다"[이육사, 〈절정〉]라고 노래했다. 여기서 "강철로 된 무지개"는 곧 강추위 뒤에 찾아올 따뜻한 봄에 대한 은유일 것이다. 절정의 추위는 역설적이게도 곧 따뜻한 봄이 올 것이라는 희망의 전조인 것이다.

요즘 농촌에서는 아무리 추운 때라 하더라도 비닐하우스로 여러 채소나 특용작물을 재배하기 때문에 한가하게 집안에 틀어박혀 있을 수가 없다. 하지만 옛날 벼농사를 주로 하던 농촌에서는 엄동설한인 소한과 대한 때는 말할 것도 없고 입동 어간에 김장을 한 이후부터 입춘까지는 별로 할 일이 없는 그야말로 농한기였다. 자연이 쉴 때는 농부도 쉬었던 것이다. 그렇다고 농사일을 하지 않았을 뿐이지 빈둥거리는 것은 아니었다. 집안에서 남자들은 가마니 짜기나 새끼 꼬기를 하고, 아녀자들은 물레질을 하는 등으로 일을 했다. "겨울농부의 손끝에는 / 보이지 않는 예(藝)가 살아 숨 쉬리라 /.../ 긴 밤마다 새끼 꼬며 짚신을 삼고 / 목화꽃 다듬어 물레 삼는 그 겨울의 지혜 / 오늘밤도 예는 다름이 없어라"[홍윤표, 〈겨울 농부〉 중에서]. 그런데도 옛사람들은 이 무렵에 농사일도 하지 않고 하루 세끼 먹는 것을 죄스러워 하여 점심은 흔히 죽으로 때웠다. 그래서 죽은 대한의 절기 음식이 되었다. 이처럼 대한 절기에 죽을 먹는 것은 일하지 않고는 먹지도 않는다는 근면정신의 발휘이기도 하지만, 실은 과거에는 어김없이 찾아온 봄의 춘궁기를 대비한 눈물겨운 곡식의 절약이기도 했다.

대한 무렵부터는 아주 건조한 날씨가 시작되어 사월까지 이어진다. 이때는 건조한데다 사람들이 추위를 달래기 위해 불을 많이 피우기에 불이 날 위험성도 크고 실재로도 전국에서 크고 작은 불이 가장 많이 나는 철이기도 하다. 그래서 이 무렵부터 소방방재청은 산불을 포함하여 각종 화재 예방에 비상이 걸린다. 사실 이 무렵부터는 우리 모두가 화재 예방에 대해 많은 주의를 기울이지 않으면 안 된다. 건조해서 순식간에 불이 번지기 때문이다. 이 무렵은 또 건조하기 때문에 가뭄이 들 때도 많아 보리 등 겨울 농작물에 적잖은 피해를 끼치기도 한다. 엄동설한에는 눈이 많이 와야 화재 예방에도 도움이 되지만 보리나 밀의 보호에도 도움이 되는 것이다. 겨울의 눈은 이래저래 꼭 필요한 물상이다.

절기력에서는 대한을 겨울과 한 해를 매듭짓는 절후로 보고, 겨울의 절분인 대한의 마지막 날 또는 입춘 전 날 즉 2월 3·4일을 겨울의 마지막 날이자 한 해의 마지막 날로 여긴다. 이는 겨울의 마지막 날을 한 해의 마지막 날로 맞춘 의미 있는 역법이라고 할 수 있다. 과거에는 "해넘이"라고도 부른 이 마지막 날 밤에 콩을 방이나 마루에 뿌리면서 악귀를 쫓아 탈 없고 평안한 새해를 맞으려는 세시풍속이 있었다. 오늘날 이런 세시풍속은 사라졌지만 고통과 좌절 대신 성취와 보람의 새해를 맞으려는 마음까지 없어진 것은 아니다. "다시 떠오르리라! / 더욱 더 크고도 정열적으로 / 아직은 식지 않은 / 이루지 못한 꿈이 있기에 // 새로운 희망으로 / 밀어낸다. / 저 바다 멀리 저 산 너머로 / 해넘이. 해넘이"[임인규, 〈해넘이〉 중에서]. 겨울 절분 다음 날은 입춘의 시작일로 정월절(正月節)로도 불리는데 절기력으로는 새봄의 첫 날이면서 동시에 새해의 첫 날이 된다. 이처럼 절기력에서는 새봄의 시작과 새해의 시작을 같은 날로 맞춘 것이다. 이런 점에서 우리가 일상생활에서 사용하는 서양의 달력인 그레고리력보다 절기력이 훨씬 더 의미 있고 합리적인 역법 체계를 갖추고 있다고 할 수 있다. 그레고리력에서 한 해의 첫 날과 마지막 날은 역법 상 아무런 의미가 없이 매우 자의적으로 설정되어 있다.

　이처럼 절기력에서는 대한의 마지막 날인 양력 2월 3·4일이 한 해의 마지막 날이지만, 양력에서는 그보다 35일 정도가 더 빠른 12월 31일이 한 해의 마지막 날로 언제나 동지 어간이고, 음력에서는 동지 이후 첫 번째 달의 마지막 날 즉 섣달 그믐날(달이 점점 작아지다 완전히 사라지기 직전의 날을 뜻하는데 음력으로 그 달의 마지막 날임)이 한 해의 마지막 날이지만 음력이라서 날짜가 고정되어 있지 않고 들쑥날쑥하나 대체로 양력보다 한 달 늦은 대한 어간이다. 서양에서는 양력 12월 31일 저녁을 '새해 전날 밤(New Year's Eve)' 또는 '낡은 해의 날(Old Year's Day)' 또는 '성 실베스터 축일(Saint Sylvester's Day)'이라고 부르면서 춤추고 먹고 마시는 파티를 밤 12시 넘겨서까지 벌이면서 묵은해를 보내고 새해를 맞는 풍속이 있다. "새해가 야누스의 문으로 내다보며 / 새로운 즐거움의 희망을 약속하는 듯하자 / 지나간 날이 작별 인사를 하며 / 모든 낡은 생각들을 우울한 요정 속에 사라지도록 명한다."[에드먼드 스펜서(Edmund Spenser), 〈소네트(Sonnet 4)〉 중에서].

음력으로 한 해의 마지막 날인 섣달 그믐날은 제야(除夜) 또는 제석(除夕)이라고도 불렀는데 우리 선조들에게 이날은 한 해를 결산하는 날이라는 인식이 강했다. 그래서 밀린 빚이 있으면 이날 안에 갚았고, 백팔번뇌를 없앤다는 의미에서 자정에는 108번의 종을 쳤는데 이를 제야의 종이라 불렀다. 이날 사람들은 목욕재계하고, 남은 음식들로 만든 골동반(骨董飯)이라 불리는 비빔밥으로 묵은해의 마지막 식사를 하고, 떡을 비롯한 설음식을 준비하고, 자정이 넘으면 복이 들어오라고 복조리를 사서 벽에 걸어두었다. 무엇보다 이날 잠을 자면 영원히 자는 것과 같아 죽음을 뜻한다고 믿어서, 그리고 지는 해와 새해를 연결하기 위해서, 집 안팎의 곳곳에 불을 밝혀두고 새벽녘에 닭이 울 때까지 자지 않는 수세(守歲: 해 지키기 또는 밤 지새기)를 하면서 설날을 맞았다. "묵은 해 꼬리 감추는 섣달그믐 / 세파에 오염된 영육을 씻어낸다 /…/ 옷까지 정갈히 갈아입고 나니 / 심금 울리는 제야의 종소리 / 새해 새날이 활짝 열리고 / 새 부대에 간간한 꿈 장만한다."[강대실, 〈제야의 세목(洗沐)〉 중에서)]. 특히 아이들은 이 날 잠을 자지 않고 설날을 맞이해야 복을 받을 수 있다고 하여 자는 아이들의 눈썹에 흰 가루를 묻혀 설날 아침에 깨어나면 눈썹이 희어졌다고 놀리기도 했다. 절기력의 해넘이 풍속처럼, 양력의 '새해 전날 밤' 파티나 음력의 섣달 그믐날 밤 지새기도 일종의 복된 새해를 바라는 해넘이 풍속인 것이다.

그러나 엄격히 말하면, 시간 그 자체는 연속적인 것이고 따라서 나눌 수 있는 것이 아니다. 따라서 시간에는 시작도 끝도 없다. 시간을 계절로든 무엇으로든 나누고 어떤 시작과 끝을 짓는 것은 순전히 인간의 편의를 위한 인위적인 구분일 뿐이다. 살아 있는 우리 인간은 현재로 불리는 지금 이 순간을 살고 있을 뿐이다. 지나간 현재들 또는 순간들은 과거이고 올 현재들 또는 순간들은 미래다. 시간은 과거에서 미래로 계속 이어지고 있을 뿐이다. 시간을 년으로 나누고, 그것을 다시 사계나 12달이나 24절기로 나누는 것은 다 인위적인 것이다. 그럼에도 굳이 이러저러한 방식으로 나누어 처음과 끝을 설정하고 기념하는 것은 순환하는 계절을 이해하고 그에 맞추어 삶을 계획하고 다시 시작하고 싶은 마음 때문일 것이다.

음력 섣달 그믐날의 다음날인 정월 초하루는 추석과 함께 우리의 2대 명절의 하나인 설날이다. 그런데 설은 흔히 대한 어간이나 전후에 있어서 아주 추운 때고 이때의 매서운 추위를 세한(歲寒)이라 부른다. 이런 세한에도 푸름을 잃지 않는 나무들이 있는데 대표적인 것이 소나무(松)와 대나무(竹)다. 이들을 눈 속에서도 꽃을 피워내는 매실나무(梅)와 함께 묶어 송죽매(松竹梅)라 하여 세한삼우(歲寒三友)라 부르는데, 추위에도 푸름을 잃지 않는다 하여 절개를 굽히지 않는 선비의 기상에 비유되곤 한다. 그래서 조선조의 시인 윤선도는 〈오우가(五友歌)〉에서 추위를 아랑곳하지 않는 소나무를 이렇게 노래했다. "더우면 꽃 피우고 추우면 잎 지거늘 / 솔아 너는 어찌 눈 서리 모르는가 / 구천에 뿌리 곧은 줄 그로 하여 아노라." 겨울의 대나무에 대해서는 고려 말과 조선 초의 선비로 벼슬을 멀리 했던 원천석이 "눈 마자 휘어진 대를 뉘라서 굽다턴고 / 굽은 절(節)이면 눈 속에 푸를소냐 / 아마도 세한고절(歲寒孤節)은 너뿐인가 하노라"라고 칭송했다.

그리고 논어에 "세한을 겪은 후에야 소나무와 잣나무가 늦게 시듬을 안다(歲寒然後 知松柏之後凋也)"라는 구절이 있다. 이 구절을 완당(阮堂) 김정희가 자신의 그림 〈세한도(歲寒圖)〉의 발문(跋文: 책이나 작품의 끝에 본문 내용의 대강이나 간행과 관련된 사항 등을 짧게 적은 글)에 넣었다. 이 그림은 외로운 초가집 주위에 송백 몇 그루가 서 있는 모습을 그린 것인데 정말 꽁꽁 얼어붙은 듯한 추위 속에서도 버티고 있는 송백의 의연한 모습에

숙연함이 느껴지는 국보 제 180호의 명화로서 제주도에서 귀양살이하던 추사의 심정을 잘 나타내고 있다. 그래서 이 그림은 우리 시인들의 시제(詩題)로도 많이 쓰인다. 두 편을 소개한다. "참솔가지 몇 개로 견디고 있다 / 완당이여 / 붓까지 얼었던가 / 생각하면 우리나라의 추위가 이 속에도 있고 / 누구나 마른 소나무 한 그루로 / 이 겨울을 서 있어야 한다"[정희성, 〈세한도: 송(松)-완당의 그림을 그리며〉]. "그대는 이토록 여전하신가 / 온갖 풍파 맞받으며, / 썩고 모지라진, 멀고 외딴 노송 곁 / 그대는 뿌리로 머무시는가"[백우선, 〈그대에게-김정희의 묵화 '세한도'〉].

부록

I. 절기란 무엇인가?

II. 세계 역법의 발전

III. 절기 관련 우리 속담들

I.
절기란 무엇인가?

지구의 온대에는 사계가 순환하고
그 순환 근본원인 태양의 위치이니
그 위치 면밀히 살펴 만들어낸 태양력

태양의 운행 궤도 십오 도씩 분할하니
모두 다 이십사 기 기마다 보름 간격
기간을 정밀히 나눠 과학적인 천문력

사계에 기초하여 역법을 설정하고
계절을 세분하여 세시를 알려주니
때맞춘 일상생활에 도움 주는 계절력

파종을 해야 할 때 추수를 해야 할 때
정확히 알려주어 차질이 없게 하니
농가의 긴요한 도우미 실용적인 농사력

기마다 적절하게 이름을 붙여주니
의미도 크거니와 외우기 매우 쉽네
유용한 시절의 지침 이름 하여 절기력

◆ 계절과 태양력과 태음력

　지구는 지리적으로 남북 위도 23.5도의 회귀선(回歸線, tropic)과 66.5도의 극선(極線, polar circle)을 경계로 그 사이는 온대(溫帶, temperate zone), 남북 회귀선 사이는 열대(熱帶, torrid zone), 극권이라 부르는 극선 이월 지역은 한대(寒帶, frigid zone)로 구분한다. 왜 하필 23.5도와 66.5도를 경계로 하는가는 이 글을 다 읽게 되면 자연스럽게 깨닫게 될 것이다. 계절적으로 보면, 열대는 1년 내내 여름이고, 한대는 긴 겨울에 짧은 여름이 있으나 온대에서는 대체로 봄, 여름, 가을, 겨울의 네 개의 계절이 다 있다. 물론 온대라 하더라도 회귀선에 가까울수록 점점 여름이 더 길어지고 겨울이 더 짧아지는 열대적 특성이 나타나고, 극선에 가까울수록 점점 여름이 더 짧아지고 겨울이 더 길어지는 한대적 특성이 나타난다. 그리고 지구의 북반구와 남반구에서 계절은 반대로 나타난다. 예컨대, 북반구에서 여름일 때 남반구에서는 겨울이다.

　그런데 한반도는 위도 상 최남단인 제주도 마라도가 북위 약 33도 그리고 최북단인 함경북도 온성군 풍서리가 북위 약 43도로 지구 북반부 온대지역의 거의 한 가운데 지점에 걸쳐 있기에 전 지역에서 사계가 뚜렷할 뿐만 아니라 계절의 변화도 크다. 그만큼 한반도의 거주자들은 전역에서 사계의 영향이 큰 다양한 삶을 살고 있는 것이다. 물론, 한반도의 남단과 북단이 위도에서 10도 정도이 차이가 나기 때문에 남단이 북단에 비하면 상대적으로 봄은 빨리 오고 가을은 늦게 오며, 여름은 길고 겨울은 짧다. 또 동식물의 활동 시기는 북쪽으로 위도 1도 옮아감에 따라 4일 정도 늦어지는 것이 일반적이라고 하니 동식물의 활동에서 남단과 북단 사이에는 약 40일 정도의 상당한 차이가 난다고 할 수 있다.

　온대지방에서 인간은 한편으로는 계절에 적응하고, 다른 한편으로는 계절을 활용하며 살아간다. 그러려면 계절의 순환 즉 철의 바뀜을 잘 알아야 한다. 말하자면, 온대지방에서 삶을 제대로 영위하려면 바뀌는 철을 제대로 알아야 하는 것이다. 그래서 철을 아는 것은 사리분별을 아는 것을, 즉 철이 드는 것을, 뜻하기도 한다. 말할 것도 없이, 철을 잘 알고 활용하기 위해서는 순환하는 계절을 정확하게 예측하고 계절의 기후적 특성과 그때그때 해야 할 일을 똑바로 파악해야 한다. 특히 인간의 생활방식이 채취나 수렵이나 어로에서 농업으로 바뀌면서 파종, 김매기, 수확 등의 농사일을 위해서, 그리고 작업에 필요한 도구나 종자를 준비하기 위해서, 미리 계절의 변화와 각 시기에 따른 할 일을 제대로 알 필요가 있게 되었다. 그래서 1년 동안의 달, 날짜, 명절, 세시 및 종교 행사, 영농작업, 특별한 기상변동, 동식물의 출몰현상 따위를 날의 순서에 따라 파악할 수 있게 하는 달력 또는 책력이 만들어지게 되었다.

  계절 변화의 핵심적인 특징은 온도의 변화다. 그런데 온도가 변하는 주된 이유는 햇빛이 지표면에 닿는 각도 즉 태양의 고도가 변하고 그에 따라 하루 동안 햇빛이 지표면을 비추는 시간 즉 복사(輻射) 에너지라고도 불리는 일조량(日照量) 또는 일사량(日射量)이 변하기 때문이다. 그리고 태양의 고도와 일조량의 변화는 지구가 그 자전축이 그 공전축에 23.5도, 또는 그 공전면에 66.5도, 기운 채로 자전하면서 태양의 주위를 공전하기 때문이다. 이것이 계절 변화의 근본 원인이다. 지구의 공전 중에 지구의 자전축이 태양 쪽을 향하면 태양빛을 많이 받게 되는데 이때가 여름이고, 반대로 태양과 등을 지면 태양빛을 적게 받게 되는데 이때가 겨울이고, 태양과 평행을 이루면 태양빛이 여름과 겨울의 중간 정도가 되는데 이때가 봄과 가을이다. 그리고 계절이 1년마다 순환하는 것은 지구가 태양을 도는데 1년이 걸리기 때문이다. 따라서 달력의 내용이 계절의 변화와 그 특성을 정확히 반영하려면 계절을 결정하는 태양의 위치(엄밀하게 말하면, 태양에 대한 지구의 상대적 위치)를 측정하여 만든 달력인 **태양력**(太陽曆, the solar calendar: 지구가 태양의 둘레를 한 바퀴 도는데 걸리는 시간을 1년으로 정한 역법) 즉 양력이 필요하다.

그런데 동아시아에서는 태양에 대한 지구의 위치가 아니라 달의 위치를 보고 정하는 태음력(太陰曆, the lunar calendar: 달이 지구를 한 바퀴 도는 시간을 기준으로 만든 역법) 즉 음력이라 불리는 달력을 사용했다. 우리가 달력을 '해력'이나 그 밖의 다른 이름으로 부르지 않고 '달력'으로 부르는 이유는 우리의 역법이 원래 해의 운행이 아니라 달의 운행을 따랐기 때문이다. 음력은 달이 지구와 태양 사이에 위치해 달을 볼 수 없는 때를 합삭(合朔) 또는 그냥 삭(朔)이라고 부르는데 이때를 매달 초하룻날로 그리고 초승달, 상현달, 보름달, 하현달을 거쳐 그믐달(삭일 전날의 새벽에 동쪽 하늘에 잠시 보였다가 해가 뜨면 곧 여명 속으로 사라지는 가장 작아진 달)이 되었을 때를 그믐날 즉 그 달의 마지막 날로 삼는다. 이처럼 음력은 달의 움직임에 따른 삭망월(朔望月, synodic month: 달이 보이지 않는 삭에서 삭까지 또는 보름달인 망에서 망까지 걸리는 시간)이라는 달의 공전주기(29.530588일)에 맞추어 만들어지기 때문에 달의 변화와 그 변화에 따른 조수간만의 차이는 잘 나타낸다. 하지만 계절은 달의 위치가 아니라 해의 위치에 따라 결정되기에 음력은 계절의 변화는 잘 말해주지 못한다.

음력의 한 달은 약 29.53일이라서 열두 달을 다 더해도 약 354일밖에 되지 않아 양력의 1년인 365일보다 약 11일이 적다. 그 차이를 보정하지 않은 음력이 순수한 음력이다. 그러나 순수한 음력은 계절과는 완전히 무관하다. 음력을 계절에 어느 정도 맞추려면 양력과의 차이를 보정해야 하고 그러기 위해서 음력은 대략 3년마다 한 번(정확히는 19년7윤법이라 하여 19년에 7번)씩 29일이나 30일의 윤달(閏月, intercalary month)을 두어야 한다. 이렇게 필요한 대로 윤달을 두어 달들을 태양년(太陽年, solar year: 지구에서 봤을 때 태양이 계절의 순환에서 동일한 지점에 회귀하는데 걸리는 시간으로 약 365일)에, 즉 계절에, 어느 정도 맞게 재편성한 달력을 태음태양력(太陰太陽曆, lunisolar calender)이라고 한다. 우리가 흔히 음력이라고 부르는 달력은 순수한 음력이 아니라 이처럼 태양년에 맞추어 보정된 태음태양력이다. 그러나 이러한 태음태양력도 기본적으로는 음력이라서 날짜가 해마다 고정되어 있지 않고 경우에 따라서는 한 달 가까이 차이가 나는 등 들쭉날쭉하여 그것으로는 계절을 정확하게 예측할 수 없다. 예컨대, 우리 민족의 가장 큰 명절로서 그 해의 수확물로 제사를 지내는 일종의 추수감사절이기도 한 한가위는 음력 8월 15일인데 수확이 가능한 추분 절기(양력 9월 23일이나 24일부터 약 보름 동안)에 들기도 하지만, 양력 9월 8일에 들었던 2014년처럼, 너무 일러 그 해의 수확물로 제사를 지내기 어려운 경우도 적지 않다.

◆ 절기력은 과학적인 태양력이자 계절력

순수한 음력은 말할 것도 없고, 양력과의 차이를 보정한 태음태양력도 이처럼 해마다 날짜가 고르지 못하여 계절에 정확히 조응하지 못한다. 그래서 계절의 변화를 정확히 반영하기 위해서는 태양의 위치를 보고 정하는 시기 구분을 별도로 만들어야 했다. 그 별도의 시기 구분 즉 달력이 바로 중국에서 만들어져 한국, 일본, 베트남 등으로 전파된 24절기로 이루어진 절기력(節氣曆) 또는 절월력(節月曆)이라는 태양력이다. 그리고 절기력은 '절기'라는 말이 암시하듯이, 계절 단위로 시기를 구분한 계절력(季節曆, seasonal calendar)인 것이다. 이 절기력이 동아시아 사람들에게는 아주 유용한 계절의 길잡이로 활용되어 왔다. 그래서 절기력을 구성하는 "24절기(The Twenty-Four Solar Terms)"는 "태양의 연간 운행의 관찰을 통해 중국에서 발전시킨 시간과 실천의 지식(knowledge of time and practices developed in China through observation of the sun's annual motion)"으로서 그 문화적 가치를 인정받아 2016년 유네스코 무형

문화유산(UNESCO Intangible Cultural Heritage)으로 등재되기도 했다.

절기력은 한 해를 해의 위치에 따라 계절의 표준이 되는 24개의 절기(節氣, solar term)들로 구분한 달력이다. 일찍부터 동아시아에서는 계절을 단순히 춘하추동의 사계로만 구분하지 않고, 태양의 운행 또는, 더 정확한 표현으로 말한다면, 태양의 겉보기 운동(apparent motion)을 관찰하여 계절을 보다 더 세밀하게 구분했다. 이 세밀한 계절구분이 바로 24절기다. 《농가월령가》의 머리 노래에는 다음과 같은 구절이 있다. "천지 조판(肇判: 열림)함에 일월성신(日月星辰: 해와 달과 뭇별) 비치거다 / 일월은 도수(度數) 있고 성신은 전차(躔次: 궤도) 있어 / 1년 삼백 육십 일에 제 도수 돌아오매 / 동지 하지 춘추분은 일행(日行: 해의 운행)을 추측하고 / 상현 하현 망(望: 보름) 회(晦: 그믐) 삭(朔: 초하루)은 월륜(月輪: 달)의 영휴(盈虧: 차고 이지러짐)로다." 여기서 "동지 하지 춘추분은 일행을 추측하고"는 동지, 하지, 춘분, 추분과 같은 절기는 해의 운행으로 헤아린다는 뜻이다. 이처럼 24절기는 1년 동안의 해의 운행 궤적을 24개의 구간으로 나누어 각 구간에 '입춘'이나 '춘분' 등과 같이 각각의 천문학적 특징을, 또는 '우수'나 '경칩' 등과 같이 그 시기의 기상이나 자연 현상을, 잘 표현하는 이름을 붙인 것이다.

그렇다면 24절기는 어떻게 나누는 것일까? 지구에서 보아 태양이 지구를 중심으로 운행하는 것처럼 보이는 천구(天球, the celestial sphere) 상의 대원(大圓) 즉 태양의 궤도를 황도(黃道, the ecliptic)라 한다. 본래는 동지를 기준으로 황도를 24개의 구간으로 균분한 황경(黃經, ecliptic latitude)의 평균을 가지고 절기를 정하는 이른바 평기법(平氣法) 또는 항기법(恒氣法)을 오랫동안 사용했다. 그러나 1644년 청나라 때 서양 천문학에 의한 소위 시헌력(時憲曆)을 반포한 이후로는 이른바 정기법(定氣法)으로 절기를 정하고 있다. 정기법은 황도 상에서 밤낮의 길이가 같은 춘분점을 기점으로 황도를 서쪽에서 동쪽으로 즉 시계 반대 방향으로

15도씩 분할한 24개의 분할점을 태양의 중앙이 통과할 때를 절기의 시작점으로 정한다. 평기법에 의한 절기의 길이는 모두 약 15.22일(정확히는 15.218425일)로 동일하나 정기법에 의한 절기의 길이는 14.72일에서 15.73일까지로 일정치 않다. 이는 태양의 운행 속도가 황도의 구간 즉 황경에 따라 조금씩 다르기 때문이다. 이 사실은 6세기 반 무렵에 이미 북제(北齊)의 장자신(張子信)에 의해 발견되었고, 수(隋)나라의 유탁(劉焯)이 자신의 역법에 도입하면서 정기법의 사용을 제창한 바 있으나 그 계산이 복잡하여 채택되지 못하다가 약 1,000년 후에야 발전된 서양 천문학의 도움으로 사용되기 시작한 것이다.

여기서 한 가지 지적할 것이 있다. 지구의 자전축이 공전축에 약 23.5도(정확히는 23.45도 또는 23도 27분) 또는 공전면에 66.5(정확히는 66.55도 또는 66도 33분)도 기울어진 채로 지구가 태양의 주위를 도는 공전에 의해 계절이 생성되고, 공전하면서 자전하기에 길이가 달라지는 밤낮이 생성된다. 이처럼 실제로는 태양이 지구를 도는 것이 아니라 지구가 태양을 도는 것이기 때문에, 엄밀하게 말하면, "태양의 운행" 또는 "태양의 위치"라는 표현은 옳지 않고 "태양의 겉보기 운행" 또는 "태양의 겉보기 위치"라고 쓰거나 보다 더 정확히는 "지구의 운행" 또는 "지구의 위치"라고 표현해야 옳을 것이다. 그리고 황도는 실은 지구가 태양을 도는 공전면인 셈이다. 하지만, 지구에서 볼 때는 태양이 지구를 도는 것처럼 보이기 때문에, 태양이 움직이는 것처럼 표현하는 것도 상식적인 차원에서 큰 문제는 없다고 할 수 있다. 중요한 점은 절기력이라는 역법은 태양과 지구의 상대적 위치에 기초하여 시기를 구분한 것이므로 계절의 변화를 제대로 반영하는 태양력이고 따라서 계절력이라는 점이다.

절기력은 태양의 운행에 기초한 따라서 계절을 정확하게 반영하는 태양력인 것이다. 그런데 이 절기력이라는 태양력이 태음태양력과 무관하게 별도로 쓰인 것이 아니라 거기에 추가되어 사용되었다. 따라서 동아시아에서 쓰던 달력은 본래의 태음태양력에 절기력이라는 순수한 태양력이 가미된 것이다. 결국 우리 선조들이 썼던 달력은 달의 움직임에 따른 순수한 태음력을 윤달로 보정한 태음태양력에 다시 태양의 움직임을 나타내는 절기력이라는 순수한 태양력을 조합한 것으로서 진정한 의미의 태음태양력이었던 것이다. 한편으로는 이 태음태양력의 태음력을 이용하여, 대략 15일마다 찼다가 이지러지는 달의 변화의 모습에 상응하는 큰 단위의 시간의 흐름을 파악하고, 해안 지대에서의 생활이나 어업에 필요한 조수간만의 때와 물고기 떼가 비교적 많이 나타나는 상하현의 시기를 파악하고, 그리고 야간 조명이 없어 밤나들이에 달빛을 이용해야 했던 시절에 보름달이 뜨는 시기를 파악했다. 그리고 다른 한편으로는 이 태음태양력의 태양력(즉 절기력)을 활용하여, 농업을 위시하여 계절적 시기를 정확하게 알아야 하는 일의 제 때를 파악했던 것이다. 그래서 중국에서는 24절기가 첨가된 태음태양력을 음양력(陰陽曆, lunar-solar calendar) 또는 농력(農曆)이라고 부른다.

 1년 24절기는 실은 12절기(節氣)와 12중기(中氣)로 구성되어 있다. 1년은 도수로 치면 황도를 한 바퀴 도는 각도인 360도이므로 그것을 15도씩 나누면 24개의 구간이 생긴다. 그 24개의 구간 하나하나를 기(期)라 부른다. 이 기가 1년에 24개이기 때문에 한 달에는 2개의 기가 있게 된다. 그 가운데 월초(月初)에 있는 것은 절기, 월중(月中)에 있는 것은 중기라 부른다. 이렇게 절기력 또는 절월력은 한 달의 전반 15일은 절기로 그리고 후반 15일은 중기로 구성되어 있다. 이 12절기와 12중기를 합친 24기를 흔히 그냥 24절기라고 지칭하는 것이다. 그리고 1기 약 15일을 5일씩 3후(候)로 나누어 초후(初候), 중후(中候), 말후(末候)로 세분하는데 1년은 72후가 된다. 그러나 이 '후'는 그 기간이 너무 짧아서 실용성이 없기에 잘 사용되지는 않는다. 다만, 1년의 이십사절기와 칠십이후를 통틀어 일컫는 '기후(氣候)'라는 말에 '후'가 남아 있는데 오늘날이 '기후'라는 말은 기온, 비, 눈, 바람 따위의 대기 상태라는 뜻으로 주로 쓰인다.

그렇다면 이런 24절기는 우리가 흔히 그냥 음력이라고 부르는 태음태양력과 어떤 관계에 있는가. 태음태양력은 계절과 완전히 무관한 순수한 태음력을 약 3년에 한 번씩 윤달을 두어 어느 정도 계절에 맞도록 보정한다고 했다. 그런데 음력의 1년은 양력의 1년보다 약 11일이 부족하기 때문에 중기가 없는 달이 생길 수 있다. 이 중기가 없는 달에만 윤달을 넣는다. 그리고 달의 이름은 중기가 있는 달을 중심으로 결정한다. 뿐만 아니라 음력의 연초일 즉 설날은 동지 다음의 두 번째 달의 삭일로 하고 있다. 말하자면, 동지라는 절기는 음력의 새해 첫 달과 첫 날을 정하는 기준이다. 이처럼 24절기는 본래 세밀한 계절의 주기를 정확히 알려주기 위한 것이지만, 태음태양력의 달의 이름을 정하고, 윤달을 배치하고, 설날을 정하는 기준으로도 활용되었던 것이다.

◆ 그레고리력과 절기력

위에서 언급한 것처럼, 태음력과 태양력을 조합한 완벽한 태음태양력을 써왔던 동아시아와는 달리, 중동에서는 특히 이슬람 문화권에서는 순수한 태음력을 써왔고, 로마의 시저 이후 서양에서는 특히 기독교 문화권에서는 순수한 태양력을 써왔다. 서양이 태양력을 쓰게 된 것은 이집트와 로마제국의 영향 때문이다. 서양의 태양력은 기원전 오래 전에 이미 월력에서 벗어난 고대 이집트에서 만들어졌다. 이집트인들은 해마다 7월 19일 경에 나타나 나일강의 주기적인 범람을 예측할 수 있게 해주는 시리우스(Sirius) 별의 이동을 관찰하다가 1년이 365일이라는 사실을 처음으로 알아내 1년을 12달로 나누고, 각 달을 30일로 하되,

연말에 무위도식하는 덤의 날로 5일을 더해 1년을 365일로 한 달력을 만들었다. 이 이집트의 달력이 시간이 흘러 좀 더 개량되었고 그것이 로마에 도입되었다. 본래 음력을 사용했던 로마는 기원전 45년부터 시저가 도입한 좀 더 발전된 형태의 이집트 양력 체계인 율리우스력(the Julian calender)에 의해 그때까지 달력의 날짜와 실제 춘분과의 사이에 생긴 편차를 해소하기 위해 그 전해의 날수를 445일로 하고, 1년이 365일이 아니라 좀 더 정확히 365.25일(365일 6시간)로 산정하여 4년에 한 번씩 2월의 날 수를 하루 늘리는 윤년을 두는 것으로 조정했다.

그러다가 약 1600여 년이 지난 1582년 교황 그레고리우스 13세가 제정한 그레고리력(the Gregorian calender)에 의해 1년을 365.2425일(365일 5시간 49분 12초)로 보다 더 정밀하게 산정하고, 연도수가 4배수인 해를 윤년으로 하되 100으로 나뉘는 해들은 동시에 400으로도 나뉘는 해만 윤년을 두는 것으로 하고, 춘분을 3월 21로 고정하고, 그때까지 쌓여온 10일이라는 시간의 편차를 없애는 것으로 조정되었다. 이것이 오늘날 대부분의 세계인들이 일상에서 쓰고 있는 양력인 일반 달력이다. 그러나 이 그레고리력이라는 일반 달력은 1년의 길이를 정확히 측정하는 데에 치중한 산술력(算術曆: arithmetic calendar) 즉 날짜 계산의 규칙에 기초한 달력인 까닭에 특정한 날짜가 언제 오는지를 쉽게 계산할 수 있지만 그 정확성이 완벽하지 않다는 문제점이 있다. 게다가 그레고리력은 날짜 구성이 상당히 임의적이고 그냥 날짜만 나열하고 있어 무미건조하다.

무엇보다 그 연초일(年初日)과 월초일(月初日)의 설정은 아무런 과학적 의미가 없는 임의적인 것이다. 더구나 그레고리력은 율리우스력이 갖고 있던 문제점들은 전혀 개선하지 않았다. 예컨대, 1년 가운데 추분부터 춘분까지의 동절기가 춘분부터 추분까지의 하절기에 비에 약 7일이 짧기에 여름의 달들은 길게 겨울의 달들은 짧게 해서 일주일 정도의 차이가 있게 해야 한다. 이런 점에서 동절기에 속하는 10월, 12월, 1월, 3월을 각각 31일로 그리고 2월을 28일로 만든 것은 적절하지 못하다. 하절기에 속하는 5월부터 9월까지 다섯 달은 모두 31일, 나머지 동절기에 속하거나 동절기에 가까운 10월부터 4월까지의 일곱 달은 모두 30일로 하되 윤년은 4월에 두어 4년에 한 번씩 31로 하는 것이 더 합리적이다. 그리고 두 개의 달이 나중에 첨가됨으로써 숫자로 되어 있는 달들의 이름이 뜻하는 순서보다 두 개씩 밀려 있다. 예컨대, 9월은 September인데 이는 본래 7번째 달이라는 뜻이다. 율리우스력이 안고 있던 이런 문제점을 그레고리력은 그대로 두었다. 이처럼 우리가 일상적으로 쓰고 있는 서양의 달력은 상당히 자의적이고 문제점이 적지 않은 달력인 것이다.

이에 비해 동아시아에서 사용해온 절기력은 황도라는 태양의 운행로를 15도 간격으로 나눠 그 가운데 하지(夏至, summer solstice)와 동지(冬至, winter solstice) 그리고 춘분(春分, vernal equinox)과 추분(秋分, autumnal equinox)을 일컫는 이지이분(二至二分), 그리고 입춘(立春), 입하(立夏), 입추(立秋), 입동(立冬)을 일컫는 사립(四立)을 묶어 도합 8개의 시점을 춘하추동의 기준점으로 삼았다. 또한 동지와 춘분의 한 중간인 입춘이라는 의미 있는 날을 연초일과 새해 첫 달의 시작일로 삼고 있다. 이처럼 천문의 관찰에 기초한 달력을 천문력(天文曆, astronomical calendar)이라 하는데, 천문력은 특정한 날짜가 언제 오는지를 헤아리는 것이 어렵다는 문제가 있지만 완벽하게 그리고 영구적으로 정확하다는 장점이 있다. 그래서 낮이 가장 긴 날(하지)과 가장 짧은 날(동지) 그리고 낮과 밤이 같은 날(춘분과 추분)을 뜻하는 이지이분의 날짜들이 절기력에서는 언제나 일정하지만 그레고리력에서는 1-2일의 편차가 난다.

절기력은 한때 낮이 가장 짧아졌다가 해가 복원하면서 낮이 점점 길어지기 시작하는 날인 동짓날을 새해의 시작일로 삼기도 했었으나 사실 동짓날은 낮이 밤보다 너무 짧고 그 시점부터 본격적인 추위가 시작되기에 의미는 있지만 연초일로는 적절치가 않았다. 그래서 동지 대신 동지와 춘분의 한중간 지점으로 천문학적으로는 봄의 시작점이고 기후학적으로도 봄바람이 불어오고 햇빛이 따사로워지면서 해동이 시작되는 등 봄의 날씨에 상당히 가까운 시점이라 할 수 있는 입춘일을 새해의 시작점으로 삼고 있다. 그리고 열두 달 모두의 전반과 후반에 절기와 중기를 배치한다는 점은 모든 달의 시작점과 중간점에도 의미를 부여한다. 이런 점에서 절기력은 매우 과학적이고 실용적이고 의미 있는 태양력이라 할 수 있다. 이런 의미 있는 양력이 독립적으로 또는 주도적으로 쓰이지 않고 음력에 가미되어 음력의 역일(曆日)이 갖는 계절과의 차이를 보완하는 보조적 수단으로 쓰였던 점은 아쉬움으로 남는다. 그 점은 사람들로 하여금 절기력을 음력의 일부로 생각하게 만들고, 절기력의 보급과 발전에 부정적인 영향을 미쳤다고 할 수 있다.

◆ 절기의 구성과 구분

한 절기는, 엄밀히 말하면, 그 절기가 시작되는 시점 즉 그 절기가 드는 시각부터 그 절기가 끝나는 시점 즉 그 다음 절기가 드는 시각 직전까지다. 예컨대, 2017년 춘분이 드는 일시는 3월 20일 13시 30분이고 춘분 다음 절기인 청명이 드는 일시는 4월 4일 17시 27분이므로 춘분은 원칙적으로는 3월 20일 13시 30분부터 4월 4일 17시 26분까지다. 그러나 일반적으로는 해당 절기가 시작하는 날부터 그 다음 절기가 시작하는 전날까지로 치기 때문에 2017년의 춘분은 3월 20일부터 4월 3일 까지다. 그런데 오늘날 절기의 명칭은 그 절기의 시작점을 포함하는 날 즉 절기가 시작되는 첫날만을 의미하는 것으로 흔히 쓰이고 있다. 그래서 춘분은 3월 20일이고 청명은 4월 4일이라는 식이다. 그러나 이는 잘못이다. 절기의 명칭은 본래 그 절기가 시작하는 시점이나 날부터 끝나는 시점이나 날까지 약 15일간을 포괄해야 하는 것이다. 예컨대, 춘분은 3월 20일이나 21일부터 4월 3일이나 4일까지다. 그래서 절기가 시작되는 날만을 지칭할 경우에는 '춘분일', '동짓날'과 같이 절기 명칭 다음에 '일' 또는 '날'이라는 말을 붙여 쓰는 것이 더 적절하다. 그러나 절기 명칭이 천문학적인 위치를 가리킬 때만은 그 절기가 시작하는 시점 또는 그 시점을 포함하는 날을 지칭하는 것으로 한다.

24절기 가운데에는 중요한 기준점이 되는 것들로는 낮과 밤의 길이가 같아지는 춘분(황경 0도)과 추분(황경 180도), 낮이 가장 긴 하지(황경 90도)와 밤이 가장 긴 동지(황경 270도)다. 이 네 개의 기준점을 이지이분(二至二分)이라고도 부르고 각 계절의 한 가운데에 오는 기본 절기라 하여 기절기(基節氣)라고도 부른다. 이들을 천문학적인 위치로 말해보자. 지구의 적도를 천구로 확장한 대원이 천구의 적도(celestial equator)로 불리는데 이 적도에 대해 황도는 약 23.5도 기울어져 있다. 이는 지구의 적도면에 대해 지구의 공전면이 23.5도 기운 것이라는 말과 같다. 황도가 이 천구의 적도와 만나는 지점이 천구 상의 위도 즉 황위(黃緯, ecliptic latitude)가 0도인 춘분과 추분이며, 가장 벌어지는 지점이 황위 상 북회귀선(北回歸線, the tropic of Cancer)인 북위 23.5도의 하지와 남회귀선(南回歸線, the tropic of Capricorn)인 남위 23.5도의 동지이다. 이 북회귀선과 남회귀선은 태양빛이 지구에 직각으로 닿을 수 있는 경계선으로 각각 북반구와 남반구에서 열대와 온대를 구별하는 경계선이 된다. 이 회귀선을 넘는 위도에서 태양빛은 여름에는 높은 각도로 그리고 겨울에는 낮은 각도이긴 하지만 비스듬히 비추다가 66.5도의 극선을 넘어서면 동지 때는 아예 비추지 않고 하지 때는 하루 종일 비추게 된다. 따라서 극선은 온대와 한대를 구분하는 경계선이 된다.

다음으로 중요한 기준이 되는 절기는 이지이분의 한 가운데이며 한 계절에서 다음 계절로 넘어가는 지점이기에 각각 춘하추동의 시작점으로 삼은 입춘(황경 315도), 입하(황경 45도), 입추(황경 135도), 입동(황경 225도)이 있다. 이 4개의 기준점 즉 사립(四立)은 새로운 계절이 시작되는 절기라 하여 입절기(立節氣)로 불리기도 한다. 이 이지이분의 기절기와 사립의 입절기를 합친 여덟 개의 절기에는 모두 춘, 하, 추, 동이라는 글자 가운데 하나가 한 번씩 들어간다. 그만큼 이 여덟 개의 절기가 춘하추동의 기준점이 된다는 뜻이다. 이 여덟 개의 절기 사이사이에 춘, 하, 추, 동이라는 글자가 들어가지 않는 절기가 각각 2개씩 16개가 들어가서 모두 24개의 절기가 되는 것이다. 이 가운데 각 기절기의 앞에 드는 두 개의 절기를 이전 계절과 새로운 계절이 교차하는 절기라 하여 교절기(交節氣), 그리고 각 기절기의 뒤에 드는 두 개의 절기를 그 계절이 극에 달하는 절기라 하여 극절기(極節氣)라고 부른다. 예컨대, 봄의 절기에서 춘분 앞의 두 절기 즉 우수와 경칩이 봄의 교절기이고, 춘분 뒤의 두 절기 즉 청명과 곡우가 봄의 극절기다. 여름의 절기에서 하지 앞의 두 절기 즉 소만과 망종이 여름의 교절기이고, 하지 뒤의 두 절기 즉 소서와 대서는 여름의 극절기다. 그리고 입춘, 입하, 입추, 입동의 전날로서 춘하추동의 최종일이자 계절의 경계가 되는 날을 '계절을 나누는 날'이라 하여 별도로 절분(節分)이라 부른다. 예컨대, 입춘 전날 즉 대한의 마지막 날이 겨울 절분이고, 입하 전날 즉 곡우 마지막 날이 봄의 절분이다.

이처럼 24절기로 구성된 절기력은 달의 움직임에 기초한 음력을 쓰는 동아시아에서 농사를 위해 계절의 변화를 정확히 알아야 할 필요에 따라 태양의 움직임에 기초하여 만들어진 것이다. 그것은 음력을 보충하기 위해 만들어졌지만, 태양의 운행을 바탕으로 한 태양력이어서 양력의 날짜와 거의 일치한다. 실제로 오늘날 우리가 쓰는 태양력인 일반 달력을 놓고 보면 24절기는 모두 하루나 이틀의 편차로 고정되어 있다.

예컨대, 거의 언제나 춘분은 3월 20-21일, 하지는 6월 21-22일, 추분은 9월 23-24일, 동지는 12월 21-22일이다. 절기의 평균 일수는 1년 365일--정확히는, 춘분점을 출발하여 다시 춘분점으로 돌아오는 이른바 회귀년(回歸年, tropical year) 즉 태양년으로 365.2422일--을 24절기로 나눈 값이므로 약 15.22일이다. 그런데 실제 절기의 날수는 이보다 조금 많기도 하고 적기도 하다. 이는 지구의 공전궤도가 약간 타원형인데다 지구가 공전 궤도를 15도 도는 속도가 구간에 따라 조금씩 다르고 따라서 걸리는 시간도 구간에 따라 조금씩 다르기 때문이다.

그렇다면 지구의 공전의 속도가 어디서 빠르고 어디서 늦을까? 지구는 평균 초속 29.79km로 태양을 도는데 태양에 가까워질수록 빨리 돌고 태양에서 멀어질수록 느리게 돈다. 그 속도가 가장 빠른 경우는 초속 약 33km, 가장 느린 경우는 초속 약 26km라고 한다. 지구 공전 궤도가 태양에 가장 가까운 근일점 즉 지구의 공전 속도가 가장 빠른 지점은 한겨울인 1월 3일 부근에 있고, 가장 먼 원일점 즉 지구의 공전 속도가 가장 느린 지점은 한여름인 7월 4일 부근에 있다. 이 때문에 공전 속도가 가장 빠른 1월 3일 부근의 두 절기 그러니까 동지와 소한의 길이는 각각 14일 17시간 12분과 14일 17시간 27분이다. 반면에 공전 속도가 가장 느린 7월 4일 부근의 두 절기 즉 하지와 소서의 길이는 각각 15일 17시간 27분과 15일 17시간 24분이다. 절기의 길이가 가장 짧은 동지와 가장 긴 하지의 길이 차이는 무려 24시간 15분으로 만 하루가 넘는다. 이 때문에 대체로 춘분부터 추분까지의 하절기 일수는 약 186일인데 반하여 추분부터 춘분까지의 동절기 일수는 약 179일로 약 7일간의 차이가 있다.

◆ 절기의 명칭과 주의할 점

24절기의 명칭들은 각각 그 시기에 어울리는 나름대로 적절한 의미를 지니고 있다. 이들을 그 의미에 따라 크게 세 부류로 나눌 수 있다. 첫 번째 부류는 특정한 천문학적 지점으로 계절의 변화를 의미하는 춘(春), 하(夏), 추(秋), 동(冬)이라는 말이 들어간 네 개의 기절기와 네 개의 입절기로 순서대로 입춘(立春), 춘분(春分), 입하(立夏), 하지(夏至), 입추(立秋), 추분(秋分), 입동(立冬), 동지(冬至)의 여덟 가지가 있다. 이 여덟 개의 절기들이 태양의 고도의 차이에 따른 춘하추동의 중요한 기준점으로 그 사이사이에 기후학적이거나 자연현상적인 이름의 다른 절기들이 각각 두 개씩 들어가서 24절기를 이룬다. 두 번째 부류는 기후의 변화를 나타내는 것으로 더위나 추위와 관련된 소서(小暑), 대서(大暑), 처서(處暑), 소한(小寒), 대한(大寒), 강수 현상과 관련된 우수(雨水), 곡우(穀雨), 소설(小雪), 대설(大雪), 그리고 수증기의 응결과 관련된 백로(白露), 한로(寒露), 상강(霜降)이 있다. 마지막 세 번째 부류는 계절에 따라 만물이 바뀌는 모습을 나타내는 것으로 식물의 성숙이나 파종의 상황과 관련된 소만(小滿)과 망종(芒種), 그리고 자연의 변화와 관련된 경칩(驚蟄)과 청명(淸明)이 있다.

그런데 24절기의 명칭과 관련하여 주의할 것이 있다. 24절기의 명칭 가운데 가장 핵심적인 절기라 할 수 있는 기절기의 명칭 4개는 고대 중국의 상(商, 기원전 1600년경-기원전 1046년경) 나라 때부터 쓰였고, 여기에 네 개의 입절기를 포함하여 계절의 변화를 나타내는 8개는 주(周, 기원전 1046년경-기원전 256년) 나라 때 확립되었으며, 24개의 명칭이 완성된 것은 전한(前漢, 기원전 206년-기원후 8년) 나라 때라고 한다. 그리고 이 명칭들은 화북(華北) 지방의 중심으로서 농업이 발달한 황하 유역의 기상과 동식물의 변화에 맞춰 붙여진 것이라고 한다. 따라서 그 명칭은 실은 지금으로부터 2천년도 넘는 오래 전의 중국 황하 유역의 계절에 적합한 것이라고 할 수 있다. 황하 유역은 북한의 단동 이남의 한반도와 위도 상으로 거의 비슷하지만 경도 상으로는 중간에 황해가 끼어 있고 서울보다 10여도 더 서쪽에 있어 대륙성 기후의 영향이 크고, 한국은 3면이 바다로 둘러싸여 있어 해양성 기후의 영향이 상당하다는 점을 감안하면 큰 차이는 아니라 하더라도 황하 유역의 기후는 한반도 특히 남한의 기후와는 어느 정도 차이가 있을 것이다. 게다가 오늘날 지구 온난화 등으로 기후와 생태계가 과거와는 적잖이 달라진 상황에서는 더욱더 그럴지도 모른다.

실제로 24절기의 명칭 가운데 일부는 남한의 기후에 잘 맞는다고만은 할 수 없다. 대륙성기후가 강한 화북지방에서는 말 그대로 가장 큰 추위를 뜻하는 대한 때가 소한 때보다 더 한겨울이고 따라서 더 추울 것이다. 그러나 해양성기후가 강한 한반도 특히 남한에서는 봄이 더 빨리 오므로, 언제나 그렇다고 할 수는 없지만, 대체로 소한 때가 가장 춥고 대한 어간 무렵부터는 벌써 추위가 그 매서움을 잃기 시작한다. 그래서 "대한이 소한 집에 갔다 얼어 죽었다"는 속담이 생겼을 것이다. 또 남한에서는 소설 때보다 대설 때 눈이 꼭 더 많이 오는 것도 아니다. 또 청명은 황하의 물이 가장 맑아지는 때라서 붙여진 절기 이름이라는 설도 있는데 이 경우에 한반도에는 아예 해당되지도 않는 명칭이라 할 수 있다.

그렇다고 한반도에서 절기력을 사용하는데 문제가 있을 정도로 맞지 않는 것은 아니다. 심지어 청명이라는 명칭도 한반도에서는 날씨가 청명한 것으로 해석하면 상당히 맞아 떨어진다. 청명 어간의 한반도는 날씨가 맑고 밝은 가운데 각종 꽃들이 피어 화창한 풍경이 전개되기 때문이다. 그래서 우리는 청명을 그렇게 해석해오고 있다. 절기의 일시를 우리 현실에 맞게 조정했듯이, 절기의 명칭 또한 우리 현실에 맞게 해석하면 되는 것이다. 실제로 뒤에 실은 절기 관련 우리 속담들이 보여주듯 절기의 명칭은 우리 현실에 맞게 해석되고 활용되어 왔다. 24절기의 중요성은 우리의 실생활의 길잡이로 유용하게 활용하는 일이지 그 명칭에 구애되는 일이 아니다. 그래서 절기력은 한반도의 주민들에 의해 오랫동안 별 문제없이 농업이나 생활에 유용하게 잘 활용되어 왔고, 오늘날에도 많이 활용되고 있고, 앞으로도 그럴 것이다.

◆ 절기의 필요성과 실제 활용

절기는 평균 기간이 15.2일로 한 달에는 2개, 한 계절에는 6개가 있다. 이 정도의 세분된 시간 단위라면 농사를 비롯해서 해마다 일정한 시점에서 수행해야 하는 일의 알맞은 때를 알리는 지침으로는 적절한 것으로 보인다. 절기는 농사를 짓던 우리 선조들의 삶에 필수불가결한 것이었다. 그런데 계절을 좌우하는 태양의 움직임이 아니라 계절과 무관한 달의 움직임에 맞추어진 음력을 사용했던 관계로 음력만을 따르면 같은 날짜가 해마다 계절적으로 같은 시기에 고정되어 있지 않고 들쑥날쑥하기 때문에 계절의 변화를 정확히 알려주는 시기가 고정된 절기력이 더욱 필요했을 것이다. 농사는 태양의 영향이 절대적이기 때문에 태양에 따른 시간 구분이 필요했고, 절기는 정확하게 태양에 따른 시간의 구분을 제공했다. 그래서 절기력은 농경민족인 우리민족에 의해 오랫동안 변함없이 정확하고 실용적인 계절의 안내자로 이용되어 온 것이다.

그래서 우리 선조들은 농사에는 말할 것도 없고 일반 생활을 영위함에 필요한 계절구분에서 24절기를 많이 활용했다. 사람들 특히 농부들은 절기를 잘 알아야 했고 절기를 잘 아는 것을 "철을 안다"고 했는데 이 말에서 "사리를 분별하여 판단하는 힘이 생기다"라는 뜻을 지닌 '철들다'라는 말이 생겼다고 하니 우리 선조들이 24절기를 얼마나 중시

했는지 알 수 있다. 또 24절기 모두가 다 속담들을 가지고 있고, 10여 개 안팎의 속담을 가진 절기도 더러 있다. 이처럼 우리 속담에는 절기와 관련된 것들이 적지 않은데 이 점도 선조들이 24절기를 많이 활용했다는 증거라고 할 수 있다. 예컨대, "입춘 추위 김장독 깬다", "우수에 풀렸던 대동강이 경칩에 다시 붙는다", "소만 바람에 설늙은이 얼어죽는다", "망종엔 발등에 오줌 싼다", "대서 더위에 염소뿔이 녹는다", "처서가 지나면 모기도 입이 비뚤어진다", "춥지 않은 소한 없고 포근하지 않은 대한 없다" 등이 있다. 절기는 특히 농사에서 중요 시점을 알려주는 지침으로 활용되었다. 보기로 "보리는 익어서 먹게 되고, 볏모는 자라서 심게 되니 망종이라", "하지 지나면 발을 물꼬에 담그고 잔다", "소서 때는 새 각시도 모 심어라", "한로 상강에 겉보리 간다"와 같은 속담을 들 수 있다. "곡우사리", "우전 차", "입하 차", "하지 전 뜸부기", "처서 복숭아, 백로 포도", "입동 전 가위보리", "동지받이" 등의 예에서 보듯이, 절기는 작물이나 산물의 적기를 알려주는 데에도 사용되었다. 독자들의 참고를 위해 이 책의 부록으로 절기 관련 속담들을 싣는다.

  24절기는 단지 농사나 기후와 관련된 삶에만 영향을 미쳐온 것은 아니다. 24절기는 음력과 함께 우리의 세시풍속에도 많은 영향을 미쳤다. 예컨대, 입춘에는 새해를 축복하는 "입춘첩"을 대문에 부치고 겨울의 속박에서 벗어난 것을 자축하고 따뜻한 봄이 하루빨리 오기를 기원했다. 그리고 "입춘오신채"를 해서 먹음으로써 새봄의 미각을 돋우었을 뿐만 아니라 가족 간의 친목을 다지고 인의예지신(仁義禮智信)이라는 인간의 다섯 가지 도리를 일깨웠다. 그리고 동지로부터 81일째(양력 3월 12-13일로 경칩 어간)를 선비들은 방문을 활짝 열어젖혀 뜰에 핀 홍매화를 보며 겨울의 추위를 이겨내고 따뜻한 새봄을 맞는 기쁨을 누리는 날로 여겼고, 농부들은 밭을 가는 등으로 농사일을 본격적으로 시작하는 때로 삼았다. 또 동짓날로부터 105일째 되는 날로써 한식일이라 부르는 날은 청명절과 겹치거나 하루 차이가 나는데 이 날에는 손이 없다 하여 조상의 묘를 찾아 제사를 지내고 사초를 했다. 동짓날에는 태양의 복원을 축하하고 악귀를 물리친다는 민속신앙에 따라 "동지 팥죽"을 먹었다. 또한 한 해를 마감하는 겨울 절분 즉 대한 마지막 날 밤에 콩을 방이나 마루에 뿌려 악귀를 막고 경건한 마음으로 새해를 맞는 해넘이 의식을 하였다. 이들 풍속은 설, 정월대보름, 단오, 백중, 한가위 등의 음력에 따른 세시풍속과는 별개의 것들이다. 이들 절기에 따른 세시풍속 가운데 입춘첩이나 한식 성묘나 동지 팥죽의 세시풍속은 아직까지도 남아 있다.

　24절기는 또 사람들의 정신적인 삶에도 상당한 영향을 미쳐오고 있다. 예컨대, 많은 시들이 24절기에 관한 것들이다. 그 가운데 기절기에 관한 시들을 한 편씩 소개한다. "모든 이에게 / 골고루 사랑을 나누어주는 / 봄 햇살 엄마가 되고 싶다고 // 춘분처럼 / 밤낮 길이 똑같아서 공평한 / 세상의 누이가 되고 싶다고 / 일기에 썼습니다"[이해인, 〈춘분 일기〉 중에서]. "하루의 주어진 같은 시간 / 시계는 멈추지 않고 제 갈 길을 가건만 / 태양은 저 혼자 밤을 즐기려는 듯 / 가던 길을 멈추고 / 태연히 지구촌을 내려다보며 / 조용히 홀로 따갑게 미소 짓는다"[오정방, 〈하지〉 중에서]. "차가운 날이 시작되고 / 새들의 목발질 소리, / 허공의 두꺼운 웃음소리 / 들으며 조금씩 흔들리고 / 조금씩 젖으며 / 약속하지 않은 곳으로 간다"[류외향, 〈추분을 지나는 낙엽은〉 중에서]. "불꽃을 적당히 줄여야 / 맛있는 욕망이 되는 줄 / 죽을 쑤면서 다시 배우는 동짓날 오늘부터 / 봄의 시작이라는데 / 그래서 낮이 길어지는 거라는데 / 봄이 되어서야 봄인 줄 아는 / 청맹과니의 한 해를 젓고 또 젓는다"[김유선, 〈동지(冬至)〉 중에서]. 24절기 하나하나를 모두 노래한 시인도 있다. 절기에 관한 시들은 해당 절기를 다루는 곳에서 더러 인용하였다.

◆ 계절 구분의 임의성

계절은 해마다 반복되는 시간의 구획이다. 그러나 그 구획은 인간이 멋대로 그은 것이다. 본래 시간에는 어떤 구획도 없다. 해마다 되풀이 되는 춘하추동의 현상은 존재하지만 그것들의 정확한 처음과 끝은 본래 존재하지 않는다. 계절을 네 개로 나누는 것도, 12개로 나누는 것도, 24개로 나누는 것도 다 인위적인 것이다. 그들 구획은 인간의 편의를 위한 것일 뿐이다. 따라서 그 시작점과 그 종료점도 인위적이다. 계절이 시작하고 끝나는 시점은 자연적인 것이 아니고 인위적인 것이며 따라서 절대적인 것이 아니고 상대적인 것이다.

춘하추동의 시작일이 절기상으로는 입춘(2월 4·5일), 입하(5월 5·6일), 입추(8월 7·8일), 입동(11월 7·8일)인데 반하여, 우리가 일반적으로 사용하는 일반 달력인 그레고리력 상으로는 3월 1일, 6월1일, 9월1일, 12월 1일이고, 천문학적으로는 각각 춘분(3월 20·21일), 하지(6월 21·22), 추분(9월 23·24일), 동지(12월 21·22일)다. 이들은 모두 춘하추동을 각각 3개월씩으로 나누고 있다. 하지만 춘하추동의 시작일이 절기상의 것과 천문학상의 것 간에는 무려 한 달 보름 정도의 차이가 있고, 일반 달력상의 것과도 평균 약 24일의 차이가 있다. 절기에 따른 계절은 다른 기준의 의한 것보다 훨씬 더 빨리 시작하고 더 빨리 끝나는 것이다.

그런데 계절은 점진적으로 서서히 바뀌기 때문에 그 시작과 끝을 정하는 절대적인 기준은 있을 수 없다. 계절의 변화는 지구의 공전이라는 천문학적인 변화가 그 근본 원인이지만 동시에 기후학적인 변화의 영향도 받는다. 그런데 지구의 공전이 일어나는 만큼 정확하게 그에 맞추어 기후가 변하는 것은 아니다. 기후는 조수간만의 차이를 일으키는 달의 영향도 받을 뿐만 아니라 지구 자체의 영향 즉 지역의 위도와 고도, 지역 그 자체의 지형과 주변의 지형, 내륙인가 바닷가인의 여부, 해류,

복사열의 축적량 등에 따라 많은 영향을 받는다. 이런 이유로 기후학적인 변화는 천문학적인 변화보다 늦을 뿐만 아니라 지구의 공전처럼 질서정연하게 일어나는 것이 아니라 무질서하게 때로는 뒤죽박죽으로 일어난다. 그래서 꽃샘추위라는 말이 암시하듯이 이른 봄 속에는 겨울이 있고, 늦더위라는 말이 가리키듯이 초가을 속에는 여름이 있고, 복사열이 가장 큰 하지 때가 가장 더운 것이 아니라 축적된 복사열에 지구가 달구어진 소서와 대서 때가 더 덥고, 복사열이 가장 적은 동지 때가 가장 추운 것이 아니라 지구가 식을 대로 식어버린 소한과 대한 때가 더 춥다. 우리가 일상에서 계절의 변화를 감지하는 것은 천체의 변화에 의해서가 아니라 기후의 변화에 의해서이기 때문에 정확하게 어느 시점부터 특정한 계절이 끝나고 새로운 계절이 시작된다고 말할 수 없는 것이다.

따라서 모든 계절 구분은 다 상대적이고 임의적일 수밖에 없다. 다만 그 기준이 과학적이고 의미 있느냐의 차이는 있다. 절기력에 의한 구분이나 천문학적인 구분은 말할 것도 없고 심지어는 일반 달력상의 구분도 모두 나름대로 의미 있는 특정한 날을 계절의 시작점으로 삼고 있다. 절기력은 이지이분의 중간지점을, 천문학은 이지이분의 시작일을, 일반 달력은 3, 6, 9, 12월의 시작일을 각 계절의 시작점으로 삼고 있는 것이다. 그러나 절기력의 계절 구분과 천문학적인 계절 구분은 천문학적으로 특정한 지점을 계절의 시작일로 삼았기 때문에 그 구분이 일반 달력상의 구분보다 훨씬 더 과학적이고 더 의미 있고 더 일정하다는 장점이 있다고 할 수 있다. 일반 달력상의 춘하추동의 시작점에는 특정한 천문학적인 의미가 부여되어 있지 않은 채로 대체로 기상학적인 변화에 조응하고 있다.

그러나 일반적으로 사람들이 계절의 변화를 기온으로 체감한다는 점에서 보면, 절기상의 계절 구분은 다소 이르고, 천문학적 계절 구분은 다소 늦은데 반하여, 일반 달력상의 계절 구분이 비교적 적절한 것처럼 보인다. 일반 달력상의 계절 구분은 대체로 기후 변화에 따른 구분이기 때문이다. 하지만 이런 판단도 일반 달력상의 계절 구분에 익숙한 현대인들의 상대적인 평가일지 모른다. 오늘날 거의 전세계적으로 일반 달력상의 계절 구분을 따르고 있지만, 그 계절 구분은 절기력이나 천문학에 의한 계절 구분보다 그 기준이 모호한 것은 사실이다. 만일 일반 달력이 2월을 28일로 하지 않고 다른 달처럼 30일이나 31일로 했다면, 겨울은 2-3일 더 길어지고 더 늦게 끝나며, 반대로 봄은 그만큼 더 짧아지고 그만큼 더 늦게 시작될 것이다.

앞의 본문에서 절기상의 계절 구분에 입각하여 춘하추동별로 각 계절에 속하는 절기들을 하나하나 살펴보았다. 여기서는 독자들의 참고를 위하여 황도 상의 절기의 위치를 나타낸 그림 〈황도 상의 절기의 위치도〉와 24절기의 날짜와 의미 등을 간략히 정리한 〈24절기표〉를 이어서 싣는다.

〈황도 상의 절기의 위치도〉

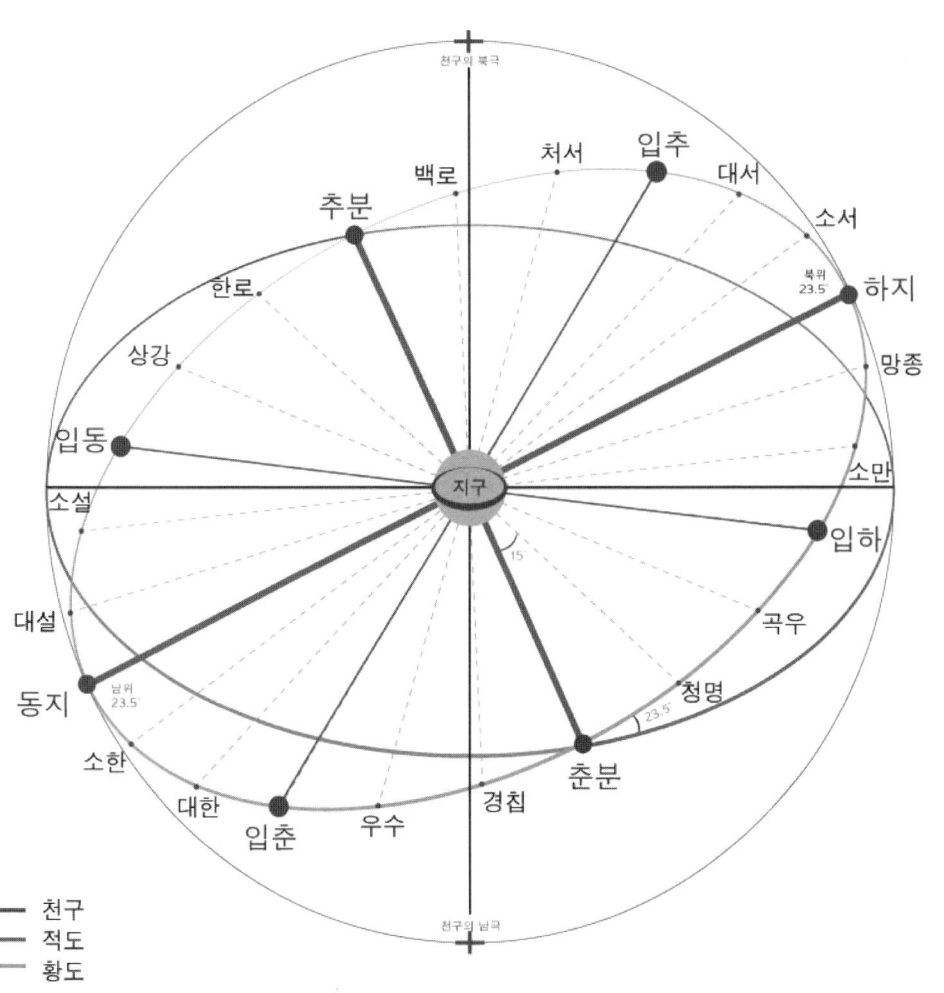

〈24절기표〉

계절	달(음력)	절기(節氣) solar terms	시작일(양력)	설명
봄	정월/ 맹춘(孟春)	입춘(立春) start of spring	2월 4·5일	봄으로 들어서는 길목
		우수(雨水) rain water	2월 18·19일	눈 대신 비가 내려 초목이 싹틈
	이월/ 중춘(仲春)	경칩(驚蟄) awakening of insects	3월 5·6일	미물들이 동면에서 깨어나 활동하기 시작함
		춘분(春分) vernal equinox	3월 20·21일	낮과 밤의 길이가 같아지나 이후 낮이 길어짐
	삼월/ 계춘(季春)	청명(淸明) clear & bright	4월 4·5일	날씨가 맑고 밝아 농사 준비와 식목에 적당함
		곡우(穀雨) grain rain	4월 20·21일	곡식 작물의 파종을 위한 비가 내림
여름	사월/ 맹하(孟夏)	입하(立夏) start of summer	5월 5·6일	여름으로 들어서는 길목
		소만(小滿) small full	5월 21·22일	식물이 자라 대지를 채우고 곡물이 여물어감
	오월/ 중하(仲夏)	망종(芒種) grain in ear	6월 5·6일	까끄라기 곡식인 밀·보리를 거두고 벼를 심음
		하지(夏至) summer solstice	6월 21·22일	연중 낮이 가장 기나 이후 점점 짧아짐
	유월/ 계하(季夏)	소서(小暑) minor heat	7월 7·8일	작은 더위라는 뜻으로 무더위가 시작됨
		대서(大暑) major heat	7월 22·23일	큰 더위라는 뜻으로 무더위가 최고조에 달함
가을	칠월/ 맹추(孟秋)	입추(立秋) start of autumn	8월 7·8일	가을로 들어서는 길목
		처서(處暑) limit of heat	8월 23·24일	더위가 물러가고 조석으로 선선해지기 시작함
	팔월/ 중추(仲秋)	백로(白露) white dew	9월 7·8일	풀잎에 맑은 이슬이 맺히고 추색이 완연해짐
		추분(秋分) autumnal equinox	9월 23·24일	낮과 밤의 길이가 같아지나 이후 밤이 길어짐
	구월/ 계추(季秋)	한로(寒露) cold dew	10월 8·9일	대기가 차가워져 풀잎에 찬이슬이 맺힘
		상강(霜降) frost descent	10월 23·24일	대기가 더욱 차져 서리가 내리기 시작함
겨울	시월/ 맹동(孟冬)	입동(立冬) start of winter	11월 7·8일	겨울로 들어서는 길목
		소설(小雪) minor snow	11월 22·23일	첫눈이 내리고 이때부터 겨울 기분이 남
	동짓달/ 중동(仲冬)	대설(大雪) major snow	12월 7·8일	지역에 따라 큰 눈이 한 번쯤은 내림
		동지(冬至) winter solstice	12월 21·22일	연중 밤이 가장 기나 이후 점점 짧아짐
	섣달/ 계동(季冬)	소한(小寒) minor cold	1월 5·6일	작은 추위라는 뜻이나 혹한이 시작됨
		대한(大寒) major cold	1월 20·21일	큰 추위라는 뜻이나 혹한이 차차 누그러짐

부연설명

① 24절기의 길이는 평균 약 15.2일이지만 실제로 정확한 길이는 각각 조금씩 다 다르다. 위의 표에서는 각 절기가 시작하는 날만을 표기했지만 실제 기간은 그 시작일부터 그 다음 절기가 시작하는 전날까지다. 절기의 길이는, 엄밀히 말하면, 절기가 드는 날의 드는 시각부터 그 다음 절기가 드는 날의 드는 시각 전까지로 가장 짧은 절기는 14.72일이고 가장 긴 절기는 15.73일이다.

② 각 절기는 대체로 위에 나와 있는 두 개의 양력(그레고리력) 날짜 가운데 어느 하나에 들지만 경우에 따라서는 그 두 날짜보다 한두 시간 이내의 차이로 하루 더 빠르거나 하루 더 늦거나 할 수 있다. 큰 차이는 아니지만 이처럼 절기에 대해 양력이 정확하게 고정되지 않는 까닭은 24절기는 천문력이기 때문에 태양과 지구의 상대적 위치를 언제나 일정한 때로 정할 수 있지만, 그레고리력은 산술력이기 때문에 그 위치를 해마다 일정한 때로 정할수 없기 때문이다.

③ 절기는 태양의 움직임을 따른 것으로 그 자체가 양력이기에 양력인 일반 달력(그레고리력)의 날짜와는 별 차이가 없이 해마다 거의 일정하지만 음력과는 잘 맞지 않는다. 그래서 양력과 절기에 대해 음력은 들쑥날쑥하다. 예컨대, 음력에서 설날인 음력 정월 초하루가 2015년에는 양력 2월 19일이고, 2016년에는 양력 2월 8일이고, 2017년에는 양력 1월 28일이다. 이에 반해 절기력에서 설날인 입춘일은 언제나 변함없이 양력 2월 4일 아니면 5일이다.

④ 이런 이유로 위 표의 음력의 달에 드는 절기는 대체로 그렇다는 것이지 언제나 그렇다는 것은 아니다. 예컨대, 입춘은 대체로 정월에 들지만 경우에 따라서는 그 전 해 섣달에 들기도 하고, 정월에 든 후 그 해 섣달에 거듭 들기도 한다.

⑤ 오늘날 사용되는 일반 달력에서 3, 4, 5월을 봄, 6, 7, 8월을 여름, 9, 10, 11월을 가을, 12, 1, 2월을 겨울로 치는 양력에 의한 계절 구분에 따르면, 봄은 음력의 이월, 삼월, 사월, 여름은 음력의 오월, 유월, 칠월, 가을은 음력의 팔월, 구월, 시월, 겨울은 음력의 동짓달, 섣달, 정월이다. 절기에 따른 계절 구분은 입춘, 입하, 입추, 입동을 춘하추동의 시작점으로 삼기 때문에 달력상의 계절보다 약 20여 일이 더 빠르다. 천문학적인 계절 구분은 춘분, 하지, 추분, 동지를 각각 춘하추동의 시작점으로 삼기 때문에 달력상의 계절보다 약 20여 일이 더 늦다.

⑥ 절기를 영어로는 solar term이라고 번역하는데 "태양의 기간", "태양의 기한", 또는 "태양의 시절" 정도의 뜻이라고 할 수 있다. 각 절기 명칭에 해당하는 영어 번역어들은 여러 버전이 있는데 필자의 판단으로 원의에 가장 충실하고 간결하고 고풍스런 번역어를 골라 참고로 병기해 두었다.

II.
세계 역법의 발전

1.

달력(calendar)은, 문자나 종이나 바퀴나 도자기나 컴퓨터처럼, 인류의 위대한 발명품 가운데 하나다. 달력은 날(日), 달(月), 해(年)와 같이 확장된 기간 동안의 시간을 나누어 일정한 순서로 배열하는 체계를 말한다. 달력은 종교적 행사, 농사, 사업, 가사 등의 이유로 시간을 측정할 필요가 있는 문명에게는 필수적이다. 이런 필요에서 나온 세계 최초의 1년 365일의 실용적인 달력은 이집트에서 만들어졌다. 이 이집트의 달력이 고대 로마제국에 의해 율리우스력으로 개량되어 서양에서 쓰이다가 다시 중세 교황청에 의해 그레고리력으로 더욱 개량되어 오늘날 전 세계에서 쓰이고 있다.

시간을 나누어 구분하고 순서대로 배열하는 방법 즉 달력을 만드는 방법을 역법(曆法, method of timekeeping)이라고 한다. 역법을 위해서는 어떤 기준이 있어야 하는데 그 기준은 흔히 달이나 해나 별과 같이 매일 관찰되면서 특정한 움직임을 되풀이하는 천체의 주기현상이다. 특히 해의 뜨고 짐에 의한 낮과 밤의 바뀜, 달의 위치와 모양의 변화, 계절의 주기적 변화의 세 가지 현상이 역법의 중요한 기준이다. 이런 현상을 이용하여 인간의 삶에 필요한 시간, 날, 달, 해와 같은 단위와 24절기나 춘하추동과 같은 주기를 택하여 일정한 역법을 정하게 되었다. 이에 의해서 1년은 12달이고, 한 달은 주로 30일이고, 한 주는 7일이고, 하루는 24시간이고, 1시간은 60분이고, 1분은 60초가 되었다. 자, 이제 왜 그렇게 되었는지 살펴보기로 하자.

대부분의 고대사회에서 사용된 시간 기록의 자연적인 단위는 날 또는 **태양일**(太陽日: 태양이 한 자오선을 통과한 후, 다시 그 자오선에 돌아오기까지의 동안), 달 또는 삭망월(朔望月: 달이 초하루에서 다음 초하루까지, 또는 보름달에서 다음 보름달까지 걸리는 시간), 그리고 해 또는 태양년(太陽年: 태양이 춘분점을 지나 다시 춘분점으로 돌아올 때까지 걸리는 시간)이었다. 날은 매일 되풀이 되고, 삭망월은 약 30일을 단위로 되풀이 되고, 태양년은 약 12삭망월을 단위로 되풀이 된다. 날(태양일)과 해(태양년)는 태양의 움직임에 의한 것이고, 달(삭망월)은 달의 움직임에 의한 것이다. 날은 되풀이 되면서 밤낮의 길이가 달라지고, 삭망월은 되풀이 되면서 달의 모습과 위치가 달라지고, 태양년은 되풀이되면서 계절이 한 번씩 순환한다. 이들 세 가지 시간의 단위는 인간의 삶에 지대한 영향을 미치면서 자연스럽게 인간의 삶의 순환주기가 되었다. 그 때문에 이들은 역법에서 가장 중요한 자연적이면서 인위적이기도 한 시간의 단위가 된 것이다.

날, 달, 해보다 좀 더 인위적인 것으로 보이는 주(週)는 어떻게 형성되었을까? 달은 초승달에서 반달을 거쳐 보름달이 되었다가 다시 반달이 된 후 그믐달이 된다. 즉, 초승달→상현 반달→보름달→하현 반달→그믐달의 네 단계를 거쳐 한 달이 된다. 한 달이 약 29.5일이므로 이를 4단계로 나누면 한 단계는 약 7.4일이 된다. 여기서 일주의 7일이 나왔을 것으로 추측된다. 이 7이라는 숫자는 고대 수메르인들이 육안으로 관찰했던 해, 달, 수성, 금성, 화성, 목성, 토성이라는 천체의 수와 일치하며 그들이 휴일로 삼았던 날싸의 간격과 같다. 7이라는 수는 수메르인들의 역법을 계승한 바빌로니아인들이 신성시하는 수이기도 하였다. 아마 여기에서 영향을 받아 유태인들은 신이 천지창조를 6일 동안에 마치고 제7일을 안식일로 지정하게 한 것으로 보이며 이 유태인의 천지창조 7일이 로마와 기독교세계에 영향을 미쳐 그레고리력이 7일째가 휴일인

1주 7일의 달력이 된 것으로 보인다.

지구는 태양의 주위를 공전하는 동안 하루에 한 번 자전한다. 그래서 지구는 공전 상의 위치가 날마다 조금씩 달라지며 그에 따라 낮과 밤의 길이가 조금씩 달라지는 날들이 있게 된다. 달은 태양의 주위를 도는 지구의 주위를 돈다. 그래서 달은 매일 밤 그 이지러진 모습이 조금씩 바뀌면서 약 29.5(정확히는 29.530588)일 걸려 제 모습으로 돌아오고, 그것이 12번 되풀이 되면 대략 1태양년이 된다. 그래서 '달'이라는 말은 대체로 30일이라는 시간 단위가 되었고, 우리의 '달력'이라는 말이 암시하듯이, 1년이 열두 달로 이루어지는 역법의 기준이 되었다. 지구는 하루에 한 번 자전하면서 1년에 한 번 태양을 공전한다. 그러나 지구에서 보면 태양이 지구를 도는 것으로 보이기 때문에 태양의 일주(日周) 운동을 하루, 연주(年周) 운동을 한 해라고 부르게 되었다. 문제는 12번의 삭망월은 약 354(정확히는 354.367058)일로 약 365(정확히는 365.242199)일인 태양의 연주운동의 날 수 즉 1태양년과 정확히 일치하지 않는다는 점이다.

옛적에는 세계 어느 곳에서나 매일 밤에 관찰되는 달의 차오름과 이지러짐이 분명하고 오래 걸리지 않아 날을 세는 좋은 수단이었고 따라서 자연스럽게 흔히 그냥 음력(陰曆)이라고 부르는 태음력(太陰曆: 달이 지구를 한 바퀴 도는 시간을 기준으로 만든 달력)이 발전하였다. 더구나 한 달은 여자의 월경주기와 비슷하고 특정 해양 생명체의 출몰의 주기와도 비슷하다. 그래서 달은 매우 큰 의미를 갖게 되었고 특히 종교에서 더 중요하게 준수되었다. 그래서 양력을 쓰는 이집트 이래의 서양 달력에서도 한 달은 30일이 기준이고, 그레고리력이라는 양력을 쓰는 기독교의 부활절(춘분일 즉 3월 21일이나 그 뒤의 첫 번째 보름달 다음에 오는 일요일)마저도 음력으로 그 날짜가 정해진다.

그런데 순수한 음력의 날 수는, 위에서 언급한 대로, 12달을 다 해도

1태양년의 날 수보다 적으므로 이 차이가 쌓이면 음력은 태양년과 어그러져 계절과 무관하게 된다. 고대의 달력들은 이점을 해결하기 위해 적당한 시점에서 음력의 날 수를 늘려서 1태양년의 날 수와 맞추어야 했다. 이 문제는 몇 년에 한 번씩 29일 또는 30일의 윤달을 넣는 치윤법(置閏法, intercalation)으로 해결하였다. 음력의 날 수를 몇 년에 한 번씩 윤달을 두어 늘림으로써 흔히 그냥 양력(陽曆)이라고 부르는 태양력(太陽曆: 지구가 태양을 한 바퀴 도는 시간을 1년으로 하는 달력)의 날 수와 조정한 것이다. 이렇게 조정된 달력은 순수한 태음력이 아니고 태양력에 맞추어 조정한 것이라 하여 흔히 태음태양력이라고 부른다. 이처럼 치윤법으로 음력을 양력에 어느 정도 조율한 태음태양력은 월별은 삭망월로 그리고 연도는 태양년으로 구성한 것이다.

위에서도 지적했듯이, 과거에 음력을 채택한 곳에서는 대체로 12개의 삭망월을 1년으로 보았다. 이 경우 1년의 날 수는 354일이어서 1태양년보다 약 11일이 더 적다. 따라서 한두 해만 지나면 음력은 계절과 맞지 않게 된다. 이처럼 역일(曆日)과 계절이 어긋나는 것을 막고 음력을 태양년에 근접하게 조정하려면 2-3년에 한 번씩 윤달을 두어야 한다. 이러한 치윤법 가운데 대표적인 것이 19년 동안에 7번의 윤달을 두어 도합 235(12×12+13×7)개월을 만드는 19년7윤법이라고 할 수 있다. 이 치윤법을 이용하면 매년 태음력과 태양력의 차이가 대략 20여일 이내로 한정되고 235개의 삭망월 후에는, 만일 소수점 이하 네 자리까지 오늘날의 수치로 정확히 계산하면(235×29.5306-19×365.2422=0.892), 불과 하루도 채 되지 않는 차이로 태양년과 다시 일치한다. 이러한 치윤법을 활용한 태음태양력의 예로는 바빌론력, 그리스력, 유대력, 인도력, 중국력, 조선력 등이 있다.

오늘날 1년의 길이는 태양년으로 평균 365.242199일로 측정된다. 그러나, 말할 것도 없이, 옛날 옛적에는 1년의 길이를 이렇게 정확히 알아냈던 것은 아니다. 사계의 순환, 태양의 고도와 그림자, 특정한 항성의 출현 등에 의해 1년의 날 수를 어느 정도 셀 수는 있었지만 과거의 천문학의 수준으로는 정확히 세거나 계산할 수 없었던 것이다. 옛날에는 태양이 황도(黃道, ecliptic)라는 큰 원의 궤도를 따라 지구를 매년 한 바퀴 도는 것으로 생각했으나 그 한 바퀴 도는 날 수는 대략 360일로 파악했다. 원의 내각이 360도인 것은 여기서 비롯되었다. 그런데 360이라는 수는 60진법의 수이고 많은 인수로 나뉘기에 매우 매력적인 수여서 더 그렇게 믿어졌을 것으로 보인다. 그래서 후에 이집트인은 1년의 날 수가 5일이 더 많은 365일임을 알았지만 그 5일은 1년 고유의 날로 편입하지 않고 연말에 윤일(閏日, epagomenal days)로 삽입했다.

이집트인들은 또 하루를 낮과 밤 각각 12시간씩으로 하여 24시간으로 나누었다. 이들은 낮 시간은 그림자 시계를 이용하여 10시간으로 나누되 앞뒤로 각각 해 뜰 때와 해 질 때의 한 시간씩의 황혼을 더하여 12시간으로 하고, 밤은 별의 관찰에 기초하여 12시간으로 나누었다. 여기서 사용된 12진법은 한 손의 엄지로 나머지 네 손가락의 마디를 센 수에서 나온 것이다. 왜 손가락 수인 10을 사용하지 않고 굳이 손가락 마디 수인 12를 사용했는지는 분명하지 않지만, 10은 2와 5로 밖에 나뉘지 않으나 12는 2, 3, 4, 6으로 나뉘는 장점이 있다. 이 이집트의 하루 24시간 체계에서 낮 시간의 길이와 밤 시간의 길이는 같지 않았으며 계절에 따라서도 그 길이가 달랐다. 이처럼 시간의 길이가 균등하지 않은 것은 그리스의 천문학자들의 계산을 어렵게 하였고, 결국 그리스 천문학자인 히파르쿠스(Hipparchus)가 하루를 동일한 길이의 24시간으로 나눌 것을 제의하여 주야평분시(equinoctial hours)를 만들었다. 그러나 그 이후에도 일반인들은 오랫동안 계절마다 다른 시간을 사용했다. 일반인들이 길이가 같은 24시간 체계를 사용하게 된 것은 14세기 유럽에서 기계 시계가 발명되고 나서였다.

2.

세계에서 역법을 가장 먼저 발전시키고 오늘날의 달력에 가장 큰 영향을 미친 사람들은 고대 바빌로니아의 수메르인들이다. 기원전 약 3천년 경부터 수메르인들은 최초로 별자리를 만들어 냈으며 그 상당수가 황도12궁(zodiac)에 남아 있고 고대 그리스인들에 의해 수용되었다. 그들은 7개의 별(태양과 달 그리고 눈으로 보이는 다섯 개의 행성들, 즉 수성, 금성, 화성, 목성, 토성)을 관찰하다가 태양이 그 순환을 마치는 데 즉 궤도를 한 바퀴 도는 데 약 360일이 걸리는 것으로 파악했다. 수메르인들은 계절을 춘분으로 시작되는 여름철과 추분으로 시작되는 가을철의 두 계절로 나누었다. 이들에게 춘분은 한 해의 시작일로서 성스런 결혼식이 행해지는 중요한 축일이었으며 하루의 시작과 끝은 일몰이었다.

수메르인들은 1년을 한 달이 29일이나 30일인 12개의 달로 나누었고 각 달의 시작일은 신월의 출현일로 한 음력을 만들었다. 그런데 이 음력의 1년의 길이(354일)와 태양이 황도를 한 바퀴 도는 1년의 길이(365일)가 같지 않아서 이를 맞추기 위해 정기적으로 윤달을 추가한 태음태양력을 만들었다. 이것이 세계 최초의 치윤법이다. 달들의 이름은 일정하지 않아 서기들이나 학자들은 "첫째 달", "둘째 달" 등으로 부르게 되었다. 이 수메르인들의 달력에는 주일의 개념은 없었지만 휴일은 대체로 첫째 날, 일곱째 날, 열다섯째 날 등으로 하였는데 이것이 오늘날의 주일의 원형이라 할 수 있다. 이는 초승달, 상현 반달, 보름달, 하현 반달, 그믐달의 순서를 거치는 달의 네 단계에 맞추어진 것으로 추측된다. 이 음력이 중동 전역, 지중해 연안, 아랍 등을 비롯하여 결국 전세계에 전파되었을 것으로 보인다.

바빌로니아인들은 이 태음태양력을 발전시켜 기원전 5세기경에는 19년 동안 7개의 윤달을 넣어서 235개 달이 되도록 하는 이른바 19년7윤법 또는 메톤 주기법이라고 불리는 태음태양력을 사용하게 되었다.

이 치윤법은 거의 동시대에 중국에서도 사용되었다. 이 방법은 기원전 432년에 아테네의 천문학자 메톤(Meton)에 의해 알려져 메톤 주기(Metonic cycle)로 불리는데, 실은 메톤이 바빌로니아인들로부터 이 방법을 배웠을 가능성이 크다. 바빌로니아인들은 수메르의 60진법으로 시간을 나누었다. 그래서 한 시간은 60분이 되었고, 1분은 60초가 되었다. 60의 인수는 1, 2, 3, 4, 5, 6, 10, 12, 15, 20, 30, 60의 12개이며, 1부터 6까지의 정수로 나뉘는 가장 작은 정수다. 360은 60×60으로 그 인수는 1, 2, 3, 4, 5, 6, 8, 9, 10, 12, 15, 18, 20, 30, 36, 40, 60, 72, 90, 120, 180, 360으로 무려 22개나 된다. 이렇게 많은 정수로 나뉘는 이점 때문에 시간과 각도에서 60진법이 사용되게 되었고 오늘날까지도 존속되어 오고 있는 이유인 것으로 보인다.

기원전 20세기 전에 페르시아인들은 세계 최초로 태양력을 사용했으며 그들은 음력이나 태음태양력보다 양력을 선호했다. 그들은 태양의 관찰에 기초하고 신념에 따라 수정된 1년 360일의 달력을 사용하였다. 그 달력은 한 달이 30일, 1년이 열두 달이었다. 그런데 이 태양력은 1년에 5일씩 부족하므로 이 달력을 계절에 맞추기 위해 6년마다 한 달의 윤달을 두었다. 고대 이집트인들도 1년에 12달, 한 달 30일 도합 360일의 달력을 쓰다 후에 연말의 윤일(閏日) 5일, 도합 1년 365일의 태양력을 만들었다. 이집트인들은 나일 강의 주기적인 범람의 시기에 나타나는 시리우스별의 이동을 관찰하다가 1년이 365일임을 알아냈으나 그 여분의 5일은 무엇을 하기에 적당하지 않은 불길한 날로 취급하여 연말에 다음 해로 이어지는 징검다리의 날들로 집어넣었다. 하지만 그 5일을 삽입하여 1년 365일의 달력을 만든 것은 그들이 세계에서 처음이었다. 후에 이 달력이 4년에 하루 씩 부족해진다는 사실을 알고 프톨레미 3세가 4년마다 연말에 여섯 번째 윤일을 추가하는 칙령을 발표했으나 사제들과 평민들의 반대로 시행되지는 못했다.

그 교정은 로마 제국에 의해 이루어졌다. 본래 로마의 역법은 3월로 시작하는 1년 10개월(Martius, Aprilis, Maius, Iunius, Quintilis, Sextilis, September, October, November, December) 304일로 구성된 음력이었으며 겨울은 달이 배정되지 않았으나 이를 메우기 위해 기원전 710년 누마 왕 시대에 겨울의 달들로 Ianuarius와 Februarius가 첨가되었다고 한다. 이로 인해 숫자로 된 5월부터의 달들이 본래의 숫자보다 2개월이 더 많은 달을 의미하게 되었다. 그러나 음력이었던 이 로마의 구 역법은 문제가 많아 기원전 45년 줄리어스 시저가 이집트 역법 전문가를 비롯한 전문가들의 조언에 따라 이집트력보다 더 개량된 태양력을 채택하였다. 그런데 시저 사후 시저를 기념하여 시저의 이름인 Iulius로 Quintilis를 대체하였고, 황제 August는 자신의 이름을 본뜬 Augustus로 Sextilis를 대체하였다. 이렇게 해서 굳어진 열두 달의 명칭들(Ianuarius, Februarius, Martius, Aprilis, Maius, Iunius, Iulius, Augustus, September, October, November, December)은 오늘날 서구 국가들의 달력에서 각국 언어에 따른 약간의 변형들을 거쳐 그대로 계승되었다.

이것이 소위 율리우스력으로 불리는 로마 제국의 태양력이다. 이 율리우스력이 제정된 이후부터 서양은 이 태양력을 쓰게 되었다. 이 달력은 1년의 평균 길이는 365.25일로 하여 평년은 365일, 4년에 한 번씩 오는 윤년은 366일로 하였다. 그러나 실제의 태양년은 약365.2422일이므로 율리우스력은 128년만에 약 하루의 오차가 생긴다. 시간이 흐르면서 이 오차가 쌓여 10여일에 이르게 되었고 따라서 교정이 필요하게 되었다. 이 교정은 1582년 로마 교황 그레고리우스 13세에 의해 이루어졌다. 이것이 오늘날 우리가 일상적으로 쓰는 그레고리력이라는 일반 달력이다. 그레고리력은 율리우스력을 개량하여 1년의 평균 길이는 365.2425일로 하고, 율리우스력과 같이 평년은 365일로, 그리고 4배수의 해는 366일의 윤년으로, 하되 4배수의 해라 하더라도 100으로 끝나는 해는 동시에 400으로도 나뉘는 해만을 윤년으로 하였다. 이 방식으로 그레고리력의 오차는 3,030년에 약 하루 정도다. 그레고리력은 곧바로 유럽의 가톨릭 국가들에 의해 채택되었으나 청교도 국가와 동방정교 국가에 의해서는 그 후 3세기에 걸쳐 채택되었고, 20세기 들어와서 국제화의 영향으로 대부분의 비유럽 국가들에 의해서도 채택되었다.

중국에서는, 상나라의 갑골문에 의하면, 기원전 14세기에 1태양년을 365.25일, 1삭망월을 29.5일로 측정한 것으로 보인다. 그리고 1년 12달의 태음력을 사용했음도 밝혀졌다. 상나라 달력은 음력의 역일과 계절을 맞추기 위해 두 가지 방식을 사용했다. 하나는 1년 12개월의 연말에 추가로 13번째로 29일이나 30일의 윤달을 넣는 치윤법을 사용했다. 후에 이 치윤법은 더욱 발전하여 춘추시대(기원전 770-476년)에 19년에 7번의 윤달을 넣어 235개월로 하는 19년7윤법 즉 메톤 주기법을 발전시켰다. 이는 메톤보다 약 1세기 정도 앞서 시행된 것이다. 그러나 이런 치윤법으로도 음력은 계절과 완벽히 조응하지 못한다. 사실 이 정도의 역법은 수메르인들이 훨씬 오래전에 발전시켰다. 중국이 세계 역법에 기여한 것은 이런 음력이 아니라 우리가 이 책의 본문과 부록 1에서 살펴보았던 일종의 태양력이며 천문력인 24절기로 구성된 절기력이다.

중국인들은 음력이 계절에 잘 맞지 않음을 알고 계절에 정확히 조응하는 역법으로 발전시킨 것이 24절기라는 태양력이다. 기원전 3세기경부터 중국에서 치윤법에 의한 태음태양력 외에 황도 상의 태양의 움직임에 기초한 기상학적 주기인 24절기라는 태양력이 공식적으로 고안되어 음력에 삽입되었다. 24절기의 확립은 천체로서 지구에 대한 상당한 양의 천문학적인 지식을 요했으며 필요한 정보를 수집하기 위한 나름대로 정교한 장치 없이는 불가능한 것이었다. 24절기는 오랫동안 동지를 기점으로 황도를 24개의 구간으로 균분하여 매 절기마다 똑같이 15.2일로 한 평기법(平氣法)에 의해 구분되었다.

그러나 인지가 발전하면서 이 방식의 절기력은 정확성이 부족하며 그 부족함을 메우기 위해서는 보다 더 정밀한 측정이 가능한 발전된 천문학이 필요함을 깨닫게 되었다. 그 필요에 부응한 것은 서양의 학자들이었다. 청나라 황제의 요청으로 독일 출신의 예수회 선교사였던 요한 슈렉(Johann Schreck, 박학자, 1576-1630)과 요한 아담 샬 폰 벨(Johann Adam Schall von Bell, 천문학자, 1592-1666)은 1624년부터 1644년까지 새로운 역법을 개발하여 순치제(順治帝) 2년인 1645년에 반포되었다. 이들은 1년의 길이를 365.2422일로 정하고, 춘분점을 기점으로 황도를 15도 간격으로 나누어 각 간격을 태양이 통과하는 동안을 정밀하게 측정하여 절기의 길이로 삼은 정기법(定氣法)이라는 절기력을 새로 만들었다.

이 정기법에서는 각 절기의 간격은 도수로는 15도씩으로 같으나 공전궤도가 약간 타원형이어서 그 길이도 그리고 각 구간에서 지구 공전의 속도도 조금씩 다른 점이 반영되었다. 그래서 절기마다 그 기간 또한 최단 14.72일에서 최장 15.73일까지로 조금씩 다르다. 이렇게 만들어져 1644년 반포된 시헌력(時憲曆)이라는 청나라 달력(태음태양력)과 그 달력에 삽입된 24절기(태양력)는 동양의 역법과 서양의 천문학이 결합된 동서양의 합작품이었던 것이다. 그러나 24절기를 별도의 달력으로 만들지 않은 점은 아쉬움으로 남는다. 더구나 시헌력은 행성들이 태양의 주위를 돌고 태양은 정지한 지구 주위를 돈다는 튀코 브라헤(Tycho Brahe, 덴마크 천문학자, 1546-1601)의 지구 중심의 우주관을 채택한 것으로 천체의 자전을 부인하고 지구의 정지를 고집한 잘못된 우주관에 기초한 오류를 범한 것이기도 하다.

3.
과거 우리나라는 조선 초까지 중국의 역법을 그대로 차용하였다. 그런데 어떤 역법이든 그 역법이 만들어진 지역을 중심으로 한 것이기 때문에 그 역법 자체의 오류와 지역이 달라지면 그에 따른 위도와 경도의 차이에 따라 그 역법의 조정이 필요하게 된다. 그래서 조선조에서는 한양을 기준으로 한 우리 현실에 맞는 역법을 강구하게 되었다. 이 일은 세종에 의해 추진되었다. 세종은 1432년 이순지(李純之)를 책임자로 하여 우리 역법과 천문학을 연구하게 하였다. 이순지는 문과 급제생이었지만 "지구는 둥글고 태양의 주위를 돈다"고 주장하고 월식 때 달에 비치는 지구의 그림자와 그 출현 시간의 정확한 계산을 통해 이를 증명까지 한 천문학자이기도 하였다. 서양에서는 이순지보다 100년 후인 1543년 코페르니쿠스가 지동설을 주장했다.

세종의 명에 따라 이순지와 김담(金淡) 등에 의해 1442년 마침내 〈칠정산(七政算)〉 내편(內篇)과 외편(外篇)이라는 역법서가 만들어지면서 1443년부터 우리의 독자적인 역법을 시행하게 되었다. '칠정산'은 오늘날 요일의 이름이 되었고, 고대 수메르인들에 의해 점술의 목적으로 관측했던, 해와 달 그리고 오행성(수성, 금성, 화성, 목성, 토성)의 7개의 별을 계산한다는 뜻이다. 〈칠정산 내편〉은 원(元)의 수시력(授時曆)과 명(明)의 대통력(大統曆)을 서울의 위도에 맞게 수정하여 보완한 것이고, 〈칠정산 외편〉은 그리스인 천문학자 프톨레마이오스(Ptolemaios, 영어명 Ptolemy)의 천문학에 기초한 아라비아의 천문학을 흡수하고 보충하여 천체 운행을 정밀하게 계산한 것이다. 우리 민족이 이룩한 실로 위대한 과학적 성취라 할 수 있는 〈칠정산〉은 달력을 만들기 위해 중국에서 발전한 천체 운행 계산법과 프톨레마이오스와 아랍인들이 발전시킨 서양식 천체 운행 계산법을 활용하여 위의 일곱 개 천체의 운행을 계산하고 예측하는 방법을 적어놓은 책이다.

〈칠정산 내편〉에서는 1년을 365.2425일로, 한 달을 29.530593일로, 그리고 〈칠정산 외편〉에서는 1년을 365.242188일로 계산했는데 이는 오늘날의 기준으로도 매우 정밀한 계산이다. 이 당시에 이 정도의 정밀한 천문학 계산을 할 수 있고, 자기 지역에 맞는 달력을 만들 수 있고, 일식을 예측할 수 있는 나라는 중국과 아라비아 그리고 조선뿐이었다고 한다. 천체 운행 원리에 대한 이해를 바탕으로 〈칠정산〉은 주로 날짜와 절기, 일출과 일몰 시간 등을 계산하였다. 더 나아가 〈내편〉이 원주(圓周)를 1년의 날 수 만큼인 365.25도, 1도를 100분, 1분을 100초로 잡고 있는데 반해, 〈외편〉은 원주를 360도, 1도를 60분, 1초를 60초로 한 서양 방식을 수용하였다. 오늘날 세계적으로 통용되고 있는 이 방식을 우리는 세종 때 택한 것이다. 서양에서는 본래 1년 즉 태양이 지구를 한 바퀴 도는데 걸리는 날 수를 360일로 알았고 따라서 하루에 1도씩 계산하여 원주를 360도로 생각했다. 나중에 1년이 365일인지 알았지만 이미 기하학에서 사용되고 있고, 인수(因數)가 많고, 60진법이 가능한 360이라는 숫자가 더 매력적이어서 굳이 365도로 바꿀 필요가 없었을 것이다. 그래서 〈칠정산〉도 이를 받아들인 것으로 보인다.

하지만 시간이 지나면 자전축과 공전궤도의 변화에 따라 시간이 달라지기에 〈칠정산〉에 담긴 정보도 오차가 점점 더 커지게 되었다. 그러나 세종 때 화려한 꽃을 피웠던 조선의 천문학은 안타깝게도 성종 이후 기울기 시작하여 선조 이후에는 전란을 겪으면서 급격히 쇠퇴하여 독자적인 역법의 계산이 어려워지고 따라서 시간의 흐름에 따른 오차를 바로잡을 수 없게 되었다. 그러던 차에 청나라에서 독일 출신의 예수회 선교사로서 천문과 역학에 뛰어났던 아담 샬 폰 벨이 태음태양력에 태양력의 원리를 적용하여 24절기의 시각과 하루의 시각을 정밀하게 계산하여 산입한 시헌력(時憲曆)이 선포되었기에 우리에게도 그 도입이 필요하게 되었다. 시헌력은 청나라에서 반포된 해인 1645년에 곧바로 우리나라에 입수되어 연구되고 논의되다가 1653년(효종 4년)부터 〈칠정산〉과 함께 활용되었다.

이 시헌력은 조선조 말기까지 쓰였다. 그러나 조선조 말기의 국제 정세

속에서 시헌력이라는 태음태양력을 계속 쓸 수 없게 되었다. 조선은 1876년 한일수호조약을 필두로 계속해서 미국, 영국, 독일, 프랑스, 러시아, 벨기에 등 서구 열강들과 조약을 체결하였고, 1879년에는 원산항, 1883년에는 부산항을 개항하여 외국의 선박들이 드나들게 하였다. 이 시기에는 러시아와 중국을 제외하고는 여러 나라가 그레고리력을 쓰고 있었다. 그리하여 1895년의 명성황후 시해사건 이후 김홍집 친일 내각이 추진했던 을미개혁(또는 3차 갑오개혁)에 따라 조선 개국 504년 음력 11월 17일을 그레고리력의 1896년 1월 1일(고종 33년, 개국 505년)로 하고 이날부터 서양의 양력을 정식으로 채택하였다. 그러나 우리 양력 달력에는 음력 각 달의 삭일(朔日) 즉 1일과 망일(望日) 즉 보름인 15일, 그리고 24절기의 시작일이 표시된다.

III. 절기 관련 우리 속담들

입춘

- 가게 기둥에 입춘[주련].
  추하고 보잘것없는 가겟집 기둥에 '입춘대길(立春大吉)'이라 써 붙인다는 뜻으로, 제격에 맞지 않음을 비유적으로 이르는 말.

- 입춘 거꾸로 붙였나.
  입춘 뒤 날씨가 몹시 추운 경우에 이르는 말.

- 입춘(立春) 날 무우 순(筍) 생채(生菜)냐.
  입춘 시식(立春 時食)으로 먹던 무우순 생채에 빗대어 맛있거나 신나는 일을 비유적으로 일컫는 말.

- 입춘 뒤에 눈이 오면 흉년.
  입춘 뒤 날씨가 불순하면 그 해 농사가 잘 안 된다는 말.

- 입춘에 보리 뿌리 3개면 풍년든다.
  월동 기간 중 토입, 답압 등 관리를 잘하여 뿌리가 살아 있도록 유지해 주면 해빙기 후 재생하여 정상 생육이 가능하다는 뜻이며, 보리의 풍흉은 해빙기 날씨에 좌우된다는 뜻도 있음.

- 입춘 추위는 꿔다 해도 한다.

입춘 무렵에 반드시 추위가 있음을 비유적으로 이르는 말.

- 입춘 추위 김장독 깬다.
  음력으로 입춘은 봄이 시작되는 때인데 이 때 간혹 매서운 추위가 몰려와 봄을 시샘한다는 뜻.

- 흥부 집 기둥에 입춘방(立春榜).
  입춘방을 써 붙이기에는 어울리지 않게 너무나 초라하고 누추한 집에 써 붙인 입춘방처럼, 격에 맞지 않음을 빗대어 이르는 말.

우수

- 우수 경칩에 대동강 물이 풀린다.
  우수와 경칩을 지나면 아무리 춥던 날씨도 누그러짐을 이르는 말.

- 우수 뒤에 얼음같이.
  슬슬 녹아 없어짐을 비유적으로 이르는 말.

- 우수에 풀렸던 대동강이 경칩에 다시 붙는다.
  우수를 지나 좀 따뜻해졌던 날씨가 경칩 무렵에 다시 추워짐을 이르는 말.

경칩

- 경칩난 게로군.
  벌레가 경칩이 되면 입을 떼고 울기 시작하듯이, 입을 다물고 있던 사람이 말문을 엶을 비유적으로 이르는 말.

- 경칩이 되면 삼라만상이 겨울잠을 깬다.
  경칩이 되면 땅이 완전히 풀려서 겨울잠을 자던 모든 동식물이 겨울잠에서 깨어나 활동을 개시한다는 뜻.

춘분

- 추위는 춘분까지.
  추운 북쪽 지방에서도 춘분이 되면 완연한 봄이 느껴지고 겨울의 추위로부터 벗어난다는 뜻.

청명

- 청명에는 부지깽이도 땅에 꽂으면 잎이 돋는다.
  청명에는 날이 풀리고 화창하여 나무가 잘 자라기 때문에 식목의 적기라는 뜻.

- 한식에 죽으나 청명에 죽으나.
  한식은 동지에서 105일째 되는 날로서 4월 5일이나 6일쯤으로 4월 4일이나 5일쯤인 청명과 같거나 하루 늦는 날이므로 하루 먼저 죽으나 늦게 죽으나 같다는 말.

곡우

- 곡우가 넘어야 조기가 운다.
  조기는 산란 때 우는 습성이 있는데 산란 직전의 곡우 무렵에 조기를 잡아야 일이 꽉 찬 조기를 잡을 수 있다는 뜻.

- 곡우에 비가 안 오면 논이 석자가 갈라진다. = 곡우에 가물면 땅이 석자가 마른다.
  곡우인 4월 20일경이면 농가에서 씨앗을 파종하게 되는데, 이때 비가 안 와 논이 갈라질 정도로 가뭄을 심하게 타면 파종한 씨앗이 싹이 트지 않게 되어 농사에 나쁜 영향을 준다는 뜻.

- 곡우에 모든 곡물들이 잠을 깬다.
  곡우 무렵부터 본격적인 농사철이 시작된다는 뜻.

- 곡우에 비오면 풍년 든다.
  곡우는 4월 20일경으로 못자리 설치 적기일 뿐만 아니라 모든 농작물의 파종시기로 상당한 비가 와야 적기에 파종을 할 수 있고 생육이 순조로워 그해 풍년이 올 것이라는 데서 유래된 말.

입하

- 입하가 지나면 여름.
  음력으로 입하부터 여름으로 치나 실은 입하 절기가 지난 다음부터 본격적으로 무더운 여름 날씨가 시작된다는 뜻.

- 입하 물에 써레 싣고 나온다.
  입하 무렵에 모심기가 시작되는데 벼를 심기 위해서는 써레로 논을 골라야 하므로 논으로 써레를 싣고 나온다는 뜻.

- 입하 바람에 씨나락 몰린다.
  재래종 벼를 심던 시절에는 입하 무렵에 한창 못자리를 하는 때인데 이때 바람이 불면 씨나락이 몰리게 되므로 못자리 물을 빼서 씨나락이 몰리지 않게 대처하라는 뜻.

- 입하에 물 잡으면 보습에 개똥을 발라 갈아도 안 된다.
  재래종 벼를 심던 시절에는 입하 무렵에 물을 잡으면, 근 한 달 동안을 가두어 두기 때문에 비료분의 손실이 많아 농사가 잘 안 된다는 뜻.

소만

- 소만 바람에 설늙은이 얼어 죽는다.
  소만 무렵에 부는 바람이 몹시 차고 쌀쌀하다는 말.

- 소만 추위에 소 대가리 터진다.
  소만 무렵의 쌀쌀한 추위가 만만치 않다는 말.

망종

- 보리는 망종 전에 베라.
  망종까지는 보리를 모두 베어야 논에 벼도 심고 밭갈이도 할 수 있다는 뜻.

- 망종 넘은 보리.
  보리가 망종을 넘기면 쓰러져 수확량이 적어지므로 그 전에 베라는 뜻.

- 망종엔 발등에 오줌 싼다.
  이때쯤 보리수확과 모내기가 연이어져 무척 바쁘다는 뜻.

- 보리는 익어서 먹게 되고, 볏모는 자라서 심게 되니 망종이라.
  망종 때 보리가 익고 모내기를 한다는 뜻이다.

- 보리 환갑은 망종이다. = 보리는 망종이 지나면 환갑,
  진갑 다 지난다. 망종은 6월 상순경으로 보리가 다 익게 되는 수확의
  적기이므로 이모작 재배를 위해 서둘러 수확해야 한다.

하지

- 하지가 지나면 오전에 심은 모와 오후에 심은 모가 다르다.
  하지 때가 모내기의 적기이기 때문에 하지가 지날수록 그만큼 모내기
  가 늦어져버린다는 뜻.

- 하지를 지나면 발을 물꼬에 담그고 잔다.
  벼농사를 잘 짓기 위해서는 하지 후에 논에 물을 잘 대는 것이 중요하
  기 때문에 논에 붙어살다시피 해야 함을 비유적으로 이르는 말.
- 하지 쇤 보리 없다.
  ① 하지가 지나서도 밭에 있는 보리는 없다는 뜻으로, 모든 것에는 다
  제철이 있음을 비유적으로 이르는 말.
  ② 보릿고개를 넘기기 어려운 농민들이 하지 전에 이미 보리 추수를
  다 끝냄을 이르는 말.

- 하지 전 삼일, 후 삼일.
  과거 보온용 비닐 못자리가 나오기 이전 이모작을 하는 남부 지역에서
  모심기의 적기라는 뜻.

- 하지 전 뜸부기.

뜸부기는 하지 전에 잡은 것이 약효가 높다는 데서, 힘이 왕성한 한창 때의 사람을 비유적으로 이르는 말.

- 하지 지나 열흘이면 구름장마다 비다.
  하지가 지난 다음에는 장마가 들기 때문에 비가 자주 내린다는 말.

- 하지 지낸 뜸부기.
  힘이 왕성한 한창때가 지나 버린 사람을 비유적으로 이르는 말.

- 하짓날은 감자 캐먹는 날이고 보리 환갑이다.
  하지는 감자 수확의 적기이고 보리는 이미 늦은 때라는 말.

소서

- 소서께 들판이 얼룩소가 되면 풍년이 든다.
  소서 무렵에 멀리서 들판을 보면 모내기를 일찍 한 논의 벼는 진초록으로, 모내기를 늦게 한 논의 벼는 연초록으로 잘 자라서 들판이 얼룩덜룩한 얼룩소처럼 보인다는 뜻.

- 소서 때는 새 각시도 모 심어라.
  소서 무렵은 새로 시집온 색시까지도 나와서 모내기를 서둘러야 할 만큼 바쁘다는 뜻.

- 소서 때는 지나가는 사람도 달려든다.
  소서 무렵은 지나가는 사람도 농사일을 거들어야 할 정도로 바쁘다는 뜻.

대서

- 대서 더위에 염소 뿔이 녹는다.
  단단한 염소 뿔이 녹을 정도로 대서 때의 더위가 매우 심함을 비유적으로 이르는 말.

입추

- 가을 채소는 입추 이슬을 맞아야 한다.
  입추 무렵에 김장용 무와 배추를 심기 시작하므로 이들 가을 채소는 이때가 대개 어린 새싹의 시기다. 이 시기에 가을 채소가 제대로 자라려면 이슬을 맞는 등으로 습기를 충분히 취해야 한다는 뜻.

- 입추에는 벼 자라는 소리에 개가 짖는다.
  입추 때는 개가 놀라서 짖을 정도로 벼가 밑동에서 어린 이삭을 키워 올려 배가 불룩해지는 등으로 눈에 띄게 무럭무럭 자란다는 뜻

- 입추에 비 오면 김장 농사 잘 된다. = 입추에 비 오면 채소 풍작 든다.
  입추 때는 중부 지방의 김장 채소 파종 시기이므로 비가 오면 밭 토양의 수분이 적당하여 파종 작업이 순조롭고 발아가 잘 되어 다수확을 할 수 있다는 뜻.

처서

- 처서가 땅에서는 귀뚜라미 등에 업혀오고, 하늘에서는 뭉게구름 타고 온다.
  처서 무렵에 땅에서는 귀뚜라미가 하늘에서는 뭉게구름이 많이 나타

나 계절이 바뀌고 있음을 드러낸다는 뜻.

- 처서가 잔잔하면 농작물이 풍성해진다.
 처서 어간의 맑은 날씨가 풍년 농사에 중요하다는 뜻.

- 처서가 지나면 모기도 입이 비뚤어진다.
 더위가 멈춘다는 뜻의 처서 이후엔 더위가 한풀 꺾여 파리나 모기의 성화도 사라지게 될 정도의 날씨가 되는데, 특히 아침과 저녁에는 모기의 입이 비뚤어질 정도로 찬 기운이 느껴진다는 뜻.

- 처서 밑에는 까마귀 대가리가 벗어진다.
 처서 무렵의 마지막 더위는 까마귀의 대가리가 타서 벗겨질 만큼 매우 심함을 비유적으로 이르는 말.

- 처서 복숭아, 백로 포도.
 복숭아는 처서 무렵이 제철이고, 포도는 백로 무렵이 제철이라는 뜻.

- 처서에 가을 채소 파종한다.
 처서의 절기는 8월 23-24일부터 약 보름 동안으로 남부 지방에서는 이 무렵이 가을채소 파종의 적기가 된다는 뜻

- 처서에 비가 오면 독의 곡식도 준다.
 벼꽃이 한창인 처서 무렵에 비가 오면 벼의 꽃가루받이가 제대로 안 되어 벼쭉정이가 많이 생기므로 벼의 생산량이 준다는 뜻.

- 처서에 비가 오면 십리 안 곡식 천 석을 감한다.
 8월 하순경인 처서쯤에는 벼꽃이 한창 필 때이다. 이때 비가 오면 꽃가루 수정이 불가하게 됨으로 벼쭉정이가 많이 마련이어서 곡물 생산

량이 뚝 떨어지게 된다.

- 처서에 비오면 나락에서 불 난다.
  처서에 비가 자주 오면 나락(특히 조생종 계통)에서 싹이 나고 일조시수가 적어 벼가 제대로 익지 못해 품질도 크게 떨어진다는 뜻.

- 처서에 장벼 패듯.
  무엇이 한꺼번에 성하거나 사방에서 요란하게 나타남을 비유적으로 이르는 말.

- 처서 지나면 풀도 울며 돌아간다.
  처서가 지나면 풀이 성장을 멈추고 시들기 시작한다는 뜻.

백로

- 백로가 지나서는 논에 가볼 필요가 없다.
  백로가 지나면 벼꽃의 수정도 다 끝나고 따가운 가을볕에 벼가 영그는 일만 남아 있어서 벼를 별도로 돌볼 필요가 없다는 뜻.

- 백로까지 핀 고추꽃은 효도한다.
  백로는 9월 8일경으로 고추는 개화 후 45일이면 수확이 가능하므로 이때 고추는 서리가 내리는 상강 전까지 붉은 고추로 수확이 가능하다는 뜻

- 백로 미발(未發)은 먹지 못한다. = 백로 전 미발이면 알곡 수확물이 없다. = 백로 전 미발이면 헛농사다.
  백로 전에 벼이삭이 패어야 쌀의 수확이 가능하다는 뜻.

- 백로 아침에 팬 벼는 먹고 저녁에 팬 벼는 못 먹는다.
  벼가 여무는데 백로가 중요한 분기점이 된다는 뜻.

- 백로 안에 벼 안 팬 집에는 가지도 말아라.
  백로까지도 벼의 출수가 안 될 경우에는 벼가 제대로 익지 않아 벼 수확량이 떨어져 먹을 식량도 부족하므로 그런 집에는 손님으로 가지 말라는 뜻.

- 백로에 비가 오면 오곡이 겉여물고 백과에 단물이 빠진다.
  백로 절기에는 기온이 적당하고 날씨도 맑아서 오곡백과가 여무는데 더 없이 좋은데 비가 오면 곡식이 덜 여물고 과일이 달지 않게 된다는 뜻.

- 백로에 비오면 십리 천 석을 늘린다.
  백로는 벼의 출수와 수정이 끝나고 영그는 시점이어서 수분이 필요하므로 이때 비가 오면 벼의 수확량이 는다는 뜻.

추분

- 덥고 추운 것도 추분과 춘분까지.
  추분에 더위가 끝나고 춘분에 추위가 끝난다는 뜻.

- 추분이 지나면 우렛소리가 멈추고 벌레가 숨는다.
  추분은 명실공이 여름이 가고 가을이 시작되는 시점이어서 천둥소리는 더 이상 나지 않고 벌레는 월동을 위해 땅속으로 들어간다는 뜻.

한로

- 가을 곡식은 한로 이슬에 영근다.
  한로에는 찬 이슬이 내리는데 이 찬 이슬에 자극을 받아 곡식이 잘 여문다는 뜻.

- 한로가 지나면 제비도 강남으로 간다.
  한로부터 상당히 추워지므로 더 추워지기 전에 제비도 따뜻한 강남으로 날아간다는 뜻.

- 한로 상강에 겉보리 간다.
  한로에 보리 파종을 해야 되며 늦어도 상강 전에는 파종을 마쳐야 한다는 뜻.

상강

- 상강 90일 두고 모 심어도 잡곡보다 낫다.
  상강 90일 전은 대서인 7월 23-24일 경이다. 이때는 모내기의 적기는 아니고 늦었지만 그래도 모내기를 하면 어느 정도 쌀 수확을 할 수 있다는 뜻.

입동

- 보리는 입동 전에 묻어(줘)라.
  입동 때부터 추위가 시작되기 때문에 입동 후에 보리를 파종하면 발아와 생육이 부진하여 동해를 받기 쉬우나 적기 내 파종을 하게 되면 월동 전 5~6매의 엽수가 확보되어 안전 월동을 할 수 있다는 뜻.

- 입동 날이 따뜻하면 겨울도 따뜻하다.
  겨울철이 시작되는 입동 날이 따뜻하면 그 해 겨울도 따뜻하다는 뜻.

- 입동이 지나면 김장도 해야 한다.
  김장의 적기는 입동 어간이므로 때를 놓치지 말라는 뜻.

- 입동 전 가위보리다.
  충청도 이북 지방에서는 입동 전에 보리 싹이 가위처럼 두 잎이 나야 보리가 잘 된다는 뜻.

- 입동 전 가새보리 춘분 되어야 알아본다.
  가새보리라는 말은 보리 잎이 2매가 출현할 때 마치 가위 모양 같다는 뜻으로써 보리를 늦게 파종하여 월동 전에 보리 잎이 2매밖에 확보되지 못할 경우 이때가 이유기로써 내한성이 약하여 겨울나기가 어려워 이듬해가 되어야 작황을 판단할 수 있다는 뜻.

- 입동 전 보리씨에 흙먼지만 날려주소.
  보리는 입동 전에 씨를 뿌려야 수확이 많은데 이 무렵은 겨울채비로 일손이 모자랄 때이므로 바람이 흙먼지만 날리는 수준일지라도 보리씨 뿌리기를 하라는 뜻.

소설

- 소설 때 추워야 보리농사가 잘된다.
  소설 때는 추워야 보리가 웃자라지 않아 겨울을 잘 날 수 있다.

- 소설엔 초순의 홑바지가 하순의 솜바지로 변한다.
  소설 때부터 본격적인 추위가 시작된다는 뜻.

- 소설 추위는 빚내서라도 한다.
  소설 무렵부터 첫얼음과 첫눈이 찾아드는 등 본격적인 추위가 시작된다는 뜻.

대설

- 대설에 눈이 많이 오면 다음해 풍년이 들고 푸근한 겨울을 난다.
  눈이 많이 와야 보리가 얼어 죽지 않게 되어 보리 풍년이 들고, 눈이 오면 대체로 겨울 날씨가 푸근한 데서 생긴 말.

동지

- 동지 때 개딸기.
  철이 지나 도저히 얻을 수 없는 것을 바란다는 말.

- 동지 때 따뜻하면 보리농사 흉작 된다.
  한창 추워야 할 때인 동지에 따뜻하면 병해충이 월동하여 그 이듬해 농작물에 큰 피해를 주게 된다는 뜻.

- 동지섣달 해는 노루 꼬리만 하다.
  음력 11월과 12월의 낮은 매우 짧다는 뜻.
- 동지가 지나면 푸성귀도 새 마음 든다.
  동지가 지나면 온 세상이 새해를 맞을 준비에 들어간다는 뜻. 또는 새해를 맞기 위해 몸과 마음의 자세를 새롭게 다진다는 뜻.

- 동지가 지나면 해가 노루 꼬리만큼씩 길어진다.
  동지가 지나면 낮 시간이 조금씩 길어진다는 뜻

- 동지 지나 열흘이면 해가 소 누울 자리만큼 길어진다.
  동지가 지나면 낮 시간이 조금씩 길어져 열흘 정도 지나면 상당히 길어진다는 뜻.

- 동지 팥죽을 먹어야 진짜 나이를 한 살 더 먹는다.
  과거에는 동짓날이 1년의 시작으로 간주되었는데 이날 각 가정에서는 팥죽을 쑤어 먹는 풍습이 있어 동지팥죽을 먹는다는 것은 새로운 해를 맞는 것이고 따라서 나이를 한 살 더 먹는다는 뜻.

- 동짓날에 천둥 울리면 눈이 많이 온다.
  뇌우는 저기압 후면의 찬 대륙성 고기압이 강하여 전선이 발달할 때 생기므로 천둥이 울리면 많은 눈이 내릴 가능성이 크다는 뜻.

- 동짓날이 추워야 풍년이 든다.
  동지부터는 본격적으로 겨울철이 시작되기 때문에 추워야 병해충이 얼어 죽게 되므로 풍년이 든다는 뜻.

- 범이 불알을 동지에 얼구고 입춘에 녹인다.
  동지부터 추워져서 입춘에 누그러진다는 뜻.
- 배꼽은 작아도 동지팥죽은 잘 먹는다.
  겉보기에는 변변치 않은 것 같아도 일은 꽤 잘한다는 뜻.

- 새알 수제비 든 동지팥죽이다.

음식이나 일이 잘 갖추어진 상태 또는 매우 맛있거나 별미인 음식을 지칭.

소한

- 소대한 지나면 얼어 죽을 잡놈 없다.
  소한과 대한이 아무리 춥다고 해도 이때만 지나면 봄기운이 돌아오기 때문에 얼어 죽을 사람이 없음을 이르는 말.

- 소한에 얼어 죽은 사람은 있어도 대한에 얼어 죽은 사람은 없다. = 소한이 대한의 집에 몸 녹이러 간다. = 소한이 대한 잡아먹는다. = 추운 소한은 있어도 추운 대한은 없다. = 춥지 않은 소한 없고, 포근하지 않은 대한 없다. = 소한의 얼음 대한에 녹는다.
  소한이 대한보다 더 춥다는 뜻.

- 소한의 얼음 대한에 녹는다
  ① 소한 추위가 가장 심하여야 할 대한 추위보다 더 심함을 이르는 말.
  ② 일이 반드시 순서대로 되지 아니할 때도 있음을 비유적으로 이르는 말.

- 소한 추위는 꾸어다가라도 한다.
  소한 때는 반드시 추운 법임을 강조하여 이르는 말.

대한

- 대한 끝에 양춘(陽春)이 있다.
  ① 어렵고 괴로운 일을 겪고 나면 즐겁고 좋은 일도 있음을 비유적으

로 이르는 말.
② 세상의 일은 돌고 도는 것임을 비유적으로 이르는 말.

- 대한이 소한의 집에 가서 얼어 죽는다.
소한 무렵이 대한 때보다도 더 추운 것을 비유적으로 이르는 말.

立春 / 입춘 / start of spring

雨水 / 우수 / rain water

경칩 驚蟄 awakening of insects

춘분 春分 vernal equinox

청명 清明 clear & bright

곡우 穀雨 grain rain

입하 / 夏 / start of summer

소만 / 小滿 / small full

망종 芒種 grain in ear

하지 夏至 summer solstice

소서 小暑 minor heat

대서 大暑 major heat

입추 立秋 start of autumn

처서 處暑 limit of heat

한로 寒露 cold dew

상강 霜降 frost descent

입동 立冬 start of winter

소설 小雪 minor snow

대설 / 大雪 / major snow

동지 / 冬至 / winter solstice

소한 小寒 minor cold

대한 大寒 major cold

계절 탐구

24절기 속으로 떠나는 문화 여행

초판인쇄 2020년 09월 14일
초판발행 2020년 09월 18일
저　　자 이 효 성
발 행 인 권 호 순
발 행 처 시간의물레
등　　록 2004년 6월 5일
등록번호 제1-3148호
주　　소 서울시 마포구 마포대로 4다길 3(1층)
전　　화 02-3273-3867
팩　　스 02-3273-3868
전자우편 timeofr@naver.com
블 로 그 http://blog.naver.com/mulretime
홈페이지 http://www.mulretime.com
I S B N 978-89-6511-320-1 (03450)
정　　가 15,000원

* 이 책의 저작권은 저자에게 출판권은 시간의물레에 있습니다.
* 잘못된 책은 바꿔드립니다.